寻乌县
脱贫攻坚志

寻乌县史志研究室　编

方志出版社
Publishing House of Local Records

图书在版编目（CIP）数据

寻乌县脱贫攻坚志 / 寻乌县史志研究室编 . — 北京：方志出版社，2023.8

ISBN 978-7-5144-4946-4

Ⅰ . ①寻… Ⅱ . ①寻… Ⅲ . ①扶贫—工作概况—寻乌县 Ⅳ . ① F127.564

中国版本图书馆 CIP 数据核字（2022）第 095699 号

责任编辑：宁芳
责任校对：刘玉霞
责任印制：赵楚
出 版 者：方志出版社
地 址：北京市朝阳区潘家园东里 9 号（国家方志馆 4 层）
邮 编：100021
网 址：http://www.zgfzcb.cn
发 行：方志出版社图书营销中心（010－67110500）
印 刷：北京中科印刷有限公司
开 本：787 毫米 ×1092 毫米 1/16
印 张：20
字 数：351 千字
版 次：2023 年 8 月第 1 版
印 次：2023 年 8 月第 1 次印刷
定 价：198.00 元

《寻乌县脱贫攻坚志》编纂委员会

《寻乌县脱贫攻坚志》编辑部

主　　编　刘　斌

责任编辑　（以姓氏笔画为序）

刘世春　韩世银　赖声均

《寻乌县脱贫攻坚志》供稿人员

（以姓氏笔画为序）

王　也　甘文静　刘　阳　刘　坚　刘小莲　刘秉光　刘润生
汤丽娟　李　英　张丽萍　张宏彬　陈　蕾　陈文瀚　陈选芝
范龙华　范佛林　范贱明　林春龙　罗杰伟　罗国镜　赵书源
钟　芳　侯丙春　黄　宁　龚飞云　龚桂芳　彭亚东　彭燕燕
曾　蔚　曾伟有　赖云鹏　廖松鑫

序　一

中共中央、国务院高度重视扶贫工作，特别是中共十八大以来，以习近平同志为核心的党中央站在全面建成小康社会、实现中华民族伟大复兴中国梦的战略高度，把脱贫攻坚摆在治国理政的突出位置，提出一系列新思想、新观点，作出一系列新决策、新部署。寻乌是国家级贫困县和罗霄山片区扶贫开发重点县，地处国家实施脱贫攻坚战的“主战场”。寻乌县委、县政府认真贯彻中共中央工作部署，坚持把脱贫攻坚作为首要政治任务、头等大事和第一民生工程，认真落实精准扶贫、精准脱贫基本方略，经过持续奋斗，全县现行标准下农村贫困人口全部脱贫，实现脱贫摘帽，历史性地消除了绝对贫困和区域性整体贫困。

伟大的事业需要传承，奋进的足迹需要铭记。编修脱贫攻坚志不仅是记述寻乌、宣传寻乌的需要，也是建设寻乌、振兴发展寻乌的需要，更是一项承前启后、服务社会、造福当代、福泽千秋的事业，具有重大的现实意义和深远的历史意义。

《寻乌县脱贫攻坚志》坚持以马克思列宁主义、毛泽东思想、邓小平理论、“三个代表”重要思想、科学发展观、习近平新时代中国特色社会主义思想为指导，运用辩证唯物主义和历史唯物主义的世界观和方法论，广征博采，精心编纂，反复审改，力求创新，做到体例完备、门类齐全、资料翔实、观点正确、文风端正。全书客观地记载了寻乌县的贫困状况和实现脱贫目标的历史过程，尤为详细地记述了“十三五”时期精准扶贫、精准脱贫的历史进程。

《寻乌县脱贫攻坚志》的编纂在继承志书常规、传统体例的基础上，运用专辑的创新手法，突出时代特色和地方特色，形成一大编纂亮点，为读者活灵活现地展示了寻乌县脱贫摘帽的历史画面。此外，该志还以翔实的资料和数据，为各级领导决策提供有益借鉴，为经济与社会文化建设、脱贫攻坚后续巩固工作提供科学依据，为爱国主义教育、革命传统教育和全面建成小康社会提供生动的乡土教材，为对外开放、乡村振兴发展提供可靠的信息支持。

修志的目的在于用志，唯有用志，才能让志书真正成为社会的公利之物，造福人民。《寻乌县脱贫攻坚志》是众手成书，该书内容丰富、存真求实，具有较强的思想性、整体性、实用性。该志的编纂得到上级领导及专家学者的精心指导，得到寻乌县各有关部门（单位）的大力协助，以及各乡（镇）和社会各界人士的大力支持。在此，谨对协助编写人员和所有关心支持《寻乌县脱贫攻坚志》编纂、出版的朋友们表示诚挚谢意。

赣州市政协副主席、中共寻乌县委书记　柯岩松

寻乌县人民政府县长　杨永飞

2020 年 8 月

序 二

“修志问道，以启未来。”中国素有易代修史、当代修志的优良传统。《寻乌县脱贫攻坚志》经多年寒暑，广征博采，数易其稿，今即将付梓。全书存真求实，内容丰富、体例严谨、文辞精炼，融思想性、科学性、资料性于一体，是中华人民共和国成立以来寻乌首部新编脱贫志，也是方志事业又一丰硕成果。

寻乌位于江西省东南部，居赣闽粤三省交界，是中央苏区全红县、东江源头县、客家聚集区，也是国家级贫困县和罗霄山片区扶贫开发重点县。党的十八大以来，寻乌县委、县政府认真贯彻落实党中央关于脱贫攻坚的工作要求，坚持以脱贫攻坚统揽经济社会发展全局，实施精准扶贫、精准脱贫战略，组织开展了声势浩大的脱贫攻坚人民战争。经过八年接续奋斗，寻乌县于 2019 年顺利实现农村贫困人口全部脱贫，贫困县摘帽，与全国同步迈入全面小康社会。

《寻乌县脱贫攻坚志》集脱贫历程于一册，汇八年成就于一帙。展阅这幅历史画卷，能够触摸脱贫攻坚的强劲脉搏，体会脱贫攻坚战的蔚然壮观，感受寻乌人民在中国共产党领导下啃硬骨头、下绣花功摆脱贫困的昂扬风貌。《寻乌县脱贫攻坚志》的出版，有利于接续和丰富寻乌历史，提升寻乌美誉度和文化软实力；有利于各级领导把握规律、科学决策；有利于全县人民全面了解寻乌扶贫脱贫工作轨迹和进程，感悟当下幸福生活的来之不易，凝心聚力加快推动高质量发展！

《寻乌县脱贫攻坚志》编修从 2019 年启动，经四年精心雕琢，汇集各级领导及专家学者的悉心指导，寻乌县各有关部门（单位）、乡（镇）、社会各界人士的大力协助和支持，以及全体编写人员和出版单位专家的艰辛劳动，成册付印，深表赞贺！

历史是最好的教科书。以史为镜，以志为鉴，将让我们看得更清、望得更远、走得更稳！

是为序。

中共寻乌县委书记　蓝贤林

寻乌县人民政府县长　何善祥

2023 年 8 月

寻乌县
脱贫攻坚志

凡　例

一、本志以马克思列宁主义、毛泽东思想、邓小平理论、“三个代表”重要思想、科学发展观、习近平新时代中国特色社会主义思想为指导，坚持辩证唯物主义和历史唯物主义的立场、观点和方法，全面记述寻乌县脱贫事业的发展历史和现状。

二、本志记述上限为2013年，下限为2021年2月底，以2020年寻乌县行政区划为记述区域。为保持记述的完整性，个别内容适当上溯或下延。

三、本志采用述、记、志、传、图、表等体裁，以志体为主；大事记采用编年体与纪事本末体现结合的形式编写。采用章、节、目的结构，述而不议。

四、本志采用规范的现代语体文记述，力求朴实、严谨、简洁、流畅。

五、数字、标点符号用法遵循GB/T 15835—2011《出版物上数字用法》和GB/T 15834—2011《标点符号用法》。原则上使用法定计量单位，考虑到社会使用习惯，个别内容（如种植面积）计量单位仍沿用“亩”，不统一换算。

六、本志中涉及的机构、会议、文件、职衔、地名等，均按当时称谓记述。首次使用时用全称并括注简称，之后用简称。本志中“省委”“省政府”分别指中国共产党江西省委员会、江西省人民政府，“市委”“市政府”分别指中国共产党赣州市委员会、赣州市人民政府，“县委”“县政府”分别指中国共产党寻乌县委员会、寻乌县人民政府。

七、本志采用的统计数据，以统计部门公布的为准；未列入统计部门统计的，采用业务主管部门提供的统计数据。

八、本志所用文字、图片等资料主要由各有关单位和部门提供，一律不注明出处。

领导关怀

2017年8月18日，中共中央宣传部常务副部长、中央精神文明建设指导委员会办公室主任黄坤明（右三）到寻乌县南桥镇南龙村调研对口支援和脱贫攻坚工作。市委常委、宣传部部长胡雪梅（右二），县委书记柯岩松（右五）陪同调研

2014年7月10日，中共中央宣传部副部长孙志军（右二）到寻乌县晨光镇江下村调研脱贫攻坚工作

2015 年 1 月 24 日，中共中央宣传部副部长王世明（右一）到寻乌县出席全国文化科技卫生“三下乡”集中服务活动启动仪式，并调研脱贫攻坚工作

2016 年 6 月 20 日，国家发展和改革委员会副主任、国家统计局局长宁吉喆（前排左二）到寻乌县参观毛泽东寻乌调查纪念馆

2014年4月22日，国家统计局局长马建堂（右一）率调研组到寻乌县调研对口支援工作。国家统计局向寻乌县统计局捐赠统计业务经费100万元。县委书记柯岩松（右二）参加捐赠仪式

2017年6月29日，国家统计局副局长郑京平（右二）到寻乌县文峰乡统计站调研统计工作

2019 年 8 月 19 日，国家统计局副局长盛来运（前排左三）到寻乌县吉潭镇圳下村调研脱贫攻坚工作

2019 年 12 月 5 日，国家统计局原党组书记、原局长李德水（中）到寻乌县参观毛泽东寻乌调查纪念馆

2016 年 5 月 21 日，中华全国供销合作总社党组书记、理事会主任王侠（前排中）到寻乌县调研脱贫攻坚和供销合作社综合改革工作

2015 年 11 月 21 日，中华全国供销合作总社副主任邹天敬（前排右二）到寻乌县调研脱贫攻坚工作

2016 年 4 月 13 日，财政部、环境保护部、水利部联合组织有关专家，对寻乌县 2014—2015 年度东江流域国土江河综合整治试点工作进行全面评估

2020 年 11 月 2 日，省委书记刘奇（右三）到寻乌县广寻物流园调研产业发展情况

2019 年 5 月 6 日，省委副书记、省长易炼红（右一）到寻乌县调研脱贫攻坚工作

2018 年 4 月 17—18 日，省委常委、市委书记李炳军（前排中）到寻乌县调研贯彻落实习近平总书记在中共中央宣传部寻乌扶贫调研报告上的重要批示精神、打好六大攻坚战、推进乡村振兴工作

2016 年 1 月 17 日，省委常委、省纪委书记周泽民（前排中）到寻乌县留车镇飞龙村调研脱贫攻坚工作

2018 年 6 月 19—21 日，省委常委、省委宣传部部长施小琳（左二）到寻乌县调研加强思想文化建设和传承红色基因等工作

2019 年 4 月 2—3 日，广东省委副书记、深圳市委书记王伟中（右三）到寻乌县调研对口支援工作。江西省委副书记、赣州市委书记李炳军（右一）陪同调研

2017 年 10 月 2 日，市委副书记、市长曾文明（右三）到位于寻乌县石排工业园的江西省洛锡实业有限公司调研产业发展情况

2017 年 7 月 3 日，南昌工程学院院长金志农（左三）到寻乌县工业园区江西孺子牛智能科技有限公司、江西省洛锡实业有限公司调研对口帮扶工作

2019 年 11 月 15 日，南昌工程学院、寻乌县人民政府、江西德新达智能机械有限公司校、地、企三方共建博士科研工作站签约仪式举行。县委副书记、县长杨永飞（后排右三），南昌工程学院党委书记徐兰宾（后排右四）参加签约仪式

2018 年 7 月 22 日，县委书记柯岩松（右五）到三标乡富寨村调研脱贫攻坚工作

2017 年 6 月 4 日，县委副书记、县长杨永飞（右一）到晨光镇调研脱贫攻坚工作

工作推进

2016 年 1 月 21 日，中共寻乌县委十四届十次全体（扩大）会议召开

2016 年 9 月 28 日，省委第四巡视组专项巡视寻乌县委脱贫攻坚工作动员会召开

2016 年 5 月 24 日，寻乌县现代农业攻坚战重大项目集中开工仪式暨寻乌县柑橘苗木繁育基地项目开工仪式举行

2017 年 2 月 24 日，全县三级干部总结表彰大会暨七大攻坚动员部署大会召开

2018 年 10 月 10 日，寻乌县脱贫摘帽誓师大会召开

2018 年 8 月 17 日，寻乌县易地扶贫搬迁进城四期安置点（太湖移民新村）摇号分房仪式举行

基础设施建设

2018 年年底完成第一期工程并投入使用的广寻现代物流园

澄江镇北亭村水厂（2020 年 10 月摄）

2019 年 1 月，寻乌新汽车站建成并投入使用

2013 年 7 月建成投运的长宁 220 千伏变电站

2019 年 1 月，全县实现村村通公交

2011 年年底，全县所有行政村通油（砼）路

2019 年，全县实现村村通网络

产业扶贫

江西大水坑生态农业科技有限公司林下种植灵芝（2018 年 10 月摄）

莒蒲乡虎石村千亩蓝莓种植扶贫示范基地（2019 年 11 月摄）

文峰乡东团村猕猴桃基地（2016 年 10 月摄）

留车镇飞龙村大棚蔬菜基地（2020 年 2 月摄）

苗木基地为贫困户发放苗木（2020 年 2 月摄）

2016 年，中国供销农产品批发市场控股有限公司在寻乌县投资兴建中国供销寻乌现代农业示范园

桂竹帽镇龙归村蜜蜂养殖基地（2016 年 9 月摄）

扶贫干部风采

晨光镇高布村第一书记组织村民到蔬菜基地学习种植技术

桂竹帽镇高头村第一书记帮助贫困户收割水稻

澄江镇黄岗村帮扶干部指导村民学习果业技术

留车镇水背村第一书记帮助贫困户管理油菜基地

三标乡长安村帮扶干部帮助缺劳力贫困户插秧

文峰乡双坪村驻村工作队实地指导农户种植百香果

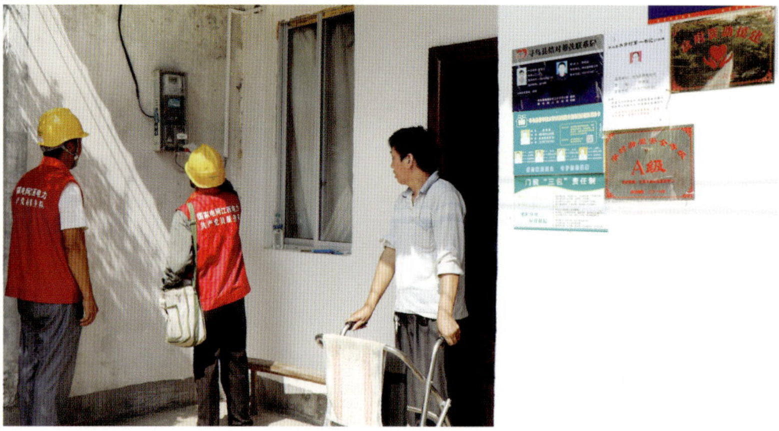

技术人员为留车镇水背村贫困农户检查用电线路

省林业技术推广总站高级工程师到龙廷乡油茶基地传授油茶种植技术

市林业局技术人员到留车镇石马村油茶基地传授种植技术

培训与就业

2018年5月8日，机械机电培训班学员在江西省洛锡实业有限公司进行实训

2019年7月23日，县公共就业人才服务局举办2019年寻乌县第2期育婴员培训班

2020年7月21日，2020年寻乌县职业技能提升行动［中式烹饪（寻乌特色小吃）］培训班开班仪式举行

2018年11月8日，菖蒲乡举办贫困劳动力技术培训

2020年寻乌玉禾环境管理有限公司技能提升岗前培训第6期（三标乡）

2018年6月25日，澄江镇举办机械机电专项培训班

留车镇扶贫车间——寻乌县兴邦电子厂

晨光镇扶贫车间——寻乌县乐声电子有限公司

支援帮扶

2019 年 1 月 28 日，“学习强国”学习平台用户服务中心（寻乌）成立

2016 年 9 月 19 日，寻乌县全媒体中心揭牌仪式举行

中华全国供销合作总社援建的晨光中学屋顶光伏设施（2020 年 11 月摄）

中共中央宣传部援建的金鸡产业园（2020 年 11 月摄）

乡村医疗

健康扶贫家庭医生签约服务团队为贫困人口提供上门健康检查服务

新建的村卫生计生服务室为广大农村群众提供了方便的看病就医环境

菖蒲乡卫生院（2020 年 7 月摄）

留车镇中心卫生院（2020 年 7 月摄）

晨光镇高布村卫生计生服务室（2020 年 7 月摄）

南桥镇下廖村卫生计生服务室（2020 年 7 月摄）

教育文化

上坪中小学（2020 年 7 月摄）

丹溪中小学（2020 年 7 月摄）

寻乌县中等职业技术学校（2020 年 5 月摄）

2019 年 1 月，晨光镇竹背村脱贫攻坚暨乡风文明文艺汇演

2015 年 1 月 24 日，全国文化科技卫生“三下乡”集中服务活动在吉潭镇圳下村开展

生态建设

柯树塘小流域治理（2020 年 6 月摄）

双茶亭稀土废旧矿区治理（2020 年摄）

乡村面貌

吉潭镇圳下村新貌（2020 年 12 月摄）

文峰乡上甲村油菜花开（2020 年 2 月摄）

三标乡堆禾村原貌
(2013 年 5 月摄)

三标乡堆禾村新貌（2019 年 10 月摄）

晨光镇修建高布村文化
广场前的泥塘(2016年5月摄)

晨光镇高布村文化广场（2018 年 9 月摄）

目 录

寻乌县
脱贫攻坚志

概 述

一

寻乌县位于江西省东南端，赣闽粤三省交界处，总面积2351平方千米，辖15个乡（镇）、173个行政村、11个居委会。2020年，户籍人口33万人。全县地貌以山地、丘陵为主，区位偏远，发展生产的自然条件不足，一直欠开发、欠发达，是国家扶贫开发工作重点县、罗霄山特困片区县。寻乌也是原中央苏区县。在第二次国内革命战争时期，毛泽东、朱德、邓小平等老一辈无产阶级革命家在这里从事过伟大的革命实践。1930年5月，毛泽东在寻邬开展了大规模的社会调查。在此基础上，他写下《寻邬调查》《反对本本主义》两篇光辉著作，提出"没有调查，没有发言权"等著名论断，"初步形成了毛泽东思想活的灵魂的三个基本点，这就是：实事求是、群众路线和独立自主"①。

中华人民共和国成立后，中共中央、国务院高度重视寻邬革命老区建设。1951年8月27日至9月2日，中央人民政府南方老革命根据地访问团在寻邬开展7天的慰问活动。访问团深入留车、南桥等地走访革命烈军属家庭，开展免费治病、演出、放电影等一系列活动。1957年4月，寻乌县成立革命老根据地工作委员会，开始常态化地进行老区扶贫工作。1979年6月，县内开展扶贫试点工作，县委、县政府派出工作组分赴全县14个公社、52个大队、308个贫困生产队，对383户2366人进行帮扶。1980年，寻乌县革命老根据地建设委员会成立，下设办公室。1986年，寻乌县被定为国家级贫困县，全县有贫困乡14个、贫困村119个、贫困户10269户、贫困人口55906人。1994年，寻乌县

① 出自2003年中共中央文献研究室副主任杨胜群在"寻乌调查与毛泽东对马克思主义中国化的探索"理论研讨会上的讲话。

被列为《国家八七扶贫攻坚计划（1994—2000年）》中国家重点扶持的592个贫困县之一，全县有贫困乡12个、贫困村122个、贫困户17442户、贫困人口82712人，贫困户年人均纯收入529元。2002年，寻乌县被列为国家扶贫开发工作重点县。2013年，寻乌县被列为罗霄山特困片区县。中央、省、市对寻乌脱贫工作投入大量的人力、物力和财力，寻乌老区面貌有较大改观，但由于种种原因，贫困状况仍然没有得到根本改变。2014年，全县有农业人口272568人，其中建档立卡贫困人口51377人。

中共十八大后，以习近平同志为核心的党中央作出精准扶贫重大战略决策，国家和江西省把寻乌县纳入全国重点帮扶贫困县，确定由中共中央宣传部、国家统计局、省委宣传部、省统计局、国家统计局江西调查总队对口支援寻乌县，中华全国供销合作总社定点帮扶寻乌县。2017年，中共中央总书记习近平在中共中央宣传部呈报的《弘扬脱贫攻坚精神，推动农村物质文明和精神文明协调发展——寻乌扶贫调研报告》上作出重要批示，号召全党大兴调查研究之风。寻乌牢记嘱托，感恩奋进，积极传承红色基因，大力发扬寻乌调查唯实求真的精神，坚持真扶贫、扶真贫、真脱贫，努力走出一条行之有效的脱贫攻坚之路，实现脱贫攻坚的全面胜利。2019年3月，寻乌县以“零漏评、零错退、满意度99.2%”的成绩顺利通过江西省扶贫开发领导小组组织的脱贫摘帽第三方评估。4月28日，省政府正式批复寻乌县脱贫退出。2020年，全县贫困人口人均纯收入由2014年的2390元提高到13076元，贫困发生率由2014年的18.85%下降到0，所有建档立卡贫困人口实现脱贫退出，全县69个“十三五”贫困村（含9个深度贫困村）实现脱贫退出。全县住房保障、道路出行、安全饮水、公共服务、产业发展等方面得到前所未有的改善，农村呈现出“村庄美、产业兴、民渐富、社会稳”的良好局面，全面建成小康社会取得历史性成就，决战脱贫攻坚取得决定性胜利。在2014—2020年的全省科学发展综合考核中，寻乌县连续7年在贫困县（市、区）组别中获得先进县称号。2019年，寻乌县被省政府授予脱贫攻坚组织创新奖。寻乌县脱贫经验在中国浦东干部学院及中央精神文明建设指导委员会办公室（简称“中央文明办”）、中华全国供销合作总社等国家部委机关举办的培训、会议上作典型发言。2020年12月15日，在中国国际发展知识中心举办的以“中国脱贫攻坚的做法”为主题的国际减贫交流对话沙龙上，寻乌县作为全国3个典型脱贫摘帽县之一，派代表出席会议，并向世界分享经验做法。

二

寻乌认真落实党中央精准扶贫精准脱贫决策部署，坚持以脱贫攻坚统揽经济社会发展全局，精心组织，全力保障，开展前所未有的脱贫攻坚战。

提升政治站位，强化组织保障。寻乌县坚持把打赢脱贫攻坚战作为一项重大政治任务，对标对表中共中央要求，先后出台《关于深入贯彻习近平总书记扶贫开发战略思想以脱贫攻坚统揽经济社会发展全局的意见》《关于开展脱贫攻坚成果巩固提升三年行动的实施意见》等一系列政策性文件。“十三五”期间，寻乌县出台政策文件、实施方案136个，形成一套较为完整的目标体系、政策体系、责任体系和工作推进体系，确保精准扶贫、精准脱贫和巩固提升等各项工作落到实处并取得实效。坚持党对脱贫攻坚的全面领导，强化党组织和党员领导干部在脱贫攻坚中的战斗堡垒和先锋模范作用，着力加强基层党组织建设，全面提升乡村两级党组织的战斗力。落实“党建+”理念，把党建工作贯穿脱贫攻坚全过程、各方面，确保脱贫攻坚始终沿着正确方向扎实推进。

寻乌县成立以县委书记为组长，县委副书记、县长为第一副组长的精准扶贫工作领导小组。精准扶贫工作领导小组下设资金保障、攻坚推进、工作督导、监督执纪问责、专项扶贫5个工作组，实行组长负责制，及时研究解决存在的问题，整体推进工作落实。脱贫摘帽后，寻乌县认真落实中央“四个不摘”①要求，做到靶心不散、频道不换，将精准扶贫工作领导小组转换为巩固拓展脱贫攻坚成果工作领导小组，领导架构、工作人员、肩负职责不变，确保每个扶贫任务有专班人员推进。“十三五”期间，县委常委会和县政府常务会议坚持每月专题研究脱贫攻坚工作，召开调度会、推进会、现场会等全县性会议124次，为扎实有效地开展脱贫攻坚工作提供有力的组织保障。加强乡（镇）扶贫工作站建设，每个工作站安排3～4名编制，配齐人员力量，并由综合素质强的乡（镇）

① 四个不摘：摘帽不摘责任、摘帽不摘政策、摘帽不摘帮扶、摘帽不摘监管。

班子成员兼任工作站站长。各乡（镇）按照“五个一”[①]的要求建设村级扶贫工作室，做到人员、场所、经费固定。为每个行政村招聘一名大学毕业生担任村级扶贫专干，负责信息系统和资料台账工作，让专业的人干专业的事，让基层干部把主要精力用在入户帮扶、发展产业、推进项目等实际工作上。

压实工作责任，做好经费保障。落实脱贫攻坚“书记工程”——县、乡（镇）、村三级书记带头抓脱贫，并实行脱贫攻坚县、乡（镇）、村三级党政同责。执行“县委书记遍访贫困村、乡（镇）党委书记遍访贫困户”等要求，县、乡（镇）党政“一把手”担当作为、亲力亲为，全面担负起脱贫攻坚“第一责任人”责任。压实行业部门监管责任，县党政分管负责人履行行业扶贫“第一责任人”责任，抓好分管范围内行业扶贫的统筹、调度工作。细化25个行业扶贫责任体系，各行业部门主要负责人履行行业扶贫“直接责任人”职责，负责行业扶贫工作的具体落实。

建立与脱贫攻坚任务相适应的资金保障机制，压缩一般性开支，多渠道保障扶贫投入。“十三五”期间，投入扶贫资金55.5亿元。建立扶贫项目管理绿色通道，对项目的立项、规划设计、招投标、实施、验收等环节进行规范、优化，有效提升项目实施效率。在严格落实项目三级公告公示制度的基础上，以村为单位编制各年度《扶贫政策项目资金公开手册》，发放到每户，接受群众监督。

坚持高位推动，实行尽锐出战。寻乌县充分利用中共中央宣传部、国家统计局、中华全国供销合作总社和省直、市直有关部门的对口支援和定点帮扶的优势，积极争取国家政策、资金、项目支持，积极对接省“四个一”扶贫和市直部门挂点帮扶机制，形成“大扶贫”工作格局。“十三五”期间，中央、省、市帮扶单位下派一批又一批干部到寻乌挂职扶贫，解决帮扶资金。部委领导每年到寻乌县开展脱贫调研和走访慰问贫困户，协调国家相关部委帮助寻乌解决太湖水库饮水工程、寻（乌）龙（川）高速公路等一批重大项目落地问题。中共中央政治局委员、中央书记处书记、中央宣传部部长黄坤明两次到寻乌县，深入项山乡卢屋村、南桥镇南龙村、柯树塘废弃稀土矿山治理区等地实地调研，

① 五个一：一个固定的工作场所，配备一个文件柜，每户贫困户一张帮扶卡，每户贫困户一个文件资料袋，一块贫困户信息公示栏。

为寻乌县建设革命老区高质量发展示范区定向把脉。2018 年 5 月，黄坤明向广东省委副书记、深圳市委书记王伟中提出深圳市对口支援寻乌县的建议。2019 年 1 月，《深圳市与寻乌县支援合作工作方案》出台。4 月，王伟中到寻乌县调研考察，推动两地产业对接、农产品销售对接，深圳市支援寻乌县一批帮扶项目和资金，为寻乌县早日打赢脱贫攻坚战开辟新的通道。

寻乌县建立以村为单位的工作落实机制，为 173 个行政村配备“大村长”。县级领导干部带头，带领全县正科级以上干部落实“六包”[①]责任，一包到底。机关干部全员上阵，每月分 AB 岗住村帮扶，真正沉下去抓扶贫。506 名干部被选派到 69 个贫困村和 104 个非贫困村担任第一书记或驻村工作队长（队员），每月驻村 22 天以上，专抓脱贫攻坚。在干部任用上，优先提拔使用脱贫攻坚一线干部。“十三五”期间，提拔重用在脱贫攻坚一线的驻村第一书记、工作队长（队员）71 人，其中 2020 年提拔重用第一书记、工作队长（队员）23 人。

完善督导考核，深化作风治理。2017 年 10 月，成立脱贫攻坚督导工作组，负责对全县脱贫攻坚工作的督查、指导。对照贫困人口脱贫、贫困村退出标准，对脱贫户、退出贫困村进行逐户、逐村、逐项核查甄别，查找脱贫户中未达标户和未达标项，排查退出村中未达标村和未达标项，形成督导报告，点对点反馈到乡（镇）、村整改。充分发挥考核的指挥棒作用，2017 年，将乡（镇）脱贫攻坚工作的年度综合考核权重由 2016 年的 60% 提高到 67.5%，对脱贫攻坚工作完成差的乡（镇）党政正职进行追责问责。

推进扶贫领域作风治理，着力整治形式主义、官僚主义等腐败问题。聚焦精准识别、项目资金廉洁、工程质量、项目精准、干部作风 5 个重点，以零容忍的态度，开展扶贫领域监督执纪问责。“十三五”期间，全县查处扶贫领域问题 215 起，问责党组织 46 个，问责党员干部 66 人。经中共中央组织部、国务院扶贫开发领导小组办公室推荐，县委书记柯岩松 3 次在中国浦东干部学院贫困县党政正职“学习贯彻习近平新时代中国特色社会主义思想、坚决打赢精准脱贫攻坚战”专题研讨班上，就作风治理作经验介绍，授课课件被中国浦东干部学院收录为脱贫攻坚网络教程。

① 六包：包精准识别、包精准退出、包责任落实、包政策落实、包工作落实、包社会稳定。

三

严格落实精准扶贫精准脱贫基本方略，对标核心指标，推进精准施策，提升扶贫实效。

紧盯“三率一度”[①]指标，查缺补漏。寻乌县始终把贫困人口精准识别作为实施精准扶贫、推进脱贫攻坚的首要基础性工作来抓，先后开展多轮精准识别“回头看”工作，按照“七清四严”[②]要求，实行逐村、逐户、逐人“过筛”，提高识别精准度。成立专项督导组，开展拉网式、地毯式督查，发现疑似漏评问题第一时间研判、反馈、整改，确保扶贫对象识别“不落一户、不漏一人”。坚守脱贫标准和程序，杜绝错退。对年初选定的预脱贫对象，对照脱贫退出指标要求，逐项比对，对达到脱贫标准的，通过民主评议、信息公示和群众监督等，严格按照“八步法”[③]程序，脱贫一批、退出一批，最大限度提高脱贫退出精准度。注重提升政策落实透明度，对农村低保、产业奖补等到户政策项目全过程公开。注重提高识别退出精准度，严格执行识别退出标准，尤其是在贫困户评选上做到公平、公正、公开，杜绝“优亲厚友”“扶富不扶贫”问题，实现阳光扶贫、廉洁扶贫，让群众认可。

紧扣“两不愁三保障”[④]标准，精准施策。

夯实“两不愁”。“十三五”期间，投入7.56亿元建设太湖水库工程（含淹没区及上游区域3个村5个小组805户3397人的整体移民搬迁），水库总库

① 三率一度：综合贫困发生率、脱贫人口错退率、贫困人口漏贫率和群众认可度。

② 七清四严：“七种情况一票否决”。（1）在集镇、县城或其他城区购（建）商品房、商铺、地皮等房地产（不包括搬迁农户移民扶贫户）或现有住房装修豪华的农户；（2）拥有家用小汽车、大型农用车、大型工程机械、船舶等之一的农户；（3）家庭成员有私营企业主，或长期从事各类工程承包、发包等营利性活动的，长期雇用他人从事生产经营活动的农户；（4）家中长期无人，无法提供其实际居住证明的，或长期在外打工，人户分离的农户；（5）家庭成员中有自费出国留学的农户；（6）因赌博、吸毒、打架斗殴、寻衅滋事、长期从事邪教活动等违法行为被公安机关处理且拒不改正的农户；（7）为了成为贫困户，把户口迁入农村，但实际不在落户地生产生活的空挂户，或明显为争当贫困户而进行拆户、分户的农户。“四种情况从严甄别”。（1）家中有现任村委会成员的农户；（2）家庭成员中有在国家机关、事业单位、社会团体等由财政部门统发工资，或在国有企业和大中型民营企业工作，收入相对稳定的农户；（3）购买商业养老保险的农户；（4）对举报或质疑不能做出合理解释的农户。

③ 八步法：（1）选定年度预脱贫对象；（2）摸底调查；（3）村“两委”班子评议；（4）村委会一次公示；（5）乡（镇）人民政府入户核实；（6）村委会一次公示；（7）县扶贫开发领导小组批准；（8）村公告。

④ 两不愁三保障：农村贫困人口不愁吃、不愁穿，义务教育、基本医疗、住房安全有保障。

容2000多万立方米。建成8个“千吨万人”农村集中供水工程、75个“百吨千人”农村集中供水工程以及128个微小型农村集中供水工程，全县所有行政村实现集中供水。扫除安全饮水工作盲区，关注散居户、偏远户等群体，筹集资金8028.82万元，实施安全饮水提升工程，点对点解决饮水困难户安全饮水问题，确保农村所有居民喝上“放心水”。按照“应保尽保、应退尽退”原则，开展低保专项整治，着力纠正低保偏差，提高低保精准度，较好地发挥兜底保障脱贫功能。加大残疾人办证力度，全面落实残疾人“两项补贴”[①]制度。完善临时救助制度，提高救助标准，优化救助程序，有效发挥临时救助的救急救难作用。按政策逐年提高农村低保和特困人员救助供养标准，确保重点对象的“两不愁”得到有效保障。“十三五”期间，发放综合保障扶贫资金28867.81万元。

落实“三保障”。寻乌县把保障住房安全作为脱贫攻坚最重要、最紧迫的任务来抓，先后出台《全面推进农村住房安全保障工作实施方案》《农村老人居住危旧房专项整治工作实施方案》等系列文件，综合采取移民搬迁、拆旧建新、维修加固、交钥匙保障和整治老人住危房5种模式，把建档立卡贫困户、低保户、分散供养五保户、贫困残疾人家庭4类重点对象放在突出位置，全面解决住房安全问题。统筹整合资金7.23亿元，对有人居住的土坯房分类别、分对象进行差异补助，维修加固13648户，拆旧建新1747户，农村保障房兜底安置238户。解决边远山区群众脱贫问题，投入6.1亿元，在县城建设易地搬迁安置房1910套，安置贫困户745户3286人。对贫困移民搬迁对象全部实行集中安置，坚持“搬迁是手段、脱贫是目的”的原则，严格实行统规统建、集中安置。实行交钥匙工程，严守“四线”[②]要求，有效避免搬迁举债情况的发生。认真落实后续帮扶措施，对贫困移民户按人均每月补贴1000元的标准发放产业帮扶资金。移民安置点周边配套电商园、物流园、车站、工业园区和商业设施，让搬迁群众在家门口实现就业，实现“搬得出、稳得住、能致富”的目标。通过政府采购，聘请第三方鉴定机构完成全县19408户房屋质量安全鉴定，实现“一房一安全报告”。“十三五”期间，投入教育发展资金11.66亿元，大力实施义务教育学校标准

① 两项补贴：困难残疾人生活补贴和重度残疾人护理补贴。

② 四线：搬迁对象精准的“界线”、住房面积的“标线”（人均住房面积不超过25平方米）、搬迁对象不举债的“底线”（户均举债不超过1万元）、项目规范管理的“红线”。

化建设、薄弱学校改造工程，农村义务教育学校办学条件明显改善，县域义务教育基本均衡发展顺利通过国家督导组评估验收。全面落实义务教育学校校长和乡（镇）属地双负责制，加大控辍保学力度，做好劝学返学、特殊教育和送教上门等工作。实现扶贫部门数据和教育部门数据实时共享，落实教育部门与乡（镇）双线排查，确保教育资助政策实施不遗漏。在保障义务教育的基础上，进一步完善资助体系，实现贫困家庭学生享受资助政策覆盖学前教育到高等教育各阶段。“十三五”期间，资助贫困学生 10.25 万人次，发放资助金 8115.6 万元；办理生源地助学贷款 1.63 万人次，贷款金额 12132.5 万元。注重发展职业教育，投入 2.4 亿元建设职业学校，2018 年 9 月完成首批招生。全县建档立卡贫困户由政府代缴城乡居民基本医疗保险、大病保险，统一购买重大疾病医疗补充保险，落实城乡医疗救助政策，构筑健康扶贫“四道医疗保障线”①，建档立卡贫困户患者住院实际报销比例稳定在 90% 的适度水平。全面实行县域贫困人口“一卡通”和“先诊疗后付费”的“一站式”服务。实施贫困户健康建档、家庭医生签约服务等政策，为贫困人口提供周到、细致的基本医疗卫生服务。设立政府主导、商业保险公司运营的重点覆盖残疾户、重病户、困难户等边缘易致贫户的“暖心基金”，建立覆盖全民的多层次医疗保障体系。

抓实产业就业。严格落实“五个一”②产业发展机制，按照“柑橘为主、多元发展”思路，在推动柑橘产业转型升级基础上，积极扶持猕猴桃、鹰嘴桃、甜柿、蔬菜、百香果、养蜂等产业发展。到 2020 年年底，全县有柑橘种植面积 25 万亩，其他特色产业种植面积 13.8 万亩。“十三五”期间，累计发放贫困户产业奖补资金 8632 万元，发放“产业扶贫信贷通”贷款 10.24 亿元，完成“财政惠农信贷通”贷款 2.5 亿元，实现产业发展覆盖全部有劳动能力的贫困户。提升特色农业产业组织化程度，组建猕猴桃、鹰嘴桃、甜柿等产业协会 5 个，成立农业专业合作社 914 个，培育创业致富带头人 474 人。积极发展光伏产业，先后实施一批光伏扶贫工程项目、光伏扩面工程项目，推进屋顶光伏工程建设。

① 四道医疗保障线：贫困人口按照城乡居民基本医保、大病保险、医疗救助、补充保险等四道程序报销住院医疗费用，将个人负担部分稳定在 10% 的适度目标。

② 五个一：选准一项主导产业、打造一个龙头、设立一笔扶持资金、建立一套利益联结机制、培育一套服务体系。

至2020年年底，已并网总装机容量38910千瓦，覆盖所有行政村。提高就业扶贫组织化程度，加大贫困劳动力就业意愿、就业技能和就业岗位对接力度，实施贫困劳动力转移培训、农村实用技术培训、就业技能培训、创业培训和“雨露计划”等工程，帮助有劳动能力的贫困对象掌握一项以上职业技能，做好公益性岗位的开发和管理，帮助贫困人口增收。“十三五”期间，全县累计培训贫困劳动力6733人次，创建扶贫车间36个，吸纳贫困劳动力262人。

均衡推进“贫困户与非贫困户、贫困村与非贫困村”脱贫攻坚，实现乡村公共基础设施的整体提升。对照《江西省贫困村退出指标体系（修订）》（赣开发〔2017〕9号），开展以群众直接受益为主的新农村建设工作，重点抓好改水、改厕、改沟、庭院整治、文体休闲场所等到户和公共服务项目建设。“十三五”期间，贫困村平均每村投入达1164万元，非贫困村平均每村投入达650.4万元，实施一批雨污分流管网、排水沟、低压线路改造等群众关注的项目。截至2018年年底，基本实现每村有卫生室、农村综合服务平台，村村通动力电。把整治农村人居环境作为提升村庄面貌的重要措施，大力推行城乡环卫“全域一体化”，建立“一把扫帚扫到底”的工作机制，城乡环境卫生状况显著改善。扎实推进“赣南新妇女”运动，开展清洁家庭评选，引导、促进农村群众按“五净一规范”①要求整治庭院环境卫生。立足寻乌实际，把农村“空心房”②整治作为一项重点工作来抓，累计拆除“空心房”328.19万平方米，消除安全隐患，腾出公共空间，提升农村宜居程度。把农村公路建设作为脱贫攻坚基础设施建设的重中之重，投入12.5亿元，扎实推进农村公路“三年行动计划”和“四好农村路”建设，累计完成县道升级改造111.5千米、乡道双车道拓宽67.4千米、村道窄路面拓宽65.8千米、建制村通组公路621千米、入户小道硬化646千米、破损路面修复46千米，将全县1340.4千米公路纳入日常养护管理。

四

在脱贫攻坚实践中，寻乌县发扬寻乌调查唯实求真的精神，探索创新一系

① 五净一规范：院内净、卧室净、厨房净、厕所净、个人卫生净、院内物品摆放规范。
② 空心房：指农村长期闲置，不符合“一户一宅”政策的危旧土坯房。

列具有寻乌特色的扶贫工作机制。

“阳光扶贫”。2017年以来，寻乌县委、县政府把扶贫项目资金监督管理工作作为重中之重来抓，由县纪委监委和扶贫办等部门牵头，编印《扶贫政策项目资金公开手册》，发放给全县6万多户农户，人手一册。该手册将扶贫政策、扶贫工程项目概况及实施、产业奖补发放、低保补助、贫困对象、公益林补助、扶贫车间贫困人员补贴、公益性岗位情况等15类内容全部予以公开，同时公开县纪委监委扶贫领域举报电话、举报网站、举报邮箱、举报地点等信息，主动接受群众监督乡村基层精准落实各项扶贫政策，避免发生“优亲厚友”、虚报冒领等问题，让扶贫资金使用更加精准，效益更加突出。

“智志双扶”。在每个村设立新时代文明实践站，紧贴群众需求，常态化开展扶德扶志文明实践活动，探索出一条“精神扶贫”的“寻乌模式”，达到了“智志双扶”的效果。2018年6月，全省新时代文明实践现场推进会在寻乌县召开，将寻乌县的实践探索和经验做法推向全省。2020年，寻乌县被中共中央宣传部、中央文明办列入全国10个新时代文明实践中心建设重点联系县（市、区）。在中共中央宣传部、国务院扶贫开发领导小组办公室联合召开的学习习近平总书记扶贫工作重要论述研讨会上，寻乌县委书记柯岩松围绕“扶贫扶志”主题发言，作经验介绍，中央主流媒体多次报道。

“巾帼帮扶”。寻乌县依托村党支部，选优配强村妇女干部队伍，做到村“两委”班子100%有女性、村妇联主席100%进村“两委”班子、村妇联主席报酬100%解决、村妇联组织100%有工作经费。妇女成为寻乌县脱贫攻坚的重要力量，在激发群众内生动力、产业发展、乡风文明、环境整治等重点工作上发挥独特作用，涌现一大批优秀妇女代表。广大农村妇女从家庭“小灶台”走向社会“大舞台”，有效地推动了脱贫成效的巩固提升。2019年4月1—2日，全省村妇女小组长配备工作现场会在寻乌县召开，寻乌县巾帼扶贫工作获得省、市高度认可。

构建“大扶贫”工作格局。寻乌县广泛发动各方力量参与脱贫攻坚，形成多点发力、各方出力、共同给力的“大扶贫”工作格局。精准对接上级部门，积极争取上级挂点帮扶单位参与脱贫攻坚，有3家中央单位、6个省直部门、9个市直部门直接到村帮扶。中共中央宣传部推动、协调深圳市和阿里巴巴集团控股有限公司（简称“阿里巴巴集团”）、中国恒大集团、腾讯科技（深圳）有限公司等地区和企业对口帮扶寻乌，解决帮扶资金10146万元。扎实做好社会扶贫网上线推广工作，调动全社会参与，累计注册贫困人口17928人，注册爱心人士17448人，注册村级管理员653人，发起物品需求18686个，对接成功物品需求15715个。开展百企帮百村、百社解千难、“扶贫超市”项目认领、扶贫一日捐等系列活动，募捐钱物总值484万余元。

一系列行业扶贫特色做法在形式多样的扶贫实践中出彩，有发挥“互联网+”作用提升电商扶贫成效的电商扶贫特色做法，“六个一批”做旺农业扶贫产业的特色做法，五措并举攻克“住房安全”堡垒的农村住房安全保障扶贫特色做法，“双线排查”一个不落做好“控辍保学”的教育扶贫特色做法，清洁家园推动村庄环境由“点滴美”向“处处美”转变的村庄环境整治建设特色做法，推行“路长制”助推“四好农村路”建设的交通基础设施扶贫特色做法，“暖心基金”筑起老区群众因病致贫防线的健康扶贫特色做法，以提高集中供水率为着力点推动安全饮水保障扶贫的特色做法，“挪穷窝，斩穷根”让山沟里农户真脱贫的易地搬迁扶贫特色做法，等等。

一大批各具风采的典型人物在众志成城的扶贫实践中涌现：有中华全国供销合作总社挂职晨光镇党委副书记、副镇长、高布村第一书记，三次任职期满，三次选择留下，被中共中央、国务院授予“全国脱贫攻坚先进个人”称号的吉志雄；有坚持在贫困山村为贫困人口行医治病46年，被省政府授予“全省劳动模范”称号，被中共中央、国务院授予“全国脱贫攻坚先进个人”称号的潘昌荷；有中共中央宣传部政策法规研究室挂职留车镇留车村第一书记、“江西省脱贫攻坚先进个人”称号获得者雍鑫；有从家庭“小灶台”走向社会“大舞台”的优秀妇女代表、全省脱贫攻坚奉献奖获得者杨运兰；有能吃苦、肯努力、人穷志坚的脱贫典型陈佛海、何坚平、邝小燕、黄圣聪等。

所有为寻乌脱贫攻坚做出的努力和奉献均值得被历史铭记。脱贫摘帽不是终点，而是新生活、新奋斗的起点。全面建设社会主义现代化国家新征程已经开启，寻乌将乘势而上，接续奋斗，努力绘就乡村振兴的壮美画卷。

寻乌县
脱贫攻坚志

大事记

2013年

2月4日 国务院扶贫开发领导小组办公室、国家发展和改革委员会印发《罗霄山片区区域发展与扶贫攻坚规划（2011—2020年）》。寻乌县被列入规划区域。

2月28日 中共中央宣传部“贫困地区（革命老区）公共文化服务体系建设”课题调研组到寻乌县就贫困地区（革命老区）公共文化服务体系建设工作展开调研。调研组先后到寻乌县澄江镇北亭村、周田村，留车镇坵坊村等地，详细了解公共文化服务体系建设和群众文化生活等情况。

8月10日 省扶贫和移民办公室副主任饶振华一行到寻乌县城区搬迁移民集中安置点、工业园搬迁移民集中安置点等地，现场察看安置点建设情况，听取相关工作情况汇报，详细询问移民集中安置点的规划设计、移民搬迁等情况。

8月22日 国务院办公厅印发《中央国家机关及有关单位对口支援赣南等原中央苏区实施方案》，确定中共中央宣传部、国家统计局对口支援寻乌县。

9月29日 寻乌县首次为375名家庭经济困难儿童发放学前教育幼儿资助金，总金额15万元。学前教育资助标准为每生每年400元，对象为符合入园年龄，在县级以上教育行政部门审批设立的普惠性幼儿园在籍在园就读，家庭经济困难的儿童、孤儿和残疾儿童。

10月8日 省政府办公厅印发《江西省人民政府办公厅关于组织省直机关及有关单位对口支援赣南等原中央苏区的通知》（赣府厅字〔2013〕140号）。中共中央宣传部、国家统计局、省委宣传部、省统计局、国家统计局江西调查总队对口支援寻乌县。

10月21—25日 省委常委、省纪委书记周泽民先后到丹溪、龙廷、晨光、菖蒲、留车、南桥、吉潭等乡（镇），对扶贫开发，特色农业种植、养殖、加工，城镇化建设，交通建设等工作进行实地调研。

10月25日 全省扶贫开发工作调研座谈会在寻乌县召开。市委常委、市纪委书记彭光华主持。省委常委、省纪委书记周泽民出席座谈会并讲话。省扶贫和移民办公室副主任饶振华，省交通运输厅副厅长梁必康，国网江西省电力公司副总经理郝玉国，江西省建工集团有限责任公司董事长、总经理李平等出席会议。县委副书记、县长杨永飞做工作汇报。

10月28—29日 中共中央宣传部副部长孙志军率领中共中央宣传部、国家统计局专题调研组到寻乌县开展对口支援调研工作。省委常委、省委宣传部部长姚亚平等陪同调研。

11月7日 中国寻乌蜜桔展暨中国柑橘学会2013年学术年会在县体育中心体育馆开幕。全国人大常委会委员、中国工程院院士、华中农业大学校长、现代农业产业（柑橘）技术体系首席科学家、中国柑橘学会名誉理事长邓秀新，西南大学副校长、中国柑橘研究所所长、中国柑橘学会理事长周常勇，赣州市副市长刘建平，农业部种植业管理司经济作物处处长王戈等出席开幕式。仪式结束后，邓秀新等实地调研寻乌县果业发展情况。

12月26—27日 国家统计局财务司副司长刘晓东、省统计局副局长韩志生、国家统计局江西调查总队副总队长刘文峰到寻乌县开展对口支援工作。国家统计局邀请广西壮族自治区农业科学院院长、知名专家白先进，广西壮族自治区柑橘研究所专家邹伟忠，广西壮族自治区柑橘研究所所长邓崇岭到寻乌县现场指导柑橘黄龙病防控工作。

2014年

1月14—16日 广东省环境保护基金会、广东省环境保护志愿者指导委员会与广东工业大学、华南师范大学、广东女子职业技术学院三所学校的志愿者组成的东江使者代表团到寻乌县开展“感恩东江”环保公益活动，向三标乡燕子窝小学，水源乡袁屋小学、东江源小学、胡屋小学和桂竹帽镇龙归小学捐赠全新的学生课桌椅390套、爱心包裹400套，公益活动代表与水源乡袁屋小学负责人签署合作开展绿色教育框架协议，并向袁屋小学捐赠30万元用于改善学校设施。广东省环境保护基金会常务副理事长、秘书长袁征出席捐赠活动。

3月23—25日 省委书记、省人大常委会主任强卫到寻乌县调研扶贫等工作。

4月22日 国家统计局局长马建堂率国家统计局调研组到寻乌县调研对口支援工作。国家统计局向县统计局捐赠统计业务经费100万元和办公电脑50台。

4月25日 人民出版社、人民邮电出版社、江西省出版传媒集团有限公司等22家中央、省级出版单位向寻乌县图书馆捐赠图书，总品种超过5000种，总册数在15000册以上。

5月27日 省农业综合开发办公室主任张忠平一行到寻乌县菖蒲乡五丰村调研“连心工程”实施情况。

6月11日 省民政厅党组成员、副厅长刘立松率调研组到寻乌县三标乡东江源村开展“大爱民政为百姓•真情服务暖民心”主题实践活动，调研对口帮扶工作。

7月10—11日 中共中央宣传部副部长孙志军率队到寻乌县调研对口支援工作。省委常委、省委宣传部部长姚亚平，中共中央宣传部文化体制改革和发展办公室主任黄志坚等陪同。

8月18日 中江国际信托股份有限公司暨中江国际集团对口帮扶捐赠仪式在寻乌县举行，中江国际信托股份有限公司向寻乌县捐赠600万元。至此，中江国际信托股份有限公司向寻乌县累计捐赠1251万元。

9月24日 寻乌县贫困地区儿童营养改善项目、全民健康生活方式行动启动仪式暨培训会举行。该项目为试点乡（镇）2000多名6～24月龄婴幼儿免费补充辅食、营养补充品。

11月4日 阿里巴巴集团组织部分电商运营专家及北京、上海、浙江等地的大型水果批发经销商组成“江西寻乌看橙团”，到寻乌县开展脐橙产地考察活动，洽谈采购业务。

11月9日 省扶贫和移民办公室在寻乌县组织召开《寻乌县太湖水库工程建设征地移民安置规划大纲》审查会。省扶贫和移民办公室副主任饶振华、省政府办公厅秘书三处处长陈卫军、市政府副秘书长郭知明，省发展和改革委员会、省国土资源厅、省水利厅、省林业厅、省环境保护厅、省水利规划设计研究院、市扶贫和移民办公室等相关单位代表出席会议。

11月20日 西南大学副校长、中国柑橘研究所所长、中国柑橘学会理事长周常勇率现代农业产业（柑橘）技术体系黄龙病专家组到寻乌县调研柑橘黄龙病防控工作。

11月25—26日 省科技厅厅长洪三国率调研组到寻乌县调研科技创新与扶贫开发工作。

2015年

1月24日 由中共中央宣传部、科技部、司法部、农业部、文化部、国家卫生和计划生育委员会（简称“国家卫计委”）、国家新闻出版广电总局、中国科学技术协会（简称“中国科协”）和中国志愿服务联合会联合省委、省政府主办的2015年全国文化科技卫生“三下乡”集中服务活动启动仪式在县体育中心举行。中共中央宣传部副部长王世明，司法部副部长张彦珍，文化部副部长董伟，国家卫计委副主任崔丽，国家新闻出版广电总局副局长童刚，中国科协副主席陈章良，省委常委、省委宣传部部长姚亚平，中国志愿服务联合会副会长赵津芳，中共中央宣传部宣教局局长陈瑞峰，科技部副秘书长徐建培，农业部科技教育司巡视员石燕泉和部委有关司局、省直有关部门负责人，以及市领导杨文英、胡聚文、胡满松等出席启动仪式。启动仪式上，中共中央宣传部等中央部委和省市有关部门向寻乌县捐赠价值总计3063.2万元的物资和慰问金。

同日 广东省江西寻乌商会在县民营创业园爱馨泰电子商贸有限公司举行百名学子助学活动，为全县140多名品学兼优的贫困学子捐赠14万元。

4月25日 中共中央宣传部组织出版界“四个一批”人才到寻乌县调研基层文化设施建设情况，并开展对口帮扶工作。中国出版集团有限公司副总裁李岩、中共中央宣传部出版局副局长张拥军及中共中央宣传部有关人员20余人参加调研。

6月24—25日 中国人权发展基金会、中国数字图书馆有限责任公司、玉芳教育基金会到寻乌县开展捐赠、调研活动，落实中共中央宣传部2015年对口支援重点事项。中国人权发展基金会副秘书长王建林，中国数字图书馆有限责任公司总裁姚霆，中国农副土特产品开发有限责任公司董事长、玉芳教育基金发起人王昕玮等出席活动。中国数字图书馆有限责任公司在寻乌县第二中学举行捐赠仪式，向全县38所中小学及幼儿园捐赠“书香校园”数字图书馆，将全县中小学、幼儿园各学科的全部课题内容录入数字图书馆数据库，为全县38所受赠学校提供与教材同步的优质数字图书、期刊、音视频资源服务，共计5000余种（类）。

7月22日 寻乌县被省农业厅认定为第三批省级现代农业示范区。

7月26日 省委常委、市委书记李炳军到寻乌县调研。

8月3日 中共中央宣传部组织县内部分优秀校长、教学一线中层干部、骨干教师20人，赴浙江省杭州市、宁波市和北京市海淀区等地学习考察。学习考察人员在北京期间，参加中共中央宣传部副部长孙志军主持召开的座谈会，汇报学习考察情况。

8月14日 寻乌县电子商务协会成立。

8月20日 寻乌县举行电子商务进农村国家综合示范县试点项目启动仪式。县委书记柯岩松宣布项目启动，县委副书记、县长杨永飞致辞，浙江遂网电子商务有限公司副总经理潘君跃、徐振峰等出席活动。

9月11日 长三角振兴寻乌促进会、长三角寻乌商会到寻乌县举行“百万慈善物资捐赠暨百名孤儿贫困学生助学”活动启动仪式，组织项目考察活动。上海振兴江西促进会常务副会长兼秘书长、上海慈善基金会常务副会长、长三角振兴寻乌促进会会长马仲器，长三角寻乌商会会长黄文平出席仪式。长三角振兴寻乌促进会、长三角寻乌商会向寻乌县100名孤儿、困难学生捐赠10万元助学金，向全县低保户、五保户等困难群众捐赠价值180万元的物资。

10月17日 全国百名农特微商齐聚寻乌县考察交流赣南脐橙网上营销情况，探讨赣南脐橙互联网营销渠道与模式建设，并就农特微商运营战略和实践操作等方面内容进行交流。

10月22日 中江国际信托股份有限公司、国盛证券有限责任公司向寻乌县捐赠800万元扶贫帮建资金。

10月30日 S80寻（乌）全（南）高速公路建成通车。寻全高速公路呈东西走向，境内里程36.1千米，与济广高速公路相交互通，设1个出口互通。寻全高速公路于2012年5月开工建设，设计车速80千米/小时，途经寻乌县澄江镇、水源乡、三标乡。

11 月 26 日 中华志愿者协会敬老助残物资捐赠活动在水源乡登豆岭文化广场举行，中华志愿者协会敬老助残志愿者委员会副主任、秘书长吕培力出席。中华志愿者协会向登豆岭村捐赠健身器材、音响、功率放大器等设备，向老年人、残障人发放老年智能手机、老年听戏机、电子体温计、电子血压计、老年购物车等物品，价值 30 万元。

12 月 12 日 “情系寻乌”中国文学艺术界联合会（简称“中国文联”）文艺志愿服务团“送欢乐下基层”慰问演出活动在寻乌县举行。中国文联副主席杨承志，中国文联文艺志愿服务中心主任、中国文艺志愿者协会副主席兼秘书长廖恳等出席活动。

2016 年

1 月 2—3 日 省委常委、市委书记李炳军到三标乡、文峰乡、南桥镇调研扶贫攻坚、产业发展等工作，并走访慰问困难群众。

1 月 20 日 中国人民财产保险股份有限公司（简称“人保财险”）总公司农险事业部、三农保险部副总经理魏柏林一行到寻乌县调研农业保险扶贫工作。

3 月 31 日—4 月 1 日 全市易地搬迁扶贫工作现场会在寻乌县召开。

4 月 3 日 省民政厅厅长刘金接到三标乡敬老院、长宁镇敬老院、县综合福利院项目建设现场和县社会福利中心等地，调研养老、社会救助、优抚等工作。

4 月 11 日 省委常委、市委书记李炳军到寻乌县调研精准扶贫、现代服务业、基础设施建设等工作。

5 月 7—11 日 《人民日报》、新华社、《光明日报》、《经济日报》、中央电视台、中央人民广播电台、人民网等国家级主要媒体，《江西日报》、江西电视台、江西人民广播电台等省级主要媒体到寻乌县开展集中采访活动。

5 月 21 日 中共第十八届中央委员，中华全国供销合作总社党组书记、理事会主任王侠到寻乌县调研扶贫攻坚和供销合作社综合改革工作。

5 月 24—26 日 中国文联组织文艺志愿者服务队到寻乌县开展“到人民中去”文艺扶贫主题活动。中国文联党组成员、副主席、书记处书记左中一，中国文联文艺志愿服务中心副主任、中国文艺志愿者协会副秘书长孙德华，中国民间文艺家协会副主席曹保明，中国书法家协会（简称“中国书协”）副主席毛国典，中国报告文学学会常务副会长李炳银，中国书协理事王学岭，江西省文联党组书记、常务副主席汪天行，江西省文联党组成员、副主席鄢平原出席相关活动。

6月30日 中共中央宣传部、文化部、国家新闻出版广电总局联合召开全国文化精准扶贫工作视频会议。寻乌县作为全省唯一代表在会上作典型发言。

7月12—13日 国家精准扶贫工作成效第三方评估江西组到寻乌县进行现场核查，并调研扶贫开发工作机制和经验。

7月13—16日 上海振兴江西促进会、上海市胸科医院、上海华美医疗美容医院、上海祥燕艺术教育公益基金、浙江音乐学院、上海向明友三助基金会、上海诚应医疗科技有限公司会同寻乌“两会”（长三角振兴寻乌促进会、长三角寻乌商会）发起并分别组团，由上海市慈善基金会常务副秘书长、上海振兴江西促进会副会长兼秘书长马仲器统一领衔，到寻乌县开展“送教、送医、送温暖”系列活动。

7月20日 省委副书记、副省长、代省长刘奇到寻乌县调研。省委常委、市委书记李炳军陪同调研。

7月27日 江西省赣南等原中央苏区振兴发展工作领导小组印发《江西省高等院校及科研机构对口支援赣南等原中央苏区实施方案》，确定南昌工程学院对口支援寻乌县。

7月29日 “寻乌蜜桔”商标被国家工商行政管理总局商标局认定为中国驰名商标。11月16日，市工商行政管理局（简称“市工商局”）在寻乌县举行“寻乌蜜桔”中国驰名商标授牌仪式。市工商局正处级干部涂光江向县果业协会负责人颁发“寻乌蜜桔”中国驰名商标证书和标牌，县政府副县长梅旭军主持仪式。

7月28日—8月5日 中共中央宣传部组织寻乌县部分优秀校长、教学一线中层干部、骨干教师20人，赴山东省、北京市等地学习考察。其间，中共中央宣传部副部长孙志军出席全体教师座谈会。

8月6—8日 中国人权发展基金会项目部主任贾蕙霞率中国人权发展基金会玉芳教育基金的专家到寻乌县开展教学培训，走访慰问“空巢老人”、孤寡老人等。

9月8日 上海市慈善基金会、上海振兴江西促进会在寻乌县澄江镇举行慈善物资发放仪式。发放对象为部分乡村贫困户以及全县五保户。发放物资有奶粉、棉被、服装，总价值170多万元。

9月18—20日 省委常委、省纪委书记周泽民到寻乌县水源乡、留车镇调研脱贫攻坚工作。省委常委、市委书记李炳军，市委副书记、副市长、代市长曾文明陪同调研。

9月25日 寻乌县农民专业合作社创新发展与农村电商实用技术培训班开班。中华全国供销合作总社培训中心副主任、北京商业管理干部学院副院长刘孝好出席开班仪式。

9月28日 省委第四巡视组专项巡视寻乌县脱贫攻坚工作动员会在寻乌县召开，省委第四巡视组正厅级巡视专员徐志华就开展巡视工作讲话，县委书记柯岩松主持会议。

10月13—14日 中共中央政治局委员、中央书记处书记、中央宣传部部长刘奇葆到南桥镇古坑村扶贫示范点等地调研文化扶贫等工作。中共中央宣传部副部长孙志军，文化部党组成员、国家文物局局长刘玉珠，省委常委、市委书记李炳军，省委常委、省委秘书长朱虹，省委常委、省委宣传部部长陈俊卿陪同调研。

11月5日 寻乌县参加第十四届中国国际农产品交易会暨第十二届昆明国际农业博览会并开展果品展销推介活动。活动期间，签订1100吨果品的销售合同，金额1000多万元。

11月23日 寻乌县邀请新西兰猕猴桃专家约翰·麦金托什（John McIntosh）及省猕猴桃产业技术体系各岗位专家到寻乌县开展猕猴桃产业技术培训，指导猕猴桃产业发展。

12月21—22日 省委常委、宣传部部长赵力平到寻乌县南桥镇古坑村、南龙村等地调研“农家书屋＋电商”、美丽乡村建设、产业扶贫等工作。

2017年

1月18—20日 新华社、中央电视台、《人民日报》等媒体记者到寻乌县项山乡卢屋村、南桥镇南龙村采访文明新风培育、环境卫生治理、村容村貌打造等工作。

2月9—10日 中华全国供销合作总社党组书记、理事会主任王侠到寻乌县开展定点扶贫工作调研，并在寻乌县主持召开中华全国供销合作总社定点扶贫推进会。中华全国供销合作总社党组成员、经济发展与改革部部长侯顺利等随同调研。省委常委、市委书记李炳军陪同调研并出席相关活动。

2月19—20日 国家开发银行江西省分行行长吴守华一行到寻乌县开展贫困村基础设施建设、油茶产业精准扶贫专题调研。

3月6—7日 省统计局局长万庆胜到寻乌县开展基层基础统计及对口支援工作调研。

3月13日 经济日报社副总编辑张磊率采访调研组到寻乌县采访调研脱贫攻坚工作中的特色做法和亮点等。

3月22日 光大证券股份有限公司与县政府签订结对帮扶寻乌县、助力脱贫攻坚合作协议。

4月4日 寻乌县获得中国农业发展银行（简称“农发行”）总行投放的全国第一批网络扶贫专项贷款5000万元，用于网络扶贫工程建设，在全省率先铺就“网络+产业”扶贫模式。

4月25日 寻乌县率先在全市实现城乡贫困人口“四道医疗保障线”试点运行。

5月2—4日 省委常委、宣传部部长赵力平到寻乌县南桥镇调研脱贫攻坚等工作。省审计厅党组书记、厅长辜华荣，市委副书记、市长曾文明陪同调研并出席座谈会。

6月1日 省脱贫攻坚第一检查督导组副组长王俊雄率检查督导组成员到寻乌县检查督导脱贫攻坚工作，并召开脱贫攻坚检查督导汇报会。

6月3日 寻乌县与北京网库信息技术股份有限公司（中国网库）签订脐橙产业电子商务基地项目合作协议。

6月22日 省投资集团有限公司党委委员、江西赣能股份有限公司总经理张惠良率相关负责人及驻南桥镇古坑村扶贫工作队一行到寻乌县调研，并向古坑村捐赠村级光伏电站。

6 月 30 日 寻乌县光伏扶贫电站项目并网发电。该项目于2016年开始实施，陆续建成并网。至 2019 年年末，全县光伏扶贫电站项目建设总容量达到 38.91 兆瓦，2019 年发电量 3506.98 万千瓦时，发电效益 3340.25 万元。

7 月 3 日 南昌工程学院院长金志农一行到寻乌县江西孺子牛智能科技有限公司、江西省洛锡实业有限公司调研考察高校对口支援工作。

7—8 月 中共中央宣传部成立专项课题组两次赴寻乌县开展扶贫调研，在此基础上形成《弘扬脱贫攻坚精神，推动农村物质文明和精神文明协调发展——寻乌扶贫调研报告》。12 月 15 日，中共中央总书记习近平在该调研报告上作出重要批示，号召全党大兴调查研究之风。

8 月 17—19 日 中共中央宣传部常务副部长、中央文明办主任黄坤明到寻乌县调研对口支援和脱贫攻坚工作。

8 月 22 日 省建工集团有限责任公司董事长、党委书记、总经理李平到扶贫挂点联系村澄江镇周田村走访调研。

8 月 24 日 2017 年度“科瑞助学”慈善助学金集中发放仪式在寻乌县举行。县委常委、宣传部部长谢清泉出席仪式并讲话。全县有 24 名优秀贫困学子（建档立卡扶贫户 20 人，低保户 4 人）获得“科瑞助学”慈善助学金 14.4 万元的资助。

9 月 7—9 日 江西省农村致富技术函授大学（简称“省农函大”）在寻乌县举办为期 3 天的柑橘主导产业升级培训班。省农函大副校长闵琪出席开班仪式。全县各乡（镇）种植大户、果农 160 余人参加培训。

9 月 10 日 省委常委、市委书记李炳军深入寻乌县文峰乡、三标乡、留车镇、桂竹帽镇实地调研脱贫攻坚、生态文明建设和旅游产业发展等工作。

10 月 2 日 市委副书记、市长曾文明到寻乌县南桥现代农业示范园、江西省洛锡实业有限公司、寻乌电商产业园、长举棚户区（城中村）改造点等地调研六大攻坚战等工作。

11 月 19 日 上海银科公益基金会在寻乌中学举办“红色助学”放款活动，资助贫困学子 27 人，发放助学金 7.2 万元。

11 月 21 日 寻乌县举办电子商务进农村、推进农特产品上市专题讲座。

同日 中央电视台军事农业频道《每日农经》栏目播出《寻乌黄心猕猴桃

一般大》，介绍寻乌县猕猴桃产业发展情况及突出特点。

11 月 30 日 国家统计局城市司司长赵茂宏到寻乌县南桥镇调研对口支援和精准扶贫工作。

12 月 6 日 江西省副省长吴晓军一行到寻乌县留车镇调研脱贫攻坚工作。

2018 年

1 月 28—29 日 中华全国供销合作总社党组成员、理事会副主任邹天敬到寻乌县看望慰问驻村干部和乡村扶贫干部，走访慰问贫困群众。

1 月下旬 赣州市直（驻市）部门单位支持寻乌高质量脱贫摘帽调度会在寻乌县召开。

2 月 6 日 县委副书记、县长杨永飞在一亩田农产品电商平台为寻乌脐橙代言。

2 月 20—21 日 寻乌县 2018 年就业创业暨外出务工人员返乡招聘大会在城北广场举行。招聘会为期两天，接待进场咨询、求职群众 4 万多人次，发放招聘资料 1 万多份，有 1780 余人现场与企业签订就业协议，2680 余人与企业达成就业意向。

3 月 28—30 日 国家标准化管理委员会专家组到寻乌县调研指导电商精准扶贫大数据标准化工作。

4 月中旬 江西省投资集团有限公司与县扶贫和移民办公室联合举办的 2018 年第一期农民智力培训班在三标乡开课。此次培训班邀请江西农业大学党委委员、副校长曾志授课。

4 月 17—18 日 省委常委、市委书记李炳军到寻乌县调研贯彻落实中共中央总书记习近平在中共中央宣传部寻乌扶贫调研报告上的重要批示精神和打好六大攻坚战、推进乡村振兴工作，推动寻乌实现高质量脱贫、高质量发展。

5 月上旬 赣州市峰山开发投资有限公司总经理敖军到寻乌县吉潭镇圳下村开展结对共建帮扶活动，并代表公司向该村捐赠帮扶资金 30 万元。

6 月 10 日 寻乌县开展“一村一名大学生工程”送科技下乡、送科技入班活动，江西农业大学教授为寻乌县 110 多名“一村一名大学生工程”学员作农村电子商务专题讲座。

6 月中旬 华中农业大学教授、中国园艺协会柿分会会长罗正荣和江西农业大学教授辜青青到寻乌县举办甜柿技术讲座。

6 月 19—21 日 省委常委、省委宣传部部长施小琳到寻乌县留车镇飞龙村调研脱贫攻坚工作。

6 月 21—23 日 全市农产品专业合作社农产品电商营销策略培训班（赣州站）在寻乌县举办。

7 月 2 日 寻乌县举办首期“乡贤讲堂”，邀请晨光镇乡贤、中国农业科学院郑州果树研究所果树瓜类植保研究中心主任、现代农业产业（西甜瓜）技术体系病毒病害防控岗位科学家古勤生传授农业种植技术。

7 月 10 日 由省民政厅发起的江西省社会组织“百社解千难”助力脱贫攻坚启动仪式在寻乌县举行。省民政厅社会组织管理局局长刘石垦参加启动仪式。

7 月 17 日 省扶贫和移民办公室在寻乌县召开太湖水库下闸蓄水阶段移民安置工作终验会议。

7 月中旬 中共中央宣传部捐赠的第二批 2 万册图书抵达寻乌县图书馆新馆，同车运送的还有一台价值近百万元的全彩 LED 显示屏。全彩 LED 显示屏安装在县图书馆新馆报告厅。中共中央宣传部对口支援捐赠图书 10.6 万册，其中县图书馆 6.33 万册、乡（镇）综合文化站 4.27 万册。

7 月 19—28 日 中共中央宣传部组织寻乌县优秀校长、教学一线中层干部、骨干教师代表 26 人，赴河北省、北京市等地学习考察。

8 月 7 日 省农函大“双创双升”培训工程暨寻乌县创业致富带头人培训班开班。

8 月 7—8 日 华中农业大学园艺林学学院教授蔡礼鸿、罗正荣、李国怀一行到寻乌县指导猕猴桃、甜柿、鹰嘴桃等产业发展工作。

8 月 14—15 日 深圳市政府党组成员陈彪率调研组到寻乌县南桥镇南龙村、寻乌电商产业园、石排工业园等地考察调研脱贫攻坚工作。

9 月 15—16 日 全国社区医疗服务志愿团到寻乌县开展医疗援助活动。

10 月 10 日 中国科技馆发展基金会在寻乌县举行捐建 5 所农村中学科技馆的捐赠仪式。

同日 寻乌县脱贫摘帽誓师大会在县体育中心召开。

10 月 11—13 日 中华全国供销合作总社党组书记、理事会主任王侠到寻乌县晨光镇高布村、物流园等地调研精准扶贫工作。

10 月 13 日 省委副书记、市委书记李炳军到寻乌县中等职业技术学校、太湖水库工程现场等地调研精准扶贫工作。

10 月 16—17 日 深圳市龙华区社会组织总会会长、深圳市华基金生态环保基金会秘书长冯晓，本来生活网深圳区总经理丁玲玲率调研组到寻乌县考察调研精准扶贫工作。

10 月 17 日 在中国第 5 个“扶贫日”之际，寻乌县举行“扶贫一日捐”集中捐赠暨“扶贫超市”项目认领活动，社会各界捐款、捐物价值逾 138.4 万元。

10 月 28 日 全市“我的扶贫脱贫故事”巡回宣讲走进寻乌县开展宣讲活动。

10 月 28—29 日 中华全国供销合作总社新合作商贸连锁集团有限公司副总裁王仁刚携旗下 10 个子公司到寻乌县开展精准扶贫订货活动。

10 月 30 日 中华全国供销合作总社直属机关党委副调研员、寻乌县高布村第一书记吉志雄获“中央和国家机关脱贫攻坚优秀个人”称号。

11 月 10—15 日 中央电视台财经频道《生财有道》栏目摄制组到寻乌县摄制《秋收特产——走进江西寻乌：电商助推生意忙》，宣传推介寻乌脐橙、百香果、龙脑樟、灵芝鸡蛋等特产。

11 月 15 日 省残疾人联合会（简称“省残联”）党组书记、理事长何剑锋到寻乌县调研残疾人脱贫工作。

11 月中旬 寻乌县“健康饮水、点亮乡村”捐赠仪式举行，江西省老区建设促进会、成都盛元阳光环保科技有限公司向寻乌县捐赠一批净水机和太阳能路灯。

11 月 23 日 省委第八巡视组对寻乌县开展脱贫攻坚巡视“回头看”。

11 月 29 日 中共中央党校党的建设教研部副教授、北京大学政治学博士郑寰到寻乌县作“加强基层党建，助力精准扶贫”专题报告。

12 月 3 日 “饮水思源，寻乌扶贫”义卖“爱心橙”帮扶江西寻乌公益行动正式启动。该活动由深圳市关爱行动组委会办公室（简称“深圳市关爱办”）、深圳市关爱行动公益基金会、深圳商报社倡议发起。

12 月 25 日 “陈忠欧”品牌脐橙入选“人民优选”平台。

12 月 27 日 寻乌县龙涯山生态农场（所属水产养殖场）被列入农业农村部水产健康养殖示范场（第十三批）名单。

2019 年

1 月 11 日 市委副书记、市长曾文明到寻乌县文峰乡长举村督导客家风情小镇项目建设工作。

1 月 21 日 国盛证券有限责任公司捐赠 60 万元建设的项山乡中坑村国盛星火广场竣工。国盛证券有限责任公司总裁徐丽峰为国盛星火广场揭牌。

同日 寻乌县澄江镇周田村入选住房和城乡建设部、国家文物局组织评选的“中国历史文化名村”。

2 月 9—10 日 2019 年“春风行动”寻乌县首位产业机械机电暨就业扶贫招聘大会在县城北广场举行。

2 月 27—28 日 深圳市委常委、宣传部部长李小甘到寻乌县文峰乡柯树塘废弃矿山综合治理与生态修复工程项目现场、南桥镇南龙村、东江源田园综合体等地调研，推动深圳市与寻乌县的支援合作工作。

3 月 12 日 深圳市卫生健康委员会党组书记、主任罗乐宣率调研组到寻乌县对县中医院、县妇幼保健计划生育服务中心、县人民医院进行考察调研，并就推进卫生健康工作合作举行座谈会及相关签约仪式。

4 月 1 日 全省村妇女小组长配备工作现场会在寻乌县召开。省妇联主席王庆，省妇联副主席肖晓兰、刘丽、吴艳玲、朱彦，市委副书记、副市长刘文华出席会议。全省 11 个设区市妇联领导及部分县妇联主席参加会议。

同日 深圳广播电影电视集团（简称“深圳广电集团”）党组副书记、总经理刘璋飚率调研组到寻乌县考察调研对口支援工作，洽谈合作项目，并与寻乌县签署战略合作协议。

4 月 2—3 日 深圳市宝安区妇幼保健院医疗专家团队到寻乌县妇幼保健院开展对口支援义诊活动。

4 月 2—3 日 广东省委副书记、深圳市委书记王伟中率深圳市考察团到寻乌县考察。考察团到文峰乡柯树塘废弃矿山综合治理与生态修复工程项目现场、南桥镇南龙村、寻乌县中等职业技术学校现场调研。

4月28日 省政府正式批复寻乌县脱贫退出。

5月6日 省委副书记、省长易炼红到寻乌县南桥镇古坑村等地调研脱贫攻坚等工作。

5月11—12日 中共中央宣传部政策法规研究室、深圳市委宣传部、上海工艺美术职业学院、上海工程技术大学、上海第二工业大学、上海出版印刷高等专科学校、江西理工大学、南京信息职业技术学院、厦门城市职业学院、泉州华光职业学院代表在寻乌县召开对口支援、扶贫建设等工作研讨会。

5月18日 中共中央政治局委员、中央书记处书记、中央宣传部部长黄坤明到第十五届中国（深圳）国际文化产业博览交易会寻乌展馆视察指导，对寻乌"文化+创意""文化+旅游""文化+农业"模式给予充分肯定。

同日 新形势下PPP（政府和社会资本合作）助力县域脱贫攻坚与经济发展寻乌研讨会召开。清华大学政府和社会资本合作研究中心首席专家、清华大学建设管理系教授、博士生导师王守清出席会议并致辞。国家发展改革委投资研究所主任吴亚平，国家发展改革委PPP专家、中国国际工程咨询有限公司研究中心处长、博士罗桂连出席会议并讲专题课。清华大学政府和社会资本合作研究中心合作与培训部部长陈佳佳主持。县委副书记、县长杨永飞出席研讨会并致辞，县四套班子领导出席研讨会。

6月4日 国家统计局住户调查办公室副主任方晓丹率调研组到寻乌县开展脱贫攻坚普查等专项调研。

6月13日 中共中央政治局委员、中央书记处书记、中共中央宣传部部长黄坤明到寻乌县看望贫困群众，查看扶贫项目，同当地干部和帮扶企业深入交流。

6月18—19日 光明日报社采访团到寻乌县毛泽东寻乌调查纪念馆、晨光镇龙图村、丹溪乡岑峰村等地采访调研脱贫攻坚举措、成效，及涌现的先进典型。

7月2日 中共中央宣传部政策法规研究室干部王铭会同阿里巴巴集团、劲牌有限公司、北京创时能源有限公司、中国扶贫基金会等企业、公益组织组成的考察团，到寻乌县开展实地考察并洽谈系列帮扶合作项目。

7月7日 寻乌县与广东省惠州市四季绿农产品有限公司举行四季绿(赣州)农业项目签约仪式。

7月8日 省委书记、省人大常委会主任刘奇到寻乌县广寻现代物流园调研精准扶贫等工作，省委常委、省委秘书长赵力平陪同。

7月14日 《江西寻乌：创新乡村治理 树立良好村风》在中央电视台《新闻联播》播出，聚焦寻乌县“三治”（自治、法治、德治）乡村治理的“寻乌经验”。

7月15日 赣州市基层党建质量提升暨村集体经济工作推进会与会人员到寻乌县观摩党建示范点建设工作。

同日 深圳市教育局、深圳市关爱办、福田区教育局、深圳报业集团、县政府、深圳爱心企业、基金会等各界人士以及爱心支教老师代表等50多人，在深圳报业会堂参加深圳“募师支教”美丽乡村计划启动暨市关爱办寻乌扶贫组出发仪式，并现场见证包括“乡村医疗扶贫”“致敬困境中的行善者”“爱心保险”“鹏城小书屋”“爱心小书桌”“乐高教室”6个专项扶贫项目的捐赠仪式，捐赠总金额超50万元。

7月23—24日 国家医疗保障局价格和招标采购司副司长丁一磊到寻乌县南桥镇卫生院调研医疗保障扶贫工作。

7月24日 《农业农村部办公厅、财政部办公厅关于批准开展2019年农业产业强镇建设的通知》印发，全国298个镇（乡）开展农业产业强镇建设。寻乌县留车镇入选，获得中央财政配套资金1000万元。

7月下旬 上海振兴江西促进会会长、长三角振兴寻乌促进会荣誉会长马仲器，全国红军小学建设工程办公室主任、上海市青少年发展基金会理事长吴仁杰一行到寻乌县开展慈善公益活动。上海市慈善基金会“美滋润心”专项基金向寻乌县捐赠180套科大讯飞智慧型学习机，上海云开朵朵公益基金会向寻乌县捐赠10万套“最美课本”视频课程。

8月13日 国务院扶贫开发领导小组办公室社会扶贫司副巡视员王大洋到寻乌县南桥镇南龙村、羊角园果蔬有限公司等地考察消费扶贫暨电商扶贫工作。

8月23日 寻乌县举行5G基站开通暨5G应用战略合作协议签订仪式。这标志着寻乌县正式进入5G时代。此次共开通县“学习强国”学习平台客服中心、县工业园区管理委员会以及江西孺子牛机械股份有限公司 3 个 5G 基站。

8 月 27 日 寻乌县与深圳市委宣传部、腾讯科技（深圳）有限公司在深圳市腾讯滨海大厦签订寻乌扶贫攻坚巩固提升战略合作框架协议。深圳市委常委、宣传部部长李小甘，深圳市委宣传部副部长刘文斌，腾讯科技（深圳）有限公司党委书记、高级副总裁郭凯天出席签约仪式。

8 月 30 日 寻乌县举行 2019 年度“春蕾计划”助学金发放仪式。329 名“春蕾女生”受到资助，资助金额共 22.32 万元。

9 月 29 日 寻乌县举行德青源“金鸡”产业扶贫项目开工仪式。北京德青源农业科技股份有限公司投资 6.06 亿元新建德青源“金鸡”产业扶贫项目，第一期建设总存栏 240 万羽蛋鸡养殖规模的循环经济产业示范园。

10 月 10 日 副省长吴忠琼到寻乌县南桥镇青龙岩旅游度假区调研考察文化旅游工作。

10 月中旬 深圳市龙岗区委常委、宣传部部长胡庚祥到寻乌县文峰中小学、县党群服务中心、吉潭镇滋溪大桥等地调研。

11 月 15 日 南昌工程学院党委书记徐兰宾到寻乌县调研对口支援工作，与寻乌县、江西德新达智能机械有限公司签订校地企三方共建博士科研工作站战略合作协议，并向寻乌县捐赠 700 多台电热水器。

11 月 23 日 寻乌县举行饮用水源保护区土地房屋征收第二阶段签约安置户选房顺序号抽取仪式。此次抽取选房顺序号的对象为寻乌县太湖水库“两个半村”移民安置第二阶段（即 2017 年 8 月 22 日至 2017 年 9 月 8 日）完成签约的符合安置政策的 345 户安置户。

12 月 13 日 国家统计局农村社会经济调查司司长黄秉信到寻乌县调研脱贫攻坚、乡村振兴和现代农业发展等工作。

12 月中旬 寻乌县被江西省交通运输厅、江西省农业农村厅、江西省扶贫办公室命名为江西省“四好农村路”示范县。

12 月 25 日 中国民主促进会赣州市委员会一行到寻乌县开展脱贫攻坚民主监督工作。

2020年

1月10—11日　省委常委、省委宣传部部长施小琳一行到寻乌县走访慰问贫困户、优抚对象等，省文化和旅游厅党组书记、厅长池红，江西广播电视台党委书记、台长曾光辉陪同。

1月13日　寻乌县斗晏水产养殖基地被列入国家级水产健康养殖示范场（第十四批）名单。

1月18日　寻乌组织参加消费扶贫中心（深圳）启用仪式暨首届消费扶贫交易博览会（深圳）开幕式，与深圳市旅游协会、消费扶贫中心、采购企业分别签订旅游开发协议、企业入驻协议和产品供销协议，协议销售金额为7500万元。

1月18—19日　中共中央宣传部文艺局副局长彭云到寻乌县调研新时代文明实践所（站）建设情况，并组织中国国家话剧院《三湾，那一夜》剧组到寻乌县开展“我们的中国梦”——文化进万家慰问演出。

3月15日　县委常委、副县长米雅娜参与省电视台农产品销售扶贫日活动，“化身”销售主播推销百香果、脐橙等农产品，为40户贫困户销售农产品，金额1.1万元；6月2日，米雅娜再次走进“赣品网上行·淘遍江西”直播间，在两个小时的直播中，在线观众人数54万人次，直播订单577单，农产品销售额8万余元。自3月以来，全县开展十多场（次）电商扶贫直播活动。

5月15日　省“决胜全面小康、决战脱贫攻坚”文艺采风组到寻乌县澄江镇金皇国柑橘标准化生态示范园、广寻现代物流园、易地扶贫搬迁进城四期集中安置点、晨光镇龙图村等地开展脱贫攻坚文艺创作采风活动，听先进事迹介绍，看扶贫点建设新貌，访脱贫群众感受，调研扶贫工作举措与成效。

5月18日　寻乌夏橙在“学习强国”学习平台积分商城扶贫助农板块上线。自此，寻乌县农特产品进入全国性销售平台快车道。

6月13—14日　省委常委、省委宣传部部长施小琳到寻乌县调研指导中共中央宣传部扶贫项目建设、新时代文明实践中心建设试点、中央脱贫攻坚专项巡视“回头看”反馈意见整改等工作，并召开中央脱贫攻坚专项巡视“回头看”反馈意见整改工作暨寻乌县基层阵地资源整合调研座谈会。省委宣传部常务副部长郭建晖、省委教育工作委员会书记叶仁荪随同，市政协主席、市委宣传部部长彭业明陪同。

7月上旬 寻乌县思源农业发展有限公司被全国妇联命名为2020年度“全国巾帼脱贫示范基地”。

7月15日 国盛证券有限责任公司教育扶贫项目“1+X共享课堂”揭牌仪式在澄江中心小学举行。国盛证券有限责任公司捐赠200万元支持寻乌教育信息化事业，在澄江、南桥、留车、丹溪4个乡（镇）建设4个“1+X共享课堂”主讲教室、39个听课教室，覆盖学生5600人。

8月6—7日 省委宣传部调研组到寻乌县开展全面建成小康社会“百城千县万村”调研活动，先后到南桥镇高排村、晨光镇龙图村、留车镇飞龙村调研脱贫攻坚工作，到太湖新村调研易地搬迁扶贫工作。

8月22日 国家统计局党组成员、副局长毛有丰到寻乌县调研对口支援和脱贫攻坚工作，并了解国家统计局挂职寻乌县干部情况。

8月25日 阿里巴巴集团正式对外公布“客服县拍档”计划，为寻乌县新增200个直接就业机会，带动2000多户农户以数字化方式实现增收。

8月31日—9月3日 中共中央宣传部人权发展和交流中心国际交流部副主任胡振家率央视网、光明网、中国经济网、中国日报网、中国网、人民网、新华网、中国新闻网组成的采访团到寻乌县开展“人权事业发展——决战决胜脱贫攻坚”主题采访活动，先后到卢屋村、高排村、龙图村、太湖新村详细了解脱贫攻坚、“智志双扶”等工作。

9月10—11日 深圳市委副书记郑轲率深圳市考察团到寻乌县党群服务中心、毛泽东寻乌调查纪念馆、幸福小镇、留车镇留车村、“学习强国”学习平台用户服务中心（寻乌）等地调研扶贫协作工作。

10月30日 江西消费扶贫专馆寻乌馆正式开馆运行，馆内陈列寻乌县及赣南区域30多个品类、百余种消费扶贫产品。

11月8日 由中共中央宣传部引进的北京德青源农业科技股份有限公司投资兴建的“金鸡”产业扶贫项目，首批10万余羽鸡苗进舍养殖。该项目位于留车镇留车村和庄干村范围，总投资6.06亿元，占地面积89.53公顷，养殖规模

300 万羽，分两期建设，其中一期养殖规模为 240 万羽，二期养殖规模为 60 万羽。

11 月 8—9 日　《深圳晚报》常务副总编辑叶晓滨一行到寻乌县开展深圳对口支援寻乌项目建设主题采访调研活动，先后到晨光镇民裕村、吉潭镇滋溪大桥、项山乡中小学等地，详细了解深圳市与寻乌县支援合作项目进展情况，并通过采访、拍照、无人机航拍等方式深入报道深圳市与寻乌县支援合作项目建设情况。

11 月 11—13 日　中共中央宣传部政策法规研究室主任王雷鸣到寻乌县调研，并召开中共中央宣传部对口支援重点项目工作调度会。省委宣传部副部长吴永明陪同。

11 月 20 日　阿里巴巴聚划算、阿里巴巴公益基金会、县政府在幸福小镇举办 2020 年寻乌脐橙节启动仪式暨赣南脐橙寻乌主产区电商扶贫开幕式活动，在线上开展聚划算卖空、阿里总部主播直播、阿里巴巴农场兑换等多种活动。

11 月 21 日　央视新闻“你好新时代”系列融媒体直播《我和我的村庄》在寻乌县晨光镇高布村举行首场直播活动，聚焦高布村脱贫后的农村新貌。12 月 5 日，在晨光镇高布村举行第二场直播活动。

11 月 24—26 日　中国国际发展知识中心副主任张亮率队到寻乌县调研脱贫攻坚经验做法。省政府研究室副主任王平俭、市政府发展研究中心副主任温明海等陪同调研。

12 月 15 日　中国国际发展知识中心举办的“中国脱贫攻坚的做法”国际减贫交流对话沙龙在北京举行。16 个驻华使馆的代表、11 个联合国多边机构的负责人以及地方政府代表近 100 人参加。县委副书记、县长杨永飞作主题发言，向世界分享寻乌县脱贫攻坚经验做法。

第一章

机构队伍

1957年4月，寻乌县成立革命老根据地工作委员会，开始常态化开展老区扶贫工作。1980年8月，寻乌县革命老根据地建设委员会成立，设办公室于民政局，简称“县老建办”。1986年4月，县老建办从县民政局划出，为正科级单位，独立设置。2003年3月，县老建办更名为寻乌县扶贫办公室。

“十三五”实施精准扶贫期间，寻乌县实施脱贫攻坚“书记工程”，做到县、乡（镇）、村三级书记带头抓脱贫，并实行县、乡（镇）、村三级党政同责，以村为主战场，为173个行政村配备“大村长”，全县正科级以上干部实行“六包”责任，选派党员干部到173个村担任党组织第一书记，选派506名干部担任驻村工作队长、队员，常年驻村帮扶，各机关干部全员上阵，每月分AB岗住村帮扶；举办培训班63期，培训25646人次；加强扶贫干部管理和督查考核，深化扶贫领域腐败和作风问题专项治理，为实现脱贫摘帽提供保障。

第一节　扶贫机构

一、县级扶贫机构

2010年5月，县政府机构改革，组建县扶贫和移民办公室（挂县革命老根据地建设委员会办公室牌子），为县政府直属正科级事业单位。县扶贫办公室的职责、县民政局的移民工作职责整合划入县扶贫和移民办公室，不再保留县扶贫办公室、县移民办公室。内设秘书股、计划财务股、社会扶贫股（对外联络股）、移民扶贫股4个职能股，全额拨款事业编制10名，下设正股级全额拨款事业单位老建科技培训中心，编制3名。

2015年7月，寻乌县专项扶贫工作领导小组成立，下设产业扶贫、贫困对象动态管理、县级领导“包户、帮村、扶乡”、移民搬迁扶贫、教育扶贫、大病医疗补充保险、就业扶贫、保障扶贫、基础设施扶贫、农业保险扶贫10个专门工作小组。8月，增设县精准扶贫工作办公室，为县扶贫和移民办公室下属正股级全额拨款事业单位，核定全额拨款事业编制3名。县精准扶贫工作办公室负责起草并组织实施全县精准扶贫工作规划和年度计划，精准扶贫信息录入和管理，对各项精准扶贫措施的督查、验收、考核，对精准扶贫工作的宣传和相关培训工作。

二、乡（镇）扶贫机构

2016 年 1 月 18 日，各乡（镇）农业服务中心增挂“乡（镇）精准扶贫工作办公室”牌子。各乡（镇）精准扶贫工作办公室配专（兼）职扶贫人员 2 人，人员从现有乡（镇）事业编制人员中选定。

第二节　扶贫队伍

一、选派第一书记

2015 年 4 月，县委组织部印发《关于选派党员干部任村党组织“第一书记”的通知》，从县直、乡（镇）机关选派党员干部到 173 个村担任党组织第一书记，协助驻在村加强党组织建设，落实精准扶贫工作任务，指导村“两委”班子认真查找制约发展的主要问题，分析本村比较优势，理清产业发展、农民增收、公益事业建设等思路。6 月，印发《关于做好集中选派干部到村（社区）任职帮助指导工作的通知》，加强驻村干部管理，完善选派第一书记有关程序，做好党组织关系转接工作，建立第一书记人选库，完善选派人员名册。173 个村的第一书记党籍均转入所在村党组织。

二、成立驻村工作领导小组

2018年8月，县委、县政府印发《关于成立寻乌县驻村工作领导小组的通知》，县委副书记担任组长，县委常委、组织部部长和县政府一名副县长担任副组长，成员由有关部门单位负责人担任，领导小组办公室设在县委新农村建设办公室，为精准扶贫精准脱贫提供有力组织保障。

三、实施“书记工程”

2015—2018 年，县委、县政府高度重视脱贫攻坚工作，实施脱贫攻坚“书记工程”，县级党委书记为县级脱贫攻坚“第一责任人”，履行县级脱贫攻坚主体责任；乡（镇）党委书记为乡（镇）脱贫攻坚“第一责任人”，履行乡（镇）

脱贫攻坚主体责任；村党支部书记为村脱贫攻坚“第一责任人”，履行村脱贫攻坚主体责任。县、乡（镇）、村三级书记带头抓脱贫，实行县、乡（镇）、村三级党政同责。

四、建立驻村帮扶队伍

2015—2018 年，实施以村为主战场，实行“一边倒”，为 173 个行政村配备“大村长”，全县正科级以上干部实行“六包”责任；选派 506 名干部担任驻村工作队长、队员，常年驻村帮扶，每月驻村开展脱贫攻坚工作不少于 20 天；全县各机关其他干部全员上阵，每月分 AB 岗驻村帮扶，各“大村长”和各机关干部每月驻村开展脱贫攻坚工作不少于 4 天。寻乌县把脱贫攻坚作为“第一民生工程”，举全县之力向贫困发起“总攻”。

第三节　扶贫干部监督管理

一、干部管理

寻乌县高度重视驻村干部管理，按照省、市选派方案及管理办法要求，通过民主推荐方式，对第一书记人选进行择优选派。选派的第一书记政治素质好，党性观念强，能自觉贯彻执行党的路线方针政策，工作作风优良，有事业心和责任感，有一定组织协调能力，勇于奉献、吃苦耐劳，在单位工作比较突出。为全县 173 个行政村每村选派一名第一书记，落实第一书记和驻村工作队每年不少于 1 万元的工作经费，并为其购买意外险。

2018 年 8 月，寻乌县执行省委办公厅、省政府办公厅《关于印发〈江西省驻村第一书记和驻村工作队选派管理办法〉的通知》，规定驻村干部［包括由乡（镇）补充的驻村干部］要与村“两委”干部一道坚持在村工作、吃住在村，每季度在村工作时间（含因公出差、开会和培训）不少于 50 天。严格执行考勤、请销假、外出报备等日常管理制度，凡是工作日不能在岗的，均要通过乡（镇）党委逐级履行请假或报备手续。驻村第一书记和驻村工作队在乡（镇）党委领导和指导下，紧紧依靠村党组织，带领村“两委”成员开展工作。

二、业务培训

为适应脱贫攻坚工作需要，寻乌县注重干部作风教育，提高扶贫干部工作能力。

2012—2015年，以村支部书记、村主任为培训重点。侧重形势任务、“三农”政策、“双带”（带头致富、带领致富）能力方面的培训，每年各举办1期培训，提升村干部实际工作能力。2016—2020年，围绕打好精准脱贫攻坚战，以提高领导干部扶贫工作能力为重点，印发《关于聚焦打好精准脱贫攻坚战加强干部教育培训的实施方案》，明确以集中培训为主，结合外出考察、网络学习、知识测试、个人自学等各种渠道，实现扶贫干部培训全覆盖，举办各类培训班63期，培训干部25646人次。

2015—2020年，寻乌县坚持服务脱贫攻坚大局，加强中央、省、市脱贫攻坚方针政策、工作方法等培训，注重作风教育，促进扶贫干部增强“四个意识”（政治意识、大局意识、核心意识、看齐意识）、提高工作能力、培育优良作风，为决战决胜脱贫攻坚打下坚实基础。

2015—2020年寻乌县扶贫干部业务培训情况表

表1-1　　　　单位：人次

年份	培训班	培训对象	培训干部数
2015	全县村支部书记、主任培训班	村支部书记、主任	868
	第一书记调度会暨业务培训会	第一书记、工作队长、队员	
2016	全县贫困村党组织书记暨第一书记脱贫攻坚专题培训班	第一书记、村党支部书记	2660
	县直入党积极分子和预备党员培训班	县直入党积极分子和预备党员	
	基层妇女干部培训班	基层妇女干部	
	科级干部培训班	科级干部	
	村（社区）书记和主任培训班	村（社区）书记和主任	
	党外干部培训班等主体培训班	党外干部	

续表 1-1

年份	培训班	培训对象	培训干部数
2017	第一书记脱贫攻坚调度会暨业务培训会	第一书记	3017
	村（社区）书记和主任培训班	村（社区）书记和主任	
	全县脱贫攻坚工作培训会	驻村干部、帮扶干部	
	党政干部培训班	党政干部	
2018	村党支部书记脱贫攻坚知识培训班	村党支部书记	7904
	全县中共十九大精神暨脱贫攻坚全员培训班	第一书记、村党支部书记	
	脱贫攻坚专题讲座	驻村干部、帮扶干部	
	脱贫攻坚社会心理服务专题培训班	驻村干部、帮扶干部	
	农村致富带头人和实用人才技能培训班	第一书记、村党支部书记	
2019	全县帮扶干部培训班	帮扶干部	5945
	扶贫系统干部脱贫攻坚培训班	扶贫系统干部	
	村（社区）书记和主任培训班	村（社区）书记和主任	
	驻村第一书记和工作队长培训班	驻村第一书记和工作队长	
2020	村（社区）书记和主任培训班	村（社区）书记和主任	6120
	全县农村创业致富带头人培训班	村党支部书记	
	全县脱贫攻坚普查业务培训班	第一书记、驻村干部、帮扶干部	
	全县脱贫攻坚业务培训班	“大村长”、第一书记、村党支部书记、帮扶干部	

三、督查考核

2015—2020 年，严格执行第一书记和驻村工作队驻村请销假、随机督查等制度，县纪委、县委组织部、县扶贫办开展督查在岗在位情况，对不在岗在位的驻村干部进行通报。2020 年，制定出台《寻乌县驻村干部积分管理办法》，用积分计实绩、评优劣。由乡（镇）党委和村党支部按照评分要求对驻村干部进行日常考核，实行一月一积分。考核结果与个人驻村生活补助、个人年度考核、年度评先评优、提拔重用相挂钩。2016—2018 年，共督查出 6 名驻村干部不在岗在位，扣除相应积分，年度考核不得评为“优秀”。

2015—2020 年，每年对驻村干部进行年度考核，从在村履职情况（宣传党的政策、抓实精准扶贫、建强基层组织、为民办事服务、助推乡村振兴、扫黑除恶专项斗争等工作及实际成效）、驻村工作纪律和干群评价三方面对驻村干部进行考核。考核程序有驻村干部和驻村工作队自查、乡（镇）党委审核、县驻村工作领导小组综合评价。有下列情形之一的，驻村干部不能评为“优秀”，驻村工作队不能评为“好”：所在村未完成年度减贫计划任务的；所在村违反贫困退出规定，弄虚作假，搞假脱贫、数字脱贫的；所在村违反扶贫资金管理使用规定的；驻村干部和驻村工作队干群评价满意度较低的；纪检监察、审计及督查检查中发现所在村、驻村干部或驻村工作队存在违纪违规问题的；驻村干部和驻村工作队在自查中弄虚作假，或违反有关规定，造成不良影响的。驻村干部年度考核结果视为干部在选派单位年度考核结果，并计入个人档案，考核结果作为提拔和进一步使用干部的重要标准。驻村工作队考核结果直接作为考核单位定点帮扶工作的主要依据。2016—2020 年，提拔和进一步使用干部 76 人，职级晋升 13 人。

四、纪律保障

2017 年以来，寻乌县持续深化扶贫领域腐败和作风问题专项治理，做到精准监督、精准执纪、精准问责，为实现脱贫摘帽提供纪律保障。2017—2018 年，寻乌县连续两年在全市扶贫领域监督执纪问责工作推进会上作经验交流。2018 年，经中共中央组织部、国务院扶贫开发领导小组办公室推荐，中国浦东干部学院邀请，县委主要领导先后三次在中国浦东干部学院举办的全国贫困县党政正职“学习贯彻习近平新时代中国特色社会主义思想，坚决打赢精准脱贫攻坚战”专题研讨班上，就作风治理作经验介绍，授课课件被中国浦东干部学院收录为脱贫攻坚网络教程。2018 年，中共寻乌县委第十五届六次全体（扩大）会议审议通过《关于进一步严明脱贫攻坚工作纪律的规定》；制定脱贫攻坚工作问责办法，推动问责常态化、规范化、制度化；同年，县纪委书记利用一个月时间，到15个乡（镇）就落实脱贫攻坚政治责任、深化扶贫领域作风建设讲廉政党课。

监管执纪 2017年，在交通扶贫、水利扶贫项目集中开工时期，针对工程点多面广、施工队伍良莠不齐、工程挂靠多、工程监管不力、项目验收把关不严等问题，县纪委、县监委约谈交通、水利、建设等行业主管部门，督促其压实行业监管责任，提出指标量化检测、规范项目质保期、加强项目监理和主材料进场检验等建议，推动出台加强扶贫领域工程质量监管的意见。县纪委监委会同行业主管部门，责成9个中标单位对总投资483万元的13个交通扶贫项目（村组道路）返工重修，责成2个中标单位对投资分别为437万元和608万元的农田水利项目返工重修，并在电视台、微信公众号公开通报曝光；对监理单位将不合格工程认定为合格工程的问题，督促主管部门开出罚单。

2016—2020年，全县纪检监察机关查处履行脱贫攻坚责任不力问题215个，问责党组织46个，问责党员干部66人，其中纪律处分130人。对扶贫领域精准识别、项目资金廉洁、工程质量、项目精准、干部作风5个方面从严监督管理，对问题“零容忍”，处置扶贫领域问题309个，处理457人次，其中纪律处分110人。

建立县纪委领导和纪检监察室指导联系乡（镇）纪委协作机制，以及专项治理月调度、季通报制度，通过开展“以案代训”、派员领办和乡（镇）纪委交叉办案等方式对乡（镇）纪检干部进行轮训。对纪检监察干部不担当、执纪宽松软问题，不遮丑、不护短，2017—2019年，两名纪检干部因履行脱贫攻坚监督责任不力受到纪律处分。

巡察监督 制定《中共寻乌县委巡察工作规划（2016—2021年）》和年度巡察工作计划。2018年，县委安排3轮巡察，采取“巡察＋审计”的方式进行：第一轮对8个乡（镇）开展脱贫攻坚专项巡察，延伸至行业扶贫牵头部门、行政村；第二轮对9个行业扶贫牵头部门开展专项巡察；第三轮开展脱贫攻坚、扫黑除恶、作风建设专项巡察，并与省委专项巡视联动。针对巡察发现的扶贫领域倾向性问题，寻乌县纪委在2018年10月3日印发《关于巡察监督和执纪监督发现扶贫领域倾向性问题整改工作的通知》，推动落实整改。

2017—2019 年，每年以村为单位制作扶贫政策项目资金公开手册，同步公开县纪委、县监委统一举报电话和网站，发放至全县所有农户，接受群众监督，此做法得到市委肯定。2019 年 9 月，《寻乌县依托扶贫资金公开，扎实推进扶贫领域腐败和作风问题专项治理》在《赣州纪检监察信息工作交流》上发表，在全市作经验介绍；10 月，《发放“公开手册”推动扶贫领域问题专项治理》在中央纪委网站发表。

教育警示 2017—2020 年，实行“三会一书两公开”（处分决定会、民主生活会、警示教育会、个人忏悔书、党内公开有关案情、社会公开整改情况），组织庭审旁听扶贫领域严重违纪违法案件；对扶贫领域典型案例，由县纪委书记在全县领导干部大会上进行专题通报，县委书记作专题点评，电视台、互联网和微信公众号等媒体点名道姓通报曝光；汇编本级查处的违纪违法典型案例，组织乡（镇）、村两级专题民主生活会，对照典型案例开展批评与自我批评；组织受到诫勉谈话及纪律处分的 98 名党员干部参加扶贫领域干部作风建设提升班；对 10 名党员干部予以容错减责免责；对扶贫领域 18 名受到纪律处分的科级干部，由县纪委书记、县委组织部部长逐一开展谈心谈话、回访和关爱教育。

开展扶贫领域自查自纠，对主动交代违纪问题的，从轻、减轻处分或免予处分。2018—2019 年，扶贫领域自查自纠问题 64 个，责成 8 个村党组织召开民主生活会，开展批评与自我批评，12 个村党组织向所在乡（镇）党委作出书面检查，开展谈话提醒、警示谈话、批评教育、诫勉谈话等 125 人次，主动退缴或追缴违规违纪资金 85.71 万元。

第二章

贫困状况及分布

从20世纪80年代中期开始，采矿业一度成为寻乌县支柱产业，但产业单一，对群众致富的带动作用极为有限，农民人均收入很低，县域经济十分薄弱。1986年，寻乌县被确定为首批国家级贫困县，当年全县财政收入仅有573万元。2000年前后，寻乌县农户开始大规模种植柑橘，由于对病虫害没有采取科学的防治措施，黄龙病迅速蔓延，境内柑橘产业遭遇“灭顶之灾”，大批农户失去了最重要的收入来源。因灾返贫致贫的现象在寻乌县比较普遍。寻乌一直没有形成合理的产业结构，农民无法实现稳定增收。

第一节　贫困状况

一、经济发展水平

2012年，寻乌县地区生产总值（GDP）40.2亿元，财政收入4.31亿元（其中地方财政收入2.96亿元），社会消费品零售总额12.14亿元。2013年，寻乌县地区生产总值（GDP）44.68亿元，财政收入5.31亿元（其中地方财政收入3.69亿元），社会消费品零售总额13.59亿元。2014年，寻乌县地区生产总值（GDP）52.42亿元，财政收入6.25亿元（其中地方财政收入4.74亿元），社会消费品零售总额15.17亿元。2015年，寻乌县地区生产总值（GDP）55.81亿元，财政收入6.56亿元（其中地方财政收入4.94亿元），社会消费品零售总额17.33亿元。2016年，寻乌县地区生产总值（GDP）为62.2亿元，财政收入6.86亿元，人口规模33万人，农村人口7.5万户28.9万人，农民人均可支配收入8444元，约为全国平均水平的2/3。2020年，寻乌县地区生产总值（GDP）102.68亿元，财政总收入10.01亿元，农民人均纯收入13077元。

2012—2015 年寻乌县居民人均收入情况表

表 2-1 单位：元

年份	人均生产总值			农民人均可支配收入			人均财政收入		
	江西省	寻乌县	占全省平均水平的比例	江西省	寻乌县	占全省平均水平的比例	江西省	寻乌县	占全省平均水平的比例
2012	28880	13858	47.98%	7827.82	4330	55.32%	4551	1360	29.88%
2013	31930	15359	48.10%	8781.47	5109	58.18%	5226	1681	32.17%
2014	34674	17964	51.80%	10116.6	5987	59.18%	5915	1951	32.98%
2015	36724	19055	51.89%	11139.08	7597	68.20%	6635	2240	33.76%

二、居民生活情况

寻乌县曾是粮食输出地，后成为粮食输入地，农民吃粮主要购买来自江西省抚州、上饶和湖南省等地的稻米。猪、牛、羊皆为本地饲养、集中屠宰，农民一般从小卖部或圩场购买猪牛羊肉。农民吃的蔬菜、禽、蛋基本都来自自家种植、养殖。普通农民一日三餐主食以稻米为主。2012 年以前，全县农村人口住危房户 15633 户，住土木、砖木结构房和其他材质疑似 C、D 级危房的农户 19408 户，无房户 82 户。2016 年，全县农村居民的恩格尔系数为 38.9%，与全国农村居民平均水平相比还有不小的差距。至 2017 年，仍有部分农村村庄供水水源不足，有的村庄既没有管网供水，又没有水源点取水，全县有 2751 户散居户、独居户、残疾户、重病户、边远户、山区户面临饮用水困难，农民饮用水普遍没有进行水质检测。寻乌农民的衣着以中低档为主。农村居民多到县城或圩镇购买衣物，年人均消费约 350 元。寻乌贫困家庭普遍在每年的夏冬两季为一家人各添置一身衣服，人均支出在 300 元左右。

从寻乌县当地农民的生活方式和支出结构看，生活性支出比重相对偏高，生产性支出比重偏低，摆脱贫困的动力不足，扩大再生产的后劲不够。医疗、教育支出给农民生活带来的压力较大。

2014—2016 年寻乌县农村居民人均支出情况表

表 2-2　　　　单位：元

年份	食		衣		行		生活消费		生产经营		其他		总支出
	支出	占比	支出	占比	支出	占比	支出	占比	支出	占比	支出	占比	
2014	2246.7	20.1%	351.4	3.1%	451.5	4%	5547.5	49.7%	1835.3	16.4%	741.6	6.7%	11174
2015	2420.2	19.8%	341.8	2.8%	489	4%	6127.9	50.1%	2311.3	18.9%	544.2	4.4%	12234.4
2016	2586	19.6%	352	2.7%	518.3	3.9%	6647.9	50.5%	2633	20%	435.2	3.3%	13172.4

第二节　贫困人口分布

2014 年，按照省扶贫开发建档立卡工作原则和要求，在全县开展贫困人口摸底排查，并对 2013 年度农民人均纯收入 2300 元以下农村贫困人口 65728 人进行登记造册，逐户建档立卡；年末，全县 173 个行政村中，有国家级贫困村和省级扶持贫困村 82 个，占全县行政村总数的 47.4%；全县有农业人口 272568 人，贫困人口 51377 人，贫困发生率为 18.85%，平均每 5.3 名农村人口中有 1 名贫困人口。

2015 年年末，全县 173 个行政村中，有国家级贫困村和省级扶持贫困村 82 个，占全县行政村总数的 47.4%；全县有农业人口 274228 人，贫困人口 37152 人，贫困发生率为 13.55%，平均每 7.4 名农村人口中有 1 名贫困人口。

2016 年年初，全县有贫困村 65 个，分布在除长宁镇以外的 14 个乡（镇），占全县行政村总数的 37.57%；贫困人口 37152 人。年末，贫困村数量由年初的 65 个下降到 60 个，晨光镇岭阳村、留车镇飞龙村、文峰乡东团村和长布村、项山乡卢屋村 5 个村出列，贫困人口由年初的 37152 人下降到 25541 人，贫困发生率为 9.43%，平均每 10.6 名农村人口中有 1 名贫困人口。

2016年年末寻乌县贫困村与贫困人口分布情况表

表2-3

乡（镇）	农业人口（人）	贫困人口（人）	贫困发生率	贫困村（个）	贫困村名称
长宁镇	6476	507	7.83%	0	—
晨光镇	26440	2930	11.08%	10	黄坑村、高布村、竹背村、龙图村、金龙村、六社村、湖岽村、岭背村、香山村、溪尾村
留车镇	31107	2742	8.81%	6	水背村、留车村、雁洋村、石牛湖村、陂下村、上寨村
南桥镇	30578	3084	10.09%	5	古坑村、高排村、冠洲村、南龙村、廷岭村
吉潭镇	25544	2589	10.14%	6	团船村、上车村、古丰村、滋溪村、大坜村、剑溪村
澄江镇	31593	3036	9.61%	5	大墩村、周田村、汶口村、谢屋村、桂岭村
桂竹帽镇	11442	950	8.3%	3	白面石村、龙归村、高头村
文峰乡	27886	1702	6.1%	3	双坪村、图合村、上甲村
三标乡	14883	1305	8.77%	3	基田村、甲子乌村、堆禾村
菖蒲乡	14391	1420	9.87%	4	徐溪村、黄田村、铜锣村、黄沙村
龙廷乡	6147	516	8.39%	1	西湖村
丹溪乡	13998	1657	11.84%	5	清溪村、岑峰村、高峰村、下平村、双溪村
项山乡	7340	615	8.38%	3	书坪村、中坑村、福中村

续表 2-3

乡（镇）	农业人口（人）	贫困人口（人）	贫困发生率	贫困村（个）	贫困村名称
水源乡	13574	1395	10.28%	3	坰背村、周畲村、径口村
罗珊乡	9439	1093	11.58%	3	治竹村、华齐村、珊贝村
合计	270838	25541	9.43%	60	

2017 年 11 月 16 日，省委办公厅、省政府办公厅联合印发《江西省大力支持深度贫困村脱贫攻坚实施方案》，按照相关程序，确定寻乌县晨光镇竹背村、公平村、桂花村，南桥镇团红村，澄江镇桂丰村，桂竹帽镇白面石村，项山乡中坑村，水源乡周畲村、径口村 9 个村为深度贫困村。年末，在全县 15 个乡（镇）173 个行政村中，有 55 个贫困村出列，剩余贫困村 9 个（均为深度贫困村），占全县行政村总数的 5.2%；全县有农业人口 263906 人，其中贫困人口 11928 人，贫困发生率为 4.52%，平均每 22 名农村人口中有 1 名贫困人口。

2017 年年末寻乌县贫困村及贫困人口分布情况表

表 2-4

乡（镇）	农业人口（人）	贫困人口（人）	贫困发生率	贫困村（个）	贫困村名称
长宁镇	1178	271	23.01%	0	—
晨光镇	26515	1208	4.56%	3	竹背村、公平村、桂花村
留车镇	32050	1376	4.29%	0	—
南桥镇	31513	1526	4.84%	1	团红村
吉潭镇	26132	1052	4.03%	0	—
澄江镇	27408	1439	5.25%	1	桂丰村

续表 2-4

乡（镇）	农业人口（人）	贫困人口（人）	贫困发生率	贫困村（个）	贫困村名称
桂竹帽镇	12129	344	2.84%	1	白面石村
文峰乡	27300	968	3.55%	0	—
三标乡	15372	648	4.22%	0	—
菖蒲乡	14722	618	4.20%	0	—
龙廷乡	6528	325	4.98%	0	—
丹溪乡	14512	731	5.04%	0	—
项山乡	6660	265	3.98%	1	中坑村
水源乡	11923	664	5.57%	2	周畲村、径口村
罗珊乡	9964	493	4.95%	0	—
合计	263906	11928	4.52%	9	

2018 年年末，全县 173 个行政村中，有贫困村 4 个（均为深度贫困村），占全县行政村总数的 2.31%；全县有农业人口 261200 人，其中贫困人口 2052 人，贫困发生率为 0.79%。

2018 年年末寻乌县贫困村及贫困人口分布情况表

表 2-5

乡（镇）	农业人口（人）	贫困人口（人）	贫困发生率	贫困村（个）	贫困村名称
长宁镇	1187	58	4.89%	0	—

续表 2-5

乡（镇）	农业人口（人）	贫困人口（人）	贫困发生率	贫困村（个）	贫困村名称
晨光镇	26705	212	0.79%	2	公平村、桂花村
留车镇	32075	234	0.73%	0	—
南桥镇	31552	228	0.72%	1	团红村
吉潭镇	26161	176	0.67%	0	—
澄江镇	30771	227	0.74%	1	桂丰村
桂竹帽镇	12073	92	0.76%	0	—
文峰乡	27513	207	0.75%	0	—
三标乡	12779	106	0.83%	0	—
菖蒲乡	14784	108	0.73%	0	—
龙廷乡	3528	49	1.39%	0	—
丹溪乡	14593	109	0.75%	0	—
项山乡	6659	60	0.90%	0	—
水源乡	10815	107	0.99%	0	—
罗珊乡	10005	79	0.79%	0	—
合计	261200	2052	0.79%	4	

2019 年年末，全县贫困村全部出列，有农业人口 254576 人，其中贫困人口 242 人，贫困发生率为 0.095%。

2019 年年末寻乌县贫困人口分布情况表

表 2-6

乡（镇）	农业人口（人）	贫困人口（人）	贫困发生率
长宁镇	1217	7	0.58%
晨光镇	26623	25	0.09%
留车镇	31874	24	0.08%
南桥镇	31067	35	0.11%
吉潭镇	26068	21	0.08%
澄江镇	30767	23	0.07%
桂竹帽镇	11958	14	0.12%
文峰乡	22116	26	0.12%
三标乡	12804	11	0.09%
菖蒲乡	14661	14	0.10%
龙廷乡	3512	7	0.20%
丹溪乡	14538	16	0.11%
项山乡	6605	6	0.09%
水源乡	10798	4	0.04%
罗珊乡	9968	9	0.09%
合计	254576	242	0.095%

2020 年年末，全县贫困村全部出列，全县有农业人口 250211 人，贫困人口全部脱贫，贫困发生率为 0。

第三节　制约发展因素

一、自然地理因素

寻乌县境东南连武夷山余脉，西北接九连山支脉，地势呈东北、西北与东南高，向西南倾斜。全县地貌以山地、丘陵为主，仅沿河两岸呈狭小谷地，其中山地占总面积的75.62%，丘陵占总面积的14.32%，岗地占总面积的7.68%，山间谷地仅占总面积的2.38%。境内重峦叠嶂，大小山峰耸立，海拔400米以上的山丘多达908座，其中1000米以上的山峰就有30座，山脉绵延，山多田少，不适宜发展农业生产。

二、基础设施因素

2012年，全县公路总里程1131.379千米，其中国道26.118千米、省道66.382千米、县道204.334千米、乡道190.466千米、村道513.762千米、硬化入户小道130.317千米。通行政村公路基本是原砂石路上随弯就坡硬化，入户道路多为土路，部分自然村未通公路。全县农村电网基本完成改造，共有变电站13座，其中110千伏变电站2座、35千伏变电站11座；有110千伏输电线路156.3千米、35千伏输电线路221.02千米、10千伏配电线路974.6千米、低压线路2428.62千米。供电网络处于省域网末端。部分村尚未完成电网改造。通信网络还是以2G为主，开始发展3G，电信、移动、联通3家公司网络2G、3G基站总数405个，其中3G基站129个。尚未完成全部行政村的网络覆盖。

医疗保障不足。2012年年底，全县有乡（镇）卫生院16所、村级卫生室278所、乡村医疗卫生人员（含乡村医生）720人。全县有病床662张，其中县级公立医院病床340张、乡（镇）卫生院病床222张、民营医院病床70张、社区卫生服务中心病床30张。

三、生产条件因素

在农村贫困户中，多数人缺乏一技之长，除种田外没有其他技能。

贫困村大多地处偏远，交通不便，信息不灵通，生产性基础设施落后，农村空心化，年轻人大多数外出务工谋生，留守人员面临“产业发展无资源、扩大生产无人手、投资项目无出路”的窘迫局面。贫困农户除种田、从事传统养殖外，缺乏对现代科技的了解，缺乏适应现代化市场经济的谋生技能，外出务工很难找到高收入工作。有的贫困户陷入“十年努力奔小康，一场大病全泡汤”的困难境地。有的贫困户“不勤不争”，或已经习惯于既有的“吃饱穿暖”的生活现状，加之文化程度低，信心不足，在困难面前容易打退堂鼓。有的贫困户在观念上安于现状，思想上“等靠要”，心态上“你急他不急”。贫困群众信心不足，精神贫困状态成为贫困人口从根本上摆脱贫困的重大障碍。

2013 年寻乌县贫困户劳动力情况表

表 2-7　　单位：人

劳动力类型		人数	小计
有劳动能力	技能劳动力	94	34532
	普通劳动力	16914	
	有劳动力	17266	
	弱劳动力或半劳动力	258	
无劳动能力	丧失劳动力	1389	14149
	无劳动力	12760	

四、产业因素

2012 年，全县有规模以上工业企业 26 家，其中矿产企业 7 家、发电和供电企业 2 家、果品加工企业 2 家、建材企业 4 家、制造企业 5 家、其他企业 6 家；工业比重小，从业人员少，企业在乡村几乎是空白。农业主要以种植水稻为主，牧、副、渔等多种经营少。柑橘产业一度是当地支柱产业。2010 年开始，黄龙病发生，全县柑橘种植面积、产量开始减少。

第三章

脱贫目标与措施

寻乌县实施脱贫攻坚，紧扣“两不愁三保障”标准，推进脱贫攻坚政策落实，做到精准施策、应享尽享；落实“五个一”产业发展机制，瞄准行政村基础设施、公共服务保障短板，实施整村推进扶贫，改善贫困人口生产生活条件；推进农村公路“三年行动计划”“四好农村路”建设，抓好改水、改厕、改沟、庭院整治、文体休闲广场等到户和公共服务项目建设；实施劳动力就业创业培训，帮助扶贫对象掌握一项以上职业技能；开发公益性岗位，对扶贫对象实行援助；实施安全饮水提升工程、安居扶贫；加强义务教育学校标准化建设，改善农村学校办学条件；完善贫困户子女资助体系，贫困户家庭学生享受资助政策实行全覆盖；落实健康扶贫“四道医疗保障线”；推进村集体经济建设，消除“空壳村”（村集体没有固定资产，没有任何经济来源，所有经费开支全部来自上级财政拨款的村）。2019 年，贫困发生率降至 0.095%，实现贫困县摘帽，2020 年与全国同步开展乡村振兴工作。

第一节　脱贫目标及计划

脱贫攻坚时期，寻乌县把稳定解决绝对贫困人口温饱，从根本上改变集中连片特困地区面貌，尽快实现脱贫致富，稳定实现扶贫对象不愁吃、不愁穿，保障其义务教育、基本医疗和住房作为首要任务。2016 年，计划完成 5 个贫困村、11611 名贫困人口脱贫；2017 年，计划完成 55 个贫困村、13613 名贫困人口脱贫；2018 年，计划完成 5 个贫困村、9876 名贫困人口脱贫；2019 年，计划完成 4 个贫困村、1800 名以上贫困人口脱贫，实现贫困县脱贫退出的目标；2020 年，实现所有贫困人口脱贫，与全国同步进入全面小康的目标。

2016—2019 年寻乌县贫困村脱贫计划表

表 3-1　　　　　　　　　　　　　　　　　　　　　　　　　　　　单位：个

贫困村脱贫年份	贫困村脱贫数量	贫困村属性
2016	5	“十三五”贫困村
2017	55	“十三五”贫困村
2018	5	“十三五”贫困村
2019	4	“十三五”贫困村
合计	69	

注：1. 脱贫总目标：到 2020 年年底，所有贫困户、贫困村实现脱贫。
　　2. 脱贫标准：贫困户达到“两不愁三保障”标准，且达到国家贫困标准脱贫线。

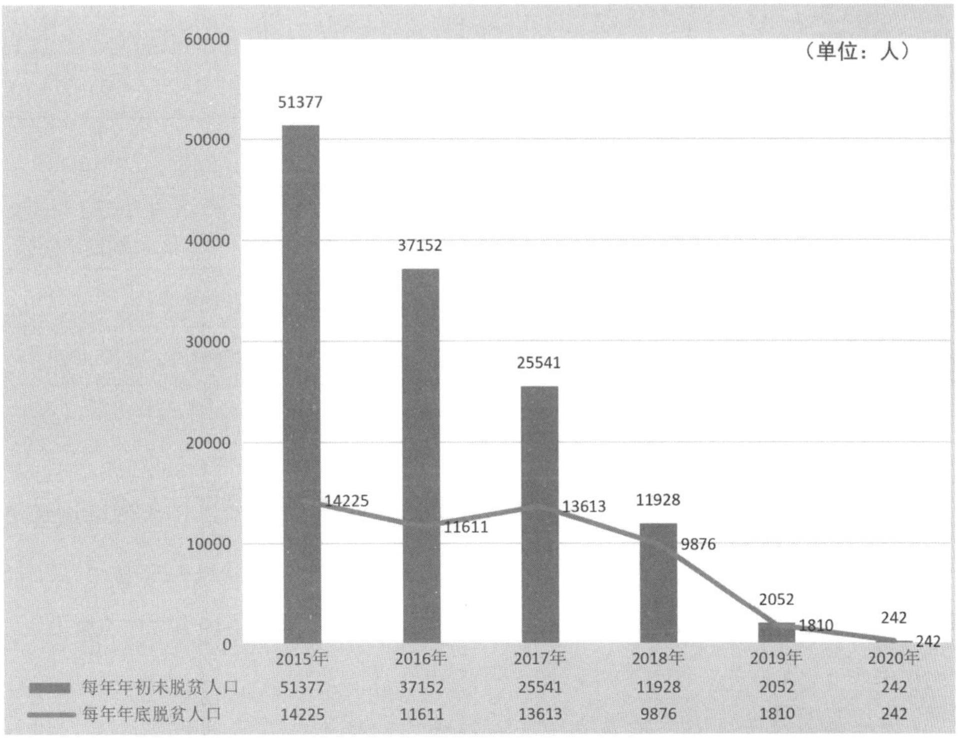

图 3-1　2015—2020 年寻乌县建档立卡贫困人口脱贫计划示意图

第二节　资金项目保障

寻乌县围绕“户脱贫、村退出”，解决“两不愁三保障”及农业生产发展、农村基础设施建设、基本公共服务和增强贫困户自我发展能力等方面存在的问题，财政统筹各项资金，为脱贫攻坚提供财力支撑。

一、资金筹集规模

2016—2020 年，筹集扶贫资金 554974.23 万元。其中，用于全县 69 个贫困村村均投入 1160 万元，104 个非贫困村村均投入 650 万元，占扶贫资金总数的 26.6%，确保脱贫攻坚资金“应保尽保、一分不少”。

2016—2020 年寻乌县筹集扶贫资金一览表

表 3-2　　　　单位：万元

年份	2016	2017	2018	2019	2020	合计
金额	47289.51	269453.33	144528.03	52484.68	41218.68	554974.23

2016—2020 年寻乌县扶贫资金来源一览表

表 3-3　　　　单位：万元

资金来源	中央资金	省级资金	市级资金	县级资金	社会资金	合计
金额	60960.88	34653.38	7518.48	431025.16	20816.33	554974.23

二、资金筹集措施

县级预算安排　2015 年开始，寻乌县按照不低于 10% 的增长比例增加县级专项扶贫资金预算。县级预算安排的专项扶贫资金，2015 年为 820 万元，2016 年为 915 万元，2017 年为 1200 万元，2018 年为 1350 万元，2019 年为 1500 万元，2020 年为 1650 万元。

统筹整合涉农资金　寻乌县率先在全省开展涉农资金统筹整合试点，建立“多个渠道引水、一个池子蓄水、一个龙头放水”扶贫投入机制，集中财力保障脱贫攻坚战资金。2016—2020年，统筹整合涉农资金138955.75万元用于脱贫攻坚。

2016—2017年，以“应整尽整”为统筹整合涉农资金的原则，寻乌县按照省、市要求，全面摸清家底，中央、省、市、县四级财政安排的涉农资金全部统筹整合用于扶贫攻坚。结合政策性融资贷款、盘活存量资金等方式筹措资金，重点用于农村基础设施建设、村级产业基地建设和有助于贫困人口持续增收的产业项目。2018—2020年，因需而整。发挥统筹整合财政涉农扶贫资金主导作用，围绕县脱贫攻坚后续巩固及乡村振兴需要，整合中央、省级财政涉农资金（限定在赣财扶〔2018〕7号文件规定范围），在“因需而整”的前提下“应整尽整”，重点用于兑现到户扶贫政策和产业能力提升项目建设。

统筹整合资金用于农村基础设施建设和贫困人口持续增收的产业项目发展。在基础设施建设和产业发展的资金投入比例，2016年为85.6%，2017年为14.4%，2018年为27.7%，2019年为72.3%，2020年为84.54%。

2016—2020年寻乌县统筹整合资金一览表

表3-4 单位：万元

年份	2016	2017	2018	2019	2020	合计
金额	45187.52	41767.72	16743.95	17511.56	17745	138955.75

信贷扶持 寻乌县通过中长期贷款、“产业扶贫信贷通”贴息贷款为建档立卡贫困户发展产业给予信贷扶持。2015年，寻乌县在全省率先实施“产业扶贫信贷通”贴息贷款试点。

2015—2020年寻乌县“产业扶贫信贷通”信贷规模一览表

表3-5 单位：万元

年份	2015	2016	2017	2018	2019	2020
规模	8000	37627	38272	10536	9234.33	5840.94

注:2020年减少的原因是不少农户转贷为“产业振兴信贷通”，县财政按基准贷款利率予以贴息，贴息总额为8060.84万元。

三、资金保障重点

2016—2020年，寻乌县按“两不愁三保障”要求，通过维修加固、拆旧建新、移民搬迁、保障房建设等方式，确保农户住房100%安全，保障贫困户脱贫。以问题为导向，根据各村基础设施、基本公共服务、村集体经济建设等综合因素，对照脱贫退出指标体系要求，查漏补缺；统筹安排村庄整治资金，围绕村庄环境、民房整治和“五净一规范”等村庄整治内容编制项目，框定资金使用范围，确保贫困村脱贫退出。

2016—2020年寻乌县扶贫资金使用情况表

表3-6　　单位：万元

项目类型	金额	占比
产业发展	174450.24	31.43%
就业扶贫	8828.94	1.59%
生态建设	2862	0.52%
易地搬迁	59600	10.74%
村庄整治	20796.43	3.75%
农村住房安全保障	72854.3	13.13%
基础设施建设	171421.66	30.89%
社会保障	20926.97	3.77%
农村教育	10504.55	1.89%
健康保障	12729.14	2.29%
合计	554974.23	100%

四、资金分配

开展脱贫攻坚以来，县专项扶贫工作领导小组根据寻乌县扶贫项目联审联批办公室（简称“县联审联批办”）采集的数据，采用“因素分配法”安排各行政村资金，公平、公正、公开分配，村级资金按（总人口安排资金系数＋贫困人口安排资金系数＋国土面积系数＋“九大指标体系”投入系数）×待安排资金总数计取，20%按贫困村的总人口分配资金，20%按贫困村的贫困人口分配资金，10%按贫困村的国土面积分配资金，50%结合“九大指标体系”需要实施的项目投入情况测算分配资金，总体原则为向基础设施欠账较多的村倾斜。

五、项目入库统筹

2016—2020年，根据脱贫攻坚目标，分领域分乡（镇）编制年度扶贫项目实施计划。具体项目自下向上申报，各行政村制定年度实施计划草案；乡（镇）汇总评估，确保申报精准；县联审联批办会同行业主管部门审核，统筹编制全县年度项目计划，报县专项扶贫工作领导小组审议后，按照项目审批程序发文批复，下达年度建设任务清单、项目建设时间表，确定项目实施责任部门。

六、项目资金管理

2017年，县联审联批办成立，扶贫资金项目实行联审联批；单项合同估算价在50万元以下的项目，业主单位可直接委托有资质的施工单位施工；建立脱贫攻坚项目中介服务机构备选库，脱贫攻坚项目工程预算、结算审核、招标代理和工程监理业务由业主单位委托备选库中的机构提供服务。扶贫资金实行专账核算、县级报账，县财政局、县扶贫办建立制度，简化请款流程，避免重复审批，审批时间由8天减为3天；对扶贫资金、项目进行公示公告，在项目实施地设立公示牌，公示项目名称、建设内容、资金规模、建设单位及举报电话。

第三节　实施过程

一、底数再调查

2013年11月，中共中央总书记习近平在湖南省湘西土家族苗族自治州花垣县十八洞村考察时提出“精准扶贫”。寻乌县于2014年开始对全县贫困情况进行再调查。

2014年9月22日，寻乌县召开精准扶贫工作会，贯彻落实中央、省、市关于脱贫攻坚工作会议和文件精神，把脱贫攻坚工作作为战略性任务，树立

2020年所有贫困人口实现脱贫的目标。随后，抽调县直机关干部，进村入户，对贫困状况进行再调查。依据“村内最穷、乡（镇）平衡、市级把关、群众公认”原则，精准识别贫困人口，为实施精准扶贫、推进脱贫攻坚夯实工作基础。

按照“七步法”，即农户申请、村民小组评议、组级公示、村民代表大会审核、村委会公示、乡（镇）人民政府复核和县扶贫办批准、村公告以及扶贫对象签字等步骤对贫困人口进行精准识别。

二、动态管理

脱贫攻坚期间，寻乌县对贫困户、贫困人口实行动态管理，依据“七清四严”原则及“一收入两不愁三保障”标准，逐村、逐户、逐人“过筛”，摸清农户家底，对符合条件的及时识别为贫困户，对识别不准的进行清除，切实提高识别贫困户的精准度。

按照“共同生活，共同收支”的标准，及时核实贫困户家庭成员变化，如新出生、婚丧嫁娶、实际共同生活变动等动态信息，及时增减贫困户、贫困人口台账，录入系统。对所有农户实行常态化监测，防止出现漏评、错评、户内人口统计不精准等问题，实现“不落一户，不落一人”的目标。

2014年，自然增加贫困人口（贫困户户内贫困人口数新增，如出生、嫁入、共同生活等原因纳入户内为贫困人口）494人，新识别贫困人口（通过识别认定为贫困户，新纳入台账的贫困人口）4434人，自然减少贫困人口（贫困户户内贫困人口因死亡、嫁出、销户、不再共同生活等原因，进行户内贫困人口核减）576人。

2015年，自然增加贫困人口643人，新识别贫困人口70人，自然减少贫困人口509人。

2016年，自然增加贫困人口535人，新识别贫困人口10530人，自然减少贫困人口394人。

2017年，自然增加贫困人口1766人，回退错脱贫困户245户865人，自然减少贫困人口538人。

2018年，自然增加贫困人口44人，新识别贫困人口136人，自然减少贫困人口318人。

2019 年，自然增加贫困人口 2 人，新识别贫困人口 65 人，自然减少贫困人口 72 人。

2020 年，自然增加贫困人口 0 人，新识别贫困人口 0 人，自然减少贫困人口 7 人。

2015—2020 年，全县清退错评农户 487 户 2345 人，新增漏评贫困户 136 户 566 人，家庭成员自然增加贫困人口 2990 人，自然减少贫困人口 1838 人。

三、精准帮扶

建立精准扶贫机制，落实干部责任。“十三五”期间，脱贫工作为中共各级党委书记的首要工作，号称“书记工程”。县一级成立专项扶贫工作领导小组，县委书记任组长，县委副书记、县长任副组长。机关单位帮村、机关干部包户，扶贫工作人人有责。

2016—2020 年，寻乌县县直单位对贫困村包村帮扶，机关干部联系贫困户精准帮扶，编制 10 名以下的单位帮扶 1 个村，编制在 10 ~ 20 名的单位帮扶 2 个村，编制在 30 名以上的单位帮扶 3 个村；实现“县级领导包村、单位对口帮扶、干部结对帮扶”全覆盖，每个贫困村都有驻村工作队，每户贫困户都有干部帮助脱贫。向非贫困村派出干部驻村帮扶，巩固脱贫成果，帮助群众致富。

2016—2020 年寻乌县驻村工作队一览表

表 3-7

乡(镇)	村别	帮扶单位	第一书记	工作队长	驻村队员
长宁镇	三二五村	县信访局	曾令权（2017—2020）	潘梅英（2016） 吴警（2019） 周秋玲（2020）	潘梅英（2016） 叶清华（2018—2020）
	城北村	县科学技术协会	陈寿君（2017） 梅运传（2018—2019） 曹成（2020）	周晓霖（2016、2018—2020）	周晓霖（2016） 陈寿君（2018—2020）
	石圳村	县机关事务局	胡志伟（2017—2020）	胡志伟（2016） 潘丽红（2018—2020）	胡志伟（2016） 黄秀娣（2018—2020）

续表 3-7

乡(镇)	村别	帮扶单位	第一书记	工作队长	驻村队员
晨光镇	公平村	县水利局	潘加标（2016—2020）	潘加标（2016、2018—2020）	潘加标（2016） 郭勇（2018—2020） 陈孝春（2019）
	六社村	寻乌公路分局	钟作奇（2016） 刘传振（2017） 袁启辉（2018—2020）	温家龙（2016） 钟明华（2018—2020） 刘海胜（副队长，2016）	温建荣（2016） 邝先煌（2016） 王天水（2016） 陈建国（2018） 刘传振（2018—2020） 刘秋兰（2018—2019）
	司城村	县财政局	梅永胜（2017） 蓝春荣（2018—2020）	梅永胜（2016） 蓝春荣（2018—2020）	梅永胜（2016） 汪莹（2018—2020）
	大仙背村	县财政局	邝美清（2017） 汤文祥（2018—2020）	邝美清（2016） 汤文祥（2018—2020）	邝美清（2016） 刘艳菲（2018—2020）
	岭背村	县财政局	谢彬（2016） 陈丽（2017） 王凯（2018—2020）	刘永斌（2016） 潘昌萍（2018—2020） 邱运林（副队长，2016）	谢彬（2016） 李婷（2016） 刘兆平（2018—2020）
	岭阳村	县农业开发办	黄清莲（2016） 叶诚榕（2017） 刘群辉（2018） 邝先旗（2019—2020）	林石泉（2016） 刘群辉（2018） 邝先旗（2019—2020） 李荣林（副队长，2016）	邹霞（2016、2018—2020） 姚楚军（2016） 李佛金（2018—2020）
	新群村	县科技局	古勇胜（2017—2020）	古勇胜（2016、2018—2020）	钟秀琴（2016） 潘远平（2018—2019） 严修初（2018—2020） 凌敏慧（2020）
	桂花村	县委宣传部	彭先进（2017） 范绞金（2018） 何巍巍（2019） 罗录红（2020）	罗洪英（2016） 范绞金（2018） 何巍巍（2019） 罗录红（2020）	汪红英（2016） 易敏红（2018—2020） 洪楠（2019—2020）

续表 3-7

乡(镇)	村别	帮扶单位	第一书记	工作队长	驻村队员
晨光镇	民裕村	县水保局	邝小红（2017） 潘晓可（2018—2020）	钟丁凤（2016） 陈祥才（2018—2020）	钟丁凤（2016） 陈祥才（2018—2019）
	江下村	县水利局	古显良（2016—2020）	赵余兰（2016） 陈爱民（2018—2020）	赵金兰（2016） 邝晓辉（2018—2020）
	沁园春村	县商务局	钟林勇（2017—2018） 谢清尧（2019—2020）	邝小涛（2016） 黄威（2018） 张起龙（2019） 邝宏光（2020）	邝宏光（2016） 黄威（2018） 张起龙（2019） 凌亮（2020）
	河角村	县政府办	李艳平（2017—2019） 廖林超（2020）	李龙（2016） 李艳平（201—2019） 廖林超（2020）	陈垠松（2016） 钟秀琴（2018—2020） 杨永竞（2018—2020）
	湖岽村	县商务局	陈容（2016） 徐志刚（2017） 范正亮（2018—2020）	陈永红（2016） 凌海波（2018—2020） 潘建（副队长，2016）	谢文（2016） 彭光辉（2016） 谢忠达（2018—2019） 刘秋兰（2020）
	溪尾村	县政府办公室	赖声均（2016） 严小聪（2017—2020）	刘永斌（2016） 曾卫平（2018—2020） 陈金焘 （副队长，2016）	谢前胜（2016） 刘炳童（2016） 凌春娣（2016） 王学崇（2018—2020）
	竹背村	县委组织部	黄铭（2016） 汪磊（2017—2020）	刘君（2016） 汪磊（2018—2020） 吴九（副队长，2016）	何明（2016） 汪中兴（2016） 古云翔（2018） 潘永浩（2018—2020） 钟敏涵（2019—2020）
	金星村	县供销社	谢建华（2017—2020）	赵小华（2016） 何石连（2018—2020）	赵小华（2016） 何石连（2018—2019） 钟彬（2020）

续表 3-7

乡(镇)	村别	帮扶单位	第一书记	工作队长	驻村队员
晨光镇	金龙村	县委宣传部	刘传接（2016） 汪红英（2017） 邝游东（2018—2020）	赵春霞（2016） 邝游东（2018—2020） 黄伟文 （副队长，2016）	刘传接（2016） 潘晓可（2016） 谢应春（2018—2020） 陈琪（2018） 廖诚（2019—2020）
	香山村	县卫计委	王永华（2016） 李林（2017—2020）	陈远程（2016） 潘丽英（2018—2020） 钟金通 （副队长，2016）	刘秋兰（2016） 王永华（2016） 刘新煌 （2016、2018—2020）
	高布村	中华全国供销合作总社	吉志雄（2016—2020）	袁晓红（2016） 吉志雄（2018—2020） 曾为民 （副队长，2016）	赵小华（2016） 刘艳菲（2016） 徐绿芸（2016） 汪中兴（2018—2020） 黄玮（2018） 谢绍华（2016） 罗钦城（2019）
	黄坑村	县水利局	凌志伟（2016） 曾祥东（2017—2020）	钟运梅（2016） 曾祥东（2018—2020） 邝宏伟 （副队长，2016）	梅卫兰（2016） 王艳（2016） 廖诚（2016） 凌瑞尧（2018—2020） 曹荣鑫（2018—2020）
	龙图村	县水保局	谢向东（2016） 潘志华（2017—2020）	罗国芳（2016） 谢向东（2018—2020） 吴九生 （副队长，2016）	谢向东（2016） 谢清尧（2016） 唐祖森（2018—2020）
留车镇	上寨村	县烟草专卖局	刘成林（2016） 赵斌（2017） 刘伟烽（2018） 黄磊（2019—2020）	赖晓东（2016） 黄磊（2018—2020）	刘成林（2016） 赵斌（2016） 罗伟桥（2018） 刘伟烽（2019） 邱尚德（2019—2020） 钟天成（2020）

续表 3-7

乡(镇)	村别	帮扶单位	第一书记	工作队长	驻村队员
留车镇	佑头村	县档案局	卢华（2017—2018） 廖锡天（2019—2020）	卢华（2016） 李少腾（2018） 廖锡天（2019—2020）	卢华（2016） 钟金标（2018—2019） 范伯韬（2019—2020） 刘柏霖（2020）
	余田村	县交通局	陈雄彬（2017—2020）	刘华 （2016、2018—2020）	刘华 （2016、2019—2020）
	坵坊村	县邮政储蓄银行	陈文海（2017） 李乾（2018—2020）	潘兆发（2016） 赖一东（2018—2019） 吴庆中（2020）	潘兆发（2016） 陈文海（2018—2019） 曾向阳（2020）
	圳上村	县人民检察院，县纪委监委	李育生（2017） 陈州富（2018） 陈治成（2019—2020）	李育生（2016） 陈治成（2018—2020）	李育生（2016） 王维洲（2018—2020）
	大同村	县人民检察院	黄世珍（2017—2018） 李嵩华（2019—2020）	黄世珍（2016） 李嵩华（2018—2020）	黄世珍（2016） 孙煌（2018—2019） 邝树玉（2020）
	庄干村	县住房公积金管理中心	钟涛（2016—2017） 刘赣柱（2018—2020）	赖艺权（2016） 陈兴斌（2018—2020）	钟涛（2016） 赖艺权（2018—2020）
	新村村	县城管局	赖世明（2017） 陈建萍（2018—2020）	赖世明（2016） 温林浩（2018） 李南海（2019—2020）	赖世明（2016） 李南海（2019—2020）
	族坑村	县农粮局	曹海深（2017—2020）	赖文平（2016） 曹海深（2018—2020）	赖文平（2016） 钟天成（2018—2019） 徐树芬（2018—2020） 刘绍峰（2020）

续表 3-7

乡(镇)	村别	帮扶单位	第一书记	工作队长	驻村队员
留车镇	水背村	县供电公司	邝振浩（2016） 谢浪涛（2017） 邝振浩（2018） 陈育文（2019—2020）	钟志军（2016） 陈艳凤（2018） 廖祥浩（2019—2020） 黄宝明 （副队长，2016）	廖祥浩（2016、2018） 陈博锋（2016） 陈艳凤（2019—2020）
	留车村	县总工会、市生态环境局、中共中央宣传部	钟炳文（2016） 张勇（2017） 郭光阳（2018） 雍鑫（2019—2020）	谢应清（2016） 陈星期（2018） 廖会敏（2019—2020） 彭春萌 （副队长，2016）	钟炳文（2016） 侯偲（2016） 刘志斌（2018—2020） 邱腾（2018—2020） 林鹏（2018—2020） 陈星期（2019） 邝炳炎（2020）
	石牛湖村	县委政法委	廖劲涛（2016） 袁新春（2017） 廖劲涛（2018—2020）	袁才军（2016） 钟向阳（2018—2020） 彭宗泉 （副队长，2016）	廖劲涛（2016） 严桂萍（2016） 何森柱（2016） 谢期涛（2018—2020）
	石贝村	县工商联	邝海涛（2016） 钟新铭（2017） 侯偲（2018—2020）	许伟（2016） 吴庆中（2018—2019）	邝海涛（2016） 廖庭玉（2018—2020） 陈星期（2020）
	石马村	县交通运输局	赖家仪（2016） 陈生民（2018—2020）	吴筠桂（2016、2018） 吴海峰（2019—2020）	吴筠桂（2016） 吴海峰（2019—2020）
	芳田村	县人民医院、县盐业公司	陈四海（2017—2020）	钟金勇（2016） 陈四海（2018—2020）	游魏坚（2016） 曾勇强（2018—2020）
	贵石村	县中医院	谢期涛（2017） 刘义宏（2018—2020）	江涌（2016） 曾福（2018—2020）	江涌（2016） 曾福（2019—2020）

续表 3-7

乡(镇)	村别	帮扶单位	第一书记	工作队长	驻村队员
留车镇	陂下村	县人民检察院	侯礼华（2016—2017） 曹鹏飞（2018） 严伟光（2019—2020）	刘志丰（2016） 严伟光（2018） 潘兆虹（2019—2020） 张文东 （副队长，2016）	曾照嵘（2016） 刘伟烽（2016） 曾一曼（2018—2019） 刘招娣（2020）
	雁洋村	县城管局、市住房保障管理中心	邝炳炎（2016） 曹勇（2017—2019） 王凯（2020）	袁建斌（2016） 谢达荣（2018—2020）	廖鹏（2016） 刘雪松（2016） 邝炳炎（2016） 凌松林（2018—2020） 周逸臣（2018—2019） 赖家仪（2019） 钟金标（2020） 彭智君（2020）
	飞龙村	县交通运输局	钟志云（2016） 潘其荣（2017—2020）	陈艺海（2016） 潘其荣（2018—2020） 刘世春 （副队长，2016）	谢浪涛（2016） 刘晓春（2018—2019） 凌小梅（2018） 赖定元（2019—2020） 侯乐球（2020）
	鹅湖村	县金融局	潘剑兰（2017—2018） 凌韬（2019—2020）	潘剑兰（2016、2018） 凌韬（2019—2020）	陈森鑫 （2016、2018—2020） 彭英（2018—2020）
	黄姜村	县城管局	钟金标（2016） 赵悦（2017—2020）	曾海漂 （2016、2018—2020）	曾海漂（2016） 罗期（2018—2020）
南桥镇	上游村	中国人寿保险公司寻乌县支公司	梅乔荣（2017—2020）	钟伦焱（2016） 梅乔荣（2018—2020）	范莉（2016） 李启福（2018） 赵云军（2019—2020） 陈焕军（2020）
	下廖村	县红十字会	刘琴艳（2017—2020）	刘琴艳 （2016、2018—2020）	潘冬凤（2016） 钟树森（2018—2020） 赖文强（2018—2020）

续表 3-7

乡(镇)	村别	帮扶单位	第一书记	工作队长	驻村队员
南桥镇	冠洲村	省地震局	刘宽（2016—2017） 邓辉（2018） 谢斌（2019—2020）	刘碧（2016） 陈京燕（2018—2020） 古月娥 （副队长，2016）	邝斌 （2016、2018—2020） 林琼（2016） 梅锦华（2018—2020）
	南桥村	县交管大队	谢荣峰（2017—2020）	钟旺生（2016） 谢荣峰（2018—2020）	凌胜军（2018—2020） 谢雪君（2018）
	南龙村	县体育局，中国铁塔江西省分公司	潘高峰（2016） 彭绍骏（2017—2018） 彭先进（2019—2020）	陈斌（2016） 彭先进（2018—2019） 谢大铭 （副队长，2016）	严定邦（2016） 彭佛成（2018—2020） 陈皆红（2018—2020） 黄震（2018） 邓子平（2018、2020） 严嘉炜（2018、2020） 范永辉（2019） 黎章正（2019）
	古坑村	江西赣能股份有限公司，县招商服务中心	李玉华（2016—2017） 吕亚翔（2018） 章凯（2018—2020）	梅荣辉（2016） 刘照忠（2018—2020） 韩世栋 （副队长，2016）	刘照忠（2016） 袁锦圣（2016） 邝春梅（2018—2020） 潘雅雯（2018—2020） 张永泉（2018） 万长余（2018） 何可（2020）
	团建村	县公共资源交易中心	刘富山（2017） 潘俊扬（2018—2020）	刘富山（2016） 范青泉（2018—2020）	刘富山（2016） 赖国光（2018—2020）
	团红村	江西现代职业技术学院、县气象局	刘斌（2017） 赖玮（2018—2019） 严令文（2020）	李右清（2016） 赖玮（2018—2019） 严令文（2020）	李右清（2016） 陈彬（2018—2019） 曹允飞（2018—2020） 钟建庭（2018—2020） 郑启鸿（2018—2020） 肖承钱（2018—2020）

续表 3-7

乡（镇）	村别	帮扶单位	第一书记	工作队长	驻村队员
南桥镇	廷岭村	赣州银行寻乌支行	钟名伟（2016） 曾进辉（2017） 尹峰（2018） 徐垚（2019—2020）	林劲松（2016） 尹峰（2018） 刘豪（2019—2020） 巫观发 （副队长，2016）	王荣珍（2016） 邝先权（2016） 严新亮（2018—2020） 陈海龙（2018—2020） 温妍（2018）
	满坑村	县卫生健康委员会	彭栋梁（2017—2018） 王永华（2019—2020）	李林（2016） 彭栋梁（2018） 王永华（2019—2020）	李林（2016） 谢东源（2018—2020）
	珠村村	县卫生健康委员会	赵剑文（2017—2020）	曾慧玲（2016） 潘桂扬（2018—2020）	曾慧玲（2016） 陈会林（2018—2020）
	罗陂村	中石化寻乌经营部	钟金通（2016） 刘烨（2017—2020）	刘立伍 （2016、2018—2020）	刘立伍（2016） 刘赤明（2018） 李启南（2019—2020）
	车头村	共青团寻乌县委员会	郑敏（2017） 骆鸿杰（2018—2020）	郑敏（2016） 骆鸿杰（2018—2020）	袁桂丽（2016） 潘建平（2018—2020） 陈国华（2018—2020）
	金桥村	中共寻乌县委党校	钟秋霞（2017） 赵乘斌（2018—2020）	胡永忠（2016） 赵乘斌（2019—2020）	黄学军（2016） 廖诗妍（2018—2019） 赖文斌（2020）
	长江村	县医疗保障局	刘玮姝（2017—2018） 车进华（2019—2020）	孙洪根（2016） 车进华（2018—2020）	赵永跃（2016） 张慧颖（2018—2019） 林琼（2020）
	高排村	县邮政分公司	唐瑜淋（2016） 刘启华（2017—2019） 刘子香（2020）	郭军（2016） 刘启华（2018） 刘子香（2019—2020）	曾维平（2016） 潘雅雯（2016） 钟秀花（2018—2020） 刘子香（2018） 刘辉（2018—2019） 古文源（2020） 卢万宏（2020）

续表 3-7

乡(镇)	村别	帮扶单位	第一书记	工作队长	驻村队员
南桥镇	黄坝村	县地方志办公室	陈文新（2017） 赖春霖（2018—2020）	曾接昌（2016） 刘斌（2018—2020）	曾接昌（2016） 廖远辉（2018—2020） 钟悠美（2018—2020）
	黄塘村	县卫生健康委员会	凌建军（2017） 陈意（2018—2019） 李志坚（2020）	凌建军 （2016、2018—2020）	凌建军（2016） 谢石林（2018—2020）
吉潭镇	上车村	农村信用联社赣州办事处	赖建平（2016） 钟建洲（2017—2020）	蒋小英（2016） 温珍仙（2018） 陈旺（2019—2020） 温珍仙 （副队长，2016） 邱小宇 （副队长，2016）	陈旺（2016、2018） 徐楠（2016） 汤忠涛（2018—2020）
	兰贝村	县国土局	黄宝明（2017—2020）	曾子平（2016） 吴海（2018） 赵志鹏（2019—2020）	曾子平（2016） 赵志鹏（2018） 钟飞芳（2018—2020）
	剑溪村	县果业局	李保炎（2016—2019） 林益民（2020）	刘志杰（2016） 李保炎（2019） 廖佛森 （副队长，2016）	黄清泉（2016） 范学琛（2016） 何瑞华（2018—2020） 朱桂招（2018—2020）
	古丰村	省广播电视台县广电新闻中心	徐炳栋（2016） 赵师恩（2017） 薛云熙（2018） 万绍斌（2019—2020）	陈洪林（2016） 黎宝明（2018） 朱卫彬（2019—2020）	黄莉（2016） 何炳南（2016） 钟延辉（2018—2020） 戴欢（2018） 王瑄（2019—2020）
	吉潭村	县国土局	刘泽茏（2017—2018） 华炳星（2019—2020）	刘泽茏（2016） 吴海（2019—2020）	刘泽茏（2016） 张彩霞（2018—2020） 赖桂清（2018—2020）

续表 3-7

乡(镇)	村别	帮扶单位	第一书记	工作队长	驻村队员
吉潭镇	团船村	市国土局	韩启尖（2016） 丁振俞（2017—2018） 刘平（2019—2020）	谢小菁（2016） 刘平（2019） 黄明山 （副队长，2016）	谢志明（2016） 钟延辉（2016） 熊喆（2020） 凌清峰（2018—2020） 黄颖华（2018—2020） 刘九福（2018—2020） 谢应祥（2018—2019）
吉潭镇	圳下村	县委办	梅韵香（2017—2020）	梅韵香（2016、2019）	梅韵香（2016） 谢银英（2018—2020） 黄谟春（2018）
吉潭镇	大坜村	县人社局	潘寒啸（2016—2018） 范日瑞（2019—2020）	凌斌（2016） 赖邦添（2018—2020） 刘震（副队长，2016）	赖邦添（2016） 邝宏明（2016） 陈日升（2018—2020）
吉潭镇	小田村	县振兴办	刘江平（2017） 凌立斌（2018—2019） 潘昌应（2020）	钟开鸿（2016） 赖忠红（2018—2020）	谢晓波（2016） 钟春香（2018—2020）
吉潭镇	林田坝村	县果业局	刘永丰（2017—2020）	李保炎（2016） 刘永丰（2019）	刘永丰（2016） 刘庚球（2018—2020） 梅常柏（2018）
吉潭镇	榜溪村	县广电局新闻中心	凌贱生（2017） 彭于林（2018—2020）	凌贱生（2016） 谢国辉（2018—2020）	凌贱生（2016） 彭于林（2019）
吉潭镇	汉地村	县人社局	廖毅龙（2017—2020）	廖毅龙（2016、2019）	廖毅龙（2016） 谢继强（2018） 袁文红（2019—2020）
吉潭镇	滋溪村	市矿管局	骆来发（2016—2017） 潘检平（2018） 郭骏（2019—2020）	周曲涛（2016） 郭骏（2019） 潘锡珊 （副队长，2016）	凌素敏（2016） 潘锦华（2018—2020） 谢金城（2018—2020） 马益胜（2018） 曹暹（2019—2020）

续表 3-7

乡(镇)	村别	帮扶单位	第一书记	工作队长	驻村队员
吉潭镇	篁竹湖村	县人社局	范日瑞（2017—2018） 林全胜（2019—2020）	范日瑞（2016） 林全胜（2019）	范日瑞（2016） 谢纪锋（2018—2020）
	籁地村	县新华书店	艾永生（2016—2017） 罗珊珊（2019—2020）	江和平（2016） 江卫平（2018—2020）	江和平（2016、2018—2020） 古德标（2018—2020）
	黎坑村	县广电局新闻中心	凌石铭（2017—2018） 曾维松（2019—2020）	潘韵武（2016） 曾维松（2018） 汪梅（2019—2020）	潘韵武（2016） 曹瑛（2018—2020）
澄江镇	凌富村	县人民法院	凌树荣（2017） 丁清华（2018—2020）	凌赐福（2016） 丁清华（2018—2020）	凌赐福（2016） 凌宽（2018—2020）
	北亭村	县公安局	凌育琼（2017） 张涛（2018） 赖安平（2019） 李凯（2020）	凌育琼（2016） 张涛（2018） 赖安平（2019） 李凯（2020）	凌育琼（2016） 刘波（2018—2020）
	周田村	县城投公司，省建工集团	刘健（2016） 黄玮（2017） 曾检明（2018） 苏华（2019—2020）	张柏华（2016） 刘锦华（2018—2020）	刘锦华（2016） 董敏兰（2016） 黎萍（2018） 胡文龙（2018） 黄子文（2019） 杨乾长（2019—2020） 付菲（2019—2020）
	团丰村	县人民法院	曾宪章（2017—2018） 赖石福（2019—2020）	曾宪章（2016、2018） 赖石福（2019—2020）	曾宪章（2016） 凌扬东（2017—2018） 邝玲瑛（2020）
	大墩村	县统计局	胡兴如（2016—2020）	邱联东（2016） 胡兴如（2018—2020）	曾德鑫（2016） 林静（2016） 蓝鹏（2018—2019） 黄绍贞（2018—2020） 杜波（2020）

续表 3-7

乡(镇)	村别	帮扶单位	第一书记	工作队长	驻村队员
澄江镇	族亭村	县交通局运管所	王文倩（2017） 周韬（2018—2020）	陈干权（2016） 潘树平（2018） 曾庆文（2019—2020）	陈干权（2016） 曾庆文（2019—2020）
	桂丰村	县公安局	林瑞山（2017—2020）	肖贵禄（2016） 董程建（2018） 林瑞山（2019—2020）	肖贵禄（2016） 蓝德泉（2018—2020） 蓝政强（2019—2020）
	桂岭村	县交管大队	赖瑞平（2016） 邱启松（2017—2019） 古立松（2020）	杨长淦（2016） 邱启松（2019—2020） 刘新焰 （副队长，2016）	刘为华（2016） 谢琮熙（2016） 廖素娟（2018—2020） 古立松（2018—2019） 汪东（2020）
	江贝村	县民营企业局	谢家城（2017—2020）	吴志相（2016） 谢家城（2018—2020）	谢家城（2016） 袁忠武（2018—2020）
	汶口村	县公安局	曾桂珍（2016） 黄剑辉（2017—2018） 王均（2019—2020）	曾桂珍（2016） 王均（2019—2020） 钟保华 （副队长，2016）	黄剑辉（2016） 温慧芳（2016） 凌勇（2018—2020） 刘凤群（2019—2020）
	王屋村	县交通局运管所	袁燕征（2017） 凌育洪（2018—2019） 黄子文（2020）	杨洪彩（2016） 卢永福（2018—2020）	杨洪彩（2016） 卢永福（2019—2020）
	谢屋村	县人民法院	廖建文（2016） 邓腾腾（2017—2020）	钟瑞华（2016） 谢统茂（2018—2020） 邝曙光 （副队长，2016）	廖建文（2016） 赖鑫茂（2016、2020） 罗曼丽（2018—2019）
	长畲村	县广电网络公司	罗家树（2017—2020）	熊飞龙（2016） 廖远会（2018—2020）	熊飞龙（2016） 廖远会（2019—2020）

续表 3-7

乡(镇)	村别	帮扶单位	第一书记	工作队长	驻村队员
澄江镇	黄岗村	县林业局	潘其辉（2017） 温晓东（2018—2020）	龚飞云（2016） 潘其辉（2018—2020）	胡洪珍（2016、2018—2019） 王庚林（2020）
桂竹帽镇	上坪村	县人大常委会办公室	黄珊（2017） 徐婧（2018—2020）	凌利盛（2016） 徐婧（2019—2020）	凌利盛（2016） 彭显华（2018—2020） 朱小燕（2018—2020）
	华星村	市场监督管理局	郭明峰（2016） 陈鑫（2018—2020）	廖万先（2016） 陈鑫（2019—2020）	卢华鑫（2016） 郭明峰（2018—2020）
	白面石村	县人大常委会办公室	华卫东（2016） 孙枝茂（2017—2019） 彭宗泉（2020）	黄卫东（2016） 彭宗泉（2018—2020） 叶诚榕（副队长，2016）	华卫东（2016） 凌利盛（2016） 潘安（2016） 邝文华（2018—2020）
	蕉子坝村	县市场监督管理局	蓝涛（2017） 潘毅坚（2018—2020）	赖学昌（2016） 潘毅坚（2019—2020）	赖学昌（2016） 侯建（2018—2020）
	高头村	市工商局，县农业银行	郭英剑（2016—2019） 罗小满（2020）	廖雪玲（2016） 郭英剑（2019） 罗小满（2020） 彭小兵（副队长，2016）	谢云斌（2016） 赖欣倩（2016） 赖明（2018—2019） 陈慧（2018—2019） 曾葳（2018—2020） 曾庆林（2020） 彭晓鲲（2020）
	龙归村	县市场监督管理局	严志勇（2016） 李丰年（2017—2020）	陈文华（2016） 李丰年（2019—2020） 曹纪平（副队长，2016）	廖万先（2016） 卢华鑫（2016） 邱中良（2016、2018—2020） 谢应斌（2018—2020）

续表 3-7

乡(镇)	村别	帮扶单位	第一书记	工作队长	驻村队员
文峰乡	上甲村	国家统计局赣州调查队，县规划设计院	谢慧（2016） 赖宣霖（2017） 袁智文（2018） 郭荣莉（2019—2020）	侯清萍（2016） 郭荣莉（2020） 谢慧（副队长，2016） 何冲（副队长，2016）	赖宣霖（2016） 刘三州（2016） 林伟（2016） 王宏刚（2018—2020） 赖学明（2018—2019） 戴曦（2018） 冯翔（2019—2020） 刘章辉（2020） 黄奇钰（2020）
	东团村	县司法局	李佛宝（2016—2018） 古钟殿（2019—2020）	潘其安（2016） 古钟殿（2019—2020） 谢东林 （副队长，2016）	李佛宝（2016） 王俊金（2016） 何福英（2018—2020） 凌材锋（2018） 陈忠桂（2019—2020）
	双坪村	县委农工部，县农业农村局	赵奇勇（2016—2017） 潘昌坚（2018—2020）	梅旭军（2016） 钟佛莲（2018—2020） 古叶松 （副队长，2016）	钟佛莲（2016） 刘映辉（2016） 胡兰林（2018—2019） 谢炯明（2018—2020）
	图合村	粮食流动服务中心	刘德贵（2016—2020）	池伟华（2016） 刘德贵（2019—2020） 谢小明 （副队长，2016）	刘德贵（2016） 刘宏梅（2016） 刘映辉（2018—2020） 杜佛宏（2018—2019） 严由富（2020）
	大路村	县住房和城乡建设局	赖家煌（2016） 陈运涛（2018—2020）	刘俊文 （2016、2018—2020）	刘俊文（2016） 赖家煌（2018—2019） 刘春林（2020）

续表 3-7

乡(镇)	村别	帮扶单位	第一书记	工作队长	驻村队员
文峰乡	小布村	县妇联	林清梅（2017） 侯拥军（2018—2020）	林清梅（2016） 赖素梅（2018—2020）	赖素梅（2016） 罗冬娣（2018—2019） 谢文锋（2020）
	岗背村	县交管大队	刘为华（2017—2020）	刘为华 （2016、2019—2020）	刘为华（2016） 黄树余（2018—2019） 刘维曲（2020）
	新罗村	县住房和城乡建设局	潘俊金（2017—2020）	陈李春（2016） 刘钰豪（2018—2020）	陈李春（2016） 钟瑞招（2018—2019） 钟旗（2020）
	杨梅村	县行政服务中心	陈勇（2017—2020）	陈勇 （2016、2019—2020）	陈勇（2016） 曹东晖（2018—2019） 赖明霞（2020）
	河岭村	县行政服务中心	潘舰（2017—2020）	潘舰 （2016、2019—2020）	潘舰（2016） 黄春英（2018—2020）
	田背村	县农医中心	黄志峰（2016—2020）	黄志峰 （2016、2019—2020）	黄志峰（2016） 刘维曲（2019—2020） 曹东晖（2020）
	石排村	县工业园区管委会	刘凤有（2017—2020）	刘凤有 （2016、2019—2020）	林德明（2016） 林苑春（2018—2019） 肖上峰（2018—2020） 钟丁瑞（2020）
	长举村	县市场监督管理局	陈伟辉（2017） 龙休平（2018—2020）	刘茂稻（2016） 龙休平（2019—2020）	刘茂稻（2016） 凌凤龙（2018—2020）

续表 3-7

乡（镇）	村别	帮扶单位	第一书记	工作队长	驻村队员
文峰乡	长岭村	县住房和城乡建设局	谢寅山（2017—2020）	谢寅山（2016） 钟伟荣（2018—2020）	谢寅山（2016） 汪如兰（2018—2020）
	长布村	县住房和城乡建设局	刘宇（2016） 刘志高（2017—2020）	刘世全（2016） 汤永东（2018—2020） 陈添娣（副队长，2016）	刘宇（2016） 潘小娟（2016） 李玉春（2018—2020）
	长溪村	县接待办	洪楠（2017） 范建波（2018—2020）	黄彬（2016、2018—2020）	潘乔（2016） 刘宏梅（2018—2020）
	黄坳村	城乡规划设计研究院	刘三洲（2017—2020）	邝金炎（2016） 刘三洲（2019—2020）	邝金炎（2016） 严小萍（2018—2020）
三标乡	三标村	县教师进修学校	黎式强（2017） 钟起炎（2018—2020）	黎式强（2016） 钟起炎（2018—2020）	张咏（2016） 刘秋（2018—2019） 刘忠（2020）
	上下坝村	县扶贫办	钟文君（2017—2020）	王芹英（2016） 钟文君（2018—2020）	王芹英（2016） 谢凌云（2018—2020）
	东江源村	县委老干部局	黄少钦（2017—2020）	黄少钦（2016—2020）	钟鸣春（2018） 李丽春（2019—2020）
	图岭村	县移动公司	黄运财（2017—2020）	黄运财（2016—2020）	胡洪腾（2018—2020）

续表 3-7

乡（镇）	村别	帮扶单位	第一书记	工作队长	驻村队员
三标乡	基田村	县环境保护局	孙小卫（2016） 邱成竹（2017—2019） 刘良玉（2020）	古春林（2016） 邱成竹（2017—2019） 刘良玉（2020） 凌红宇 （副队长，2016）	王珊玉（2016、2020） 刘良玉（2018—2019） 林超（2018） 曾金锋（2019—2020）
	堆禾村	县扶贫和移民办	谢凌云（2016） 彭聪炜（2017） 刘安澜（2018—2020）	彭智军（2016） 刘安澜（2018—2020） 刘文丙 （副队长，2016）	汤小锋（2016） 王日金（2016） 刘舒安（2018—2020） 陈伟（2018） 刘茂生（2019—2020）
	大小湖岽村	县委统战部	陈忠云（2017—2020）	陈忠云（2016—2020）	刘鑫（2018） 廖咏楠（2019—2020）
	富寨村	县环保局	钟慧平（2017—2019） 徐聪聪（2020）	李明（2016） 黄润生（2018—2019） 廖海晶（2020）	彭锋（2018—2020）
	甲子乌村	县森林公安局	张昌权（2016） 邱志敏（2017） 李隆堂（2018） 刘传富（2019—2020）	梁斌（2016） 邱志敏（2018） 刘贱祥（2019） 古竹青（2020） 曾辉（副队长，2016）	李隆堂（2016） 邱志敏（2016—2019） 刘传富（2018） 胡长青（2020）
	胡屋村	县旅发委	石金凤（2017） 赵奇勇（2018—2020）	刘桂芳（2016） 赵奇勇（2018—2020）	潘石文 （2018—2020）
	长安村	县森林公安局	刘贱祥（2017） 石金凤（2018） 李隆堂（2019） 王远舒（2020）	李隆堂（2016） 刘贱祥（2018） 石金凤（2019—2020）	刘贱祥（2016） 谢绍芳（2018—2020）

续表 3-7

乡（镇）	村别	帮扶单位	第一书记	工作队长	驻村队员
三标乡	黄陂村	人民银行寻乌县支行	陈爱民（2017—2018） 胡影君（2019—2020）	陈建隆（2016） 陈爱民（2018） 胡影君（2019—2020）	陈爱民（2016） 陈剑兵（2018—2019） 胡影君（2018） 谢文钦（2020） 古四海（2020）
菖蒲乡	五丰村	县农粮局	黄昭启（2017） 谢朝东（2018） 曾威（2019） 韩华锋（2020）	张平 （2016、2019—2020） 谢朝东（2018）	张平（2016） 潘宇鹏（2018—2019） 彭辉（2020）
	坪岗村	县民政局	刘人龙（2017—2019） 刘建民（2020）	徐琼玉（2016） 刘建民（2018—2019） 黄宝辉（2020）	徐琼玉（2016） 刘建民（2018—2019）
	徐溪村	县民政局	陈业（2016—2017） 刘小莲（2018） 谢文涛（2019—2020）	赖平川（2016） 何永华（2018—2020） 邝仲（副队长，2016）	何永华（2016、2018） 魏伟（2016） 陈业（2018—2020）
	菖蒲村	县政协办公室	凌红珍（2017） 李春茂（2018—2020）	凌红珍（2016） 蓝庆春（2018—2020）	钟诚（2016） 蓝庆春（2018—2019）
	虎石村	县民政局	赵万升（2017—2020）	赵万升 （2016、2018—2020）	赵万升（2016） 余政（2018—2019） 廖铖烽（2020）
	铜锣村	县政协办公室	钟诚（2016） 陈佛来（2017—2020）	罗斯远（2016） 陈佛来（2018—2020） 谢玉堂（2020）	黄玉香（2016） 刘云峰（2018—2020） 魏伟（2018—2020）

续表 3-7

乡(镇)	村别	帮扶单位	第一书记	工作队长	驻村队员
菖蒲乡	黄田村	县农粮局	华彬（2016） 谢玉峰（2017—2020）	古清华（2016） 谢玉峰（2018—2020） 阙持晖（副队长，2016）	华彬（2016） 汪霞（2016） 林娜（2018、2020） 黄杜彬（2018—2020） 陈素琴（2019）
	黄砂村	县工商银行、市航空公司	彭红军（2016） 邝先行（2017—2018） 温帆（2020）	刘旭群（2016） 温帆（2018—2020） 张佳（副队长，2016） 毛晋辉（副队长，2016）	徐伟（2016） 谢运良（2016） 潘昌松（2018—2020） 钟熠明（2018—2019） 朱波（2018—2020） 赖巧明（2019—2020） 朱俊辉（2020）
龙廷乡	大田村	县文广新旅局	钟毅（2017） 邝曙光（2018—2020）	钟毅（2016） 周圆圆（2018—2019） 邝斌（2020）	赖小平（2016） 陈璐（2018） 罗新林（2019—2020）
	斗晏村	县委编办	汪承友（2017—2020）	赖永锋（2016） 汪承友（2018—2020）	汪承友（2016） 古建华（2018） 陈培锋（2019—2020）
	西湖村	县文广局纪念馆	黄少斌（2017—2019） 梅鼎荣（2020）	周昭凡（2016） 黄少斌（2018—2019） 梅鼎荣（2020） 李文峰（副队长，2016）	黄少斌（2016） 谢建平（2016） 谢茂源（2018—2019） 廖国梅（2018—2020） 陈健二（2020）
	龙廷村	县农保局	黄桂明（2017—2020）	黄建东（2016） 曾晓明（2018—2020）	黄桂明（2016） 梅娟萍（2018） 潘冬梅（2019—2020）

续表 3-7

乡(镇)	村别	帮扶单位	第一书记	工作队长	驻村队员
丹溪乡	上平村	县教育局	廖春城（2017—2019） 黄小金（2020）	陈全华 （2016、2018—2020）	谢海波（2018） 陈李春（2019） 陈鹏（2020）
	下平村	县教育局	王侃（2016） 黄天胜（2017—2020）	黄永明（2016） 古日胜（2018—2020） 朱斌华 （副队长，2016）	黎天佑（2016） 钟善斌（2016） 赖晓英（2018—2020）
	丹溪村	县教育局	谢涛涛（2016） 刘柏林（2017—2020）	谢涛涛（2016） 赖家旺（2018—2020）	易道群（2018—2020）
	双村村	县联通公司	朱涛（2017） 林川（2018） 刘利林（2019—2020）	邱旺满（2016） 廖云招（2018—2019） 曾传添（2020）	赖雄锦（2016） 曾晓平（2018—2020）
	双溪村	县国税局	李胜春（2016—2020）	刘艳萍（2016） 李胜春（2019—2020）	陈李春（2016） 严志伟（2018—2020） 廖玉英（2018—2020）
	岑峰村	县人武部	陈海洲 （2016、2019—2020） 李迪（2017） 陈胜兵（2018）	曾国辉（2016） 钟善斌（2018） 陈胜兵（2019—2020） 朱涛（副队长，2016）	赖福芳 （2016—2017） 林飞龙（2016—2019） 钟善斌（2019） 侯玉清（2020） 杨怀伟（2020）
	彭溪村	县劳动就业局	严瑞祥（2017） 何海祥（2018—2020）	严瑞祥（2016） 何海祥（2018—2020）	陈鹏（2018—2019） 黄浩（2020）

续表 3-7

乡(镇)	村别	帮扶单位	第一书记	工作队长	驻村队员
丹溪乡	清溪村	县农商银行	廖延东（2016） 陈茜（2017—2018） 黄文华（2019） 彭苏华（2020）	潘其森（2016） 黄文华（2018—2019） 彭苏华（2020） 范家浪 （副队长，2016）	赖建平（2016） 曾庚娣（2016） 刘舜（2018—2020） 赵盛（2019—2020）
	金村村	县财险公司	蓝奎根（2017） 曹军（2018） 何维（2019—2020）	陈伟军（2016） 谢华山（2018） 陈煌兵（2019） 凌晨（2020）	谢华山（2016） 陈煌兵（2018） 凌晨（2019） 赖达翔（2020）
	高峰村	县疾控中心	谢森芬（2016） 钟裕勇（2017） 张秋兰（2018） 张佛金（2019） 陈忠明（2020）	袁彤（2016） 张佛金（2018—2019） 陈忠明（2020） 胡志群 （副队长，2016）	张树森（2016） 林川（2016） 曾文峰（2018—2020） 张秋兰（2019—2020）
项山乡	中坑村	县电信分公司	彭春洪（2016） 曹鹏（2017—2018.6） 梅雁辉（2018.7—2020）	王道喜（2016） 何俊祥（2018） 梅雁辉（2019—2020） 廖锡天 （副队长，2016）	曾四春（2016） 丁婷婷（2016） 陈创星（2018—2019） 汪宁（2019—2020） 刘英斌（2020）
	书坪村	县人防办	严考华 （2016、2018—2020） 赖赟学（2017）	蓝鸣岗（2016） 郭煜辉（2018—2020） 赖赟学 （副队长，2016）	严考华（2016） 杨雪春（2016） 古忱（2018） 潘志鹏（2019—2020）
	卢屋村	县发展改革委	曾伟朗（2016） 钟文婷（2017—2019） 邝志安（2020）	林佛招（2016） 钟文婷（2019） 邝志安（2020） 凌兰妹 （副队长，2016）	曾伟朗（2016） 刘运娇（2016） 黄慧娟（2018—2020） 何佛盛（2018） 王学林（2019—2020）
	桥头村	县发展改革委	朱达勋（2017） 曾桂英（2018） 凌彩娣（2019—2020）	曾桂英 （2016、2019—2020）	曾桂英（2016） 袁正宏（2018—2019） 刘永红（2020）

续表 3-7

乡(镇)	村别	帮扶单位	第一书记	工作队长	驻村队员
项山乡	福中村	县房管局	李国洪（2016—2020）	赖义红（2016） 李国洪（2019—2020）	王承富（2016） 潘锋（2016） 刘勇（2018—2020） 谢胜扬（2018） 何佛盛（2019—2020）
项山乡	聪坑村	县房管局	黄军联（2017） 王华明（2018—2020）	刘忠坚（2016） 王华明（2019—2020）	刘忠坚（2016） 黄宝辉（2018） 潘剑华（2019—2020）
项山乡	项山村	县发展改革委	廖桂明（2017—2020）	廖桂明 （2016、2019—2020）	廖桂明（2016） 赵金来（2018） 曾广胜（2018—2020）
水源乡	周畲村	县安监局	梅海鸥（2016—2017） 严林（2018—2020）	李建（2016） 严林（2018—2020） 古德勤 （副队长，2016）	刘建新 （2016、2018—2020） 胡程（2018—2020）
水源乡	坳背村	县审计局	杨烨（2016—2020）	罗国庆（2016） 刘海胜（2018—2020） 谢锌锋 （副队长，2016）	谢越圣（2016） 蓝素来（2016） 凌国华（2018—2020）
水源乡	太湖村	县卫监所	凌升高（2017—2020）	凌升高 （2016、2018—2020）	胡鹏（2016） 张泉（2018） 温丽萍（2019—2020）
水源乡	径口村	县税务局	刘佛寿（2016） 赖春霖（2017） 胡雄（2018） 谢金山（2019—2020）	王平（2016） 潘裕（2018—2020） 赖伟民 （副队长，2016）	潘裕（2016） 曾建林 （2016、2018—2019） 潘煜源（2020）
水源乡	河背村	县农机局	赖才华（2016—2017） 陈全香（2019—2020）	刘万兵 （2016、2018—2020） 朱达禄（2020）	刘万兵（2016） 凌丰（2018） 梅丽娟（2019）

续表 3-7

乡（镇）	村别	帮扶单位	第一书记	工作队长	驻村队员
水源乡	竹园头村	县农机局	罗松（2017—2020）	钟国标 （2016、2018—2020）	钟国标（2016） 王森（2018） 张泉（2019—2020）
	袁屋村	县审计局	梅启芳（2017—2020）	梅启芳（2016） 林东方（2018—2020）	梅启芳（2016） 刘灿华（2018—2020）
	载下村	县建设银行	谢军（2016—2017） 邱福春（2018） 谢梦云（2019—2020）	陆龙标（2016） 朱二斌（2018—2020）	陆龙标 谢梦云（2018） 邝鑫（2019—2020）
	龙塘村	县社保局	凌文彪（2017—2020）	凌文彪 （2016、2018—2020）	凌文彪（2016） 陈菊芳（2018—2020）
罗珊乡	上津村	县纪委监委	王伟平（2017） 曾生（2018—2020）	王伟平 （2016、2018—2020）	王伟平（2016） 黄春艳（2018—2019） 林祥鑫（2020）
	华齐村	县工信局	邝韬（2016） 廖震（2017） 刘玄（2018—2020）	赖学洪（2016） 曾贱星（2018—2020）	邱昌飞（2016） 邝韬（2016） 欧阳海福 （2018—2020） 蔡江生（2018—2020）
	吴畲村	县工信局	陈小军（2017—2020）	陈小军 （2016、2018—2020）	陈小军（2016） 汤涛（2018—2020） 曹韦华（2018—2020）
	泊竹村	县林业局	谢树根（2016—2020）	彭景福（2016） 凌宏英（2018—2019） 罗建斌（2020） 陈锦文 （副队长，2016）	谢树根（2016） 谢文锋（2016） 温海涛（2018—2019） 谢天宝（2020）

续表 3-7

乡(镇)	村别	帮扶单位	第一书记	工作队长	驻村队员
罗珊乡	珊贝村	县纪委监委	曾令军（2016） 潘方（2017—2020）	杨维彪（2016） 易青松（2018） 罗国强（2019—2020） 曾泉茂 （副队长，2016）	曾令军（2016） 廖沐培（2016） 陈敏（2016） 潘婉婷（2018—2020）
	�竹村	县林业局	凌征洲（2016—2017） 邝韬（2018—2019） 黄金亮（2020）	陈昕云（2016） 邝韬（2018—2019） 黄金亮（2020）	彭于清（2016） 范群娣（2018—2019） 肖桂礼（2018—2020） 蓝长洪（2020）
	罗塘村	县纪委监委	廖沐培（2017—2020）	廖沐培（2016） 谢先军（2018—2020）	廖沐培（2016） 彭婷（2018—2020）

四、贫困户退出条件与程序

贫困户家庭收入达到脱贫标准，拥有稳定增收途径，各项指标符合要求，建立该户贫困户脱贫退出台账。贫困户退出以户为单位，以贫困户年人均可支配收入稳定超过国家贫困标准，吃穿不愁，义务教育、基本医疗、住房安全有保障为重要衡量指标：贫困户年人均可支配收入稳定超过国家贫困标准（2015—2020 年各年度分别为 2968 元、3146 元、3335 元、3535 元、3747 元、4000 元）；贫困户有安全住房；因病致贫家庭的医疗费用基本得到解决；贫困家庭无因贫辍学学生。

贫困户退出按照“八步法”进行认定：根据县、乡、村贫困户退出规划及年度计划，选定预脱贫对象，在建档立卡系统内作预退出处理。对选定的预脱贫对象进行摸底调查。调查人员包括村委会干部、村民小组长、驻村工作队干部、贫困户帮扶干部等，填写贫困户退出摸底调查表。摸底调查之后，由村委会组织召集相关人员召开民主评议会（邀请“五老”人员，即老退伍军人、老干部、老党员、老教师、辈分高的老人，人数不少于 20%），对摸底情况进行逐户讨论，拟定退出贫困户名单。将拟定退出贫困户名单在行政村所在地（含贫困户所在自然村）进行公示，公示时间不少于7天。公示无异议的名单，报乡（镇）人民政府审核。乡（镇）人民政府组织相关人员（不少于3人）对拟退出贫困户进行逐户核实，确定全乡（镇）贫困户退出名单。将确定的全乡（镇）贫困户退出名单在各行政村（含贫困户所在自然村）进行第二次公示。公示无异议后，报县专项扶贫工作领导小组审核无异议后，批准全县贫困户退出名单。各乡（镇）将县批准的脱贫名单在各行政村（含贫困户所在自然村）进行公告，并录入信息档案，在建档立卡系统内进行脱贫退出处理。

五、贫困村退出条件与程序

贫困村退出条件以贫困发生率和重度贫困村小组村庄整治建设完成率为主要衡量指标，统筹考虑村内基础设施、基本公共服务、产业发展等综合因素，要求退出贫困村贫困发生率低于2%（贫困发生率＝贫困人口 ÷ 全村人口 ×100%），重度贫困村小组完成村庄整治，人居环境得到较大改善。具体包含以下条件（新八大体系）：贫困发生率低于2%（2018年寻乌县要求低于0.7%）；25户以上（含25户）自然村有一条硬化机动车道；100%农户饮水安全；100%农户住房安全；户户通生活用电；村委会所在地通动力电；村委会所在地通宽带网络；农户能收看到电视节目；25户以上（含25户）自然村有保洁员，有垃圾集中收集点，65%以上农户享有无害化卫生厕所；贫困村有卫生室，有农村综合服务平台；贫困村有集体经济收入。

贫困村退出具体步骤：根据县、乡（镇）贫困村退出规划及年度计划，选定年度预退出贫困村；预退出贫困村确定后，对照村级扶贫开发规划和贫困村退出条件，按照脱贫攻坚责任书要求，通过县级领导干部“包户、帮村、扶乡”、单位挂点帮扶工作落实，加大扶持力度，实施精准脱贫攻坚；年终组织相关部门对预退出贫困村进行入村调查核实，确定是否符合贫困村退出条件；符合退出条件的，在乡（镇）、村所在地进行公示，公示期为7天；公示无异议后，报市审批，审批后向社会公告。贫困村经批准退出后，即录入信息档案，在建档立卡系统内作退出处理。

贫困户、贫困村退出后至2020年，继续享受中央、省、市、县扶贫开发相关政策和资金的扶持，以巩固贫困村、贫困户脱贫成果。

第四章

基础设施建设

寻乌县在脱贫攻坚工作中，把改善农村基础设施放在优先位置，统筹项目资金，建设农村公路，改造农村电网，提升农村通信网络，保障农村饮水安全。到2020年年底，有通车高速公路2条，里程83.7千米；二级公路里程146千米，实现村村通四级以上油（砼）路，自然村通水泥路；完成农村供电网络改造，实现“农户通生活用电、村村通动力电”；行政村实现宽带网络、4G网络全覆盖；户户用上干净水。交通、通信、电力、饮水等生产生活设施改善，为经济发展、脱贫致富提供基础，为农副产品销售提供便利。

第一节　公路建设

一、高速公路

至2020年年底，境内建成高速公路2条。G35济广高速公路，由会昌县门岭镇盘古隘入寻乌境，由南桥镇冠洲村牛埃石出境进入广东省平远县。G35济广高速公路寻乌段呈南北走向，2009年11月开工，2011年12月建成通车。境内里程47.7千米，有隧道1条（金刚山隧道），设2个互通出口、1个服务区，与寻（乌）全（南）高速公路相交互通。S80寻（乌）全（南）高速公路因项目上报时起于寻乌县，止于全南县而命名，实际实施时起于寻乌县，止于信丰县。寻（乌）全（南）高速公路属地方高速公路，起于寻乌县与武平县交界处，与武平县古（雷港）武（平）高速公路相接，止于信丰县小江镇与G45大（庆）广（州）高速公路相交，总里程112.104千米。境内段呈东西走向，2012年5月开工，2015年10月30日建成通车。境内里程36千米，有6个隧道，设1个互通出口，与济广高速公路相交互通。在建高速公路1条，为寻（乌）龙（川）高速公路，起点位于南桥镇古坑村附近，与G35济广高速公路设置寻乌南枢纽互通对接，途经南桥镇、留车镇、菖蒲乡，终点位于菖蒲乡赣粤两省交界处的老屋下村附近（终点桩号K26+855），对接寻乌至龙川高速公路新建工程广东境内段起点，寻龙线（江西境内段）全长约26.855千米。

二、国省道公路

国省道公路为二级公路标准。国道公路 3 条，境内合计里程 132.642 千米。其中，G206 威海—汕头线寻乌境内全长 60.017 千米；G236 芜湖—汕尾线寻乌境内全长 81.229 千米，其中重复路段 42.923 千米，G236 线计算里程 38.306 千米；G358 石狮—水口线寻乌境内里程 58.213 千米，其中重复路段 27.777 千米，G358 线计算里程 30.436 千米。省道 2 条，境内合计里程 65.136 千米，其中 S317 长宁—正平线寻乌境内里程 35.006 千米，S458 南桥—龙廷路线全长 30.13 千米。

三、县道

县道 12 条，总里程 255 千米。从 2016 年起，寻乌县对县道公路进行新一轮升级改造，公路等级达三级以上标准，其中 X545 河角—留车公路为二级公路。

四、乡村道路

2011 年年底，全县 173 个行政村通油（砼）路。2015 年年底，通村小组（自然村）公路全部铺设水泥路面。从 2015 年开始，对乡村道路进行升级改造，2016—2018 年，实施农村公路“三年行动计划”，按照“四好农村路”（建设好、管理好、养护好、运营好）建设要求，通行政村公路达四级以上标准。至 2020 年年底，建成乡道 430.473 千米、村（组）道 977.611 千米，25 户以上较大自然村入户小道 100% 实现路面硬化。另外，还建有简易公路 1541 千米，形成公路网布局。

2020 年寻乌县乡道一览表

表 4-1

序号	所在乡(镇)	路线代码	路线名称	起点地名	止点地名	起点桩号	止点桩号	里程（千米）	建成年份	改建年份	涵洞数量（个）	技术等级	路面类型	路面宽度（米）	路基宽度（米）	备注
1	长宁镇	Y777360734	南坑—长布	南坑	茶亭坳	0	0.723	0.723	2009	未改建	0	四级公路	水泥混凝土	4.5	6	
2	晨光镇	Y014360734	坪山—岭阳	鹅子湖	岭阳	0	9.143	9.143	2008	—	0	四级公路	水泥混凝土	4.5	6	
3		Y017360734	桂花—湖岽	桂花	湖岽	0	1.935	1.935	1990	2018	2	四级公路	水泥混凝土	5	6.5	
4		Y018360734	公平—黄坑	公平	黄坑	0	2.617	2.617	1983	—	0	四级公路	水泥混凝土	3.5	6.5	
5		Y019360734	岭背—香山	岭背	竹背村入口	0	0.383	0.383	1983	2010	1	四级公路	水泥混凝土	3.5	5	
6		Y019360734	岭背—香山	竹背村入口	竹背村出口	0.383	0.751	0.368	1983	2010	0	四级公路	水泥混凝土	3.5	5	
7		Y019360734	岭背—香山	竹背村出口	竹背	0.751	1.374	0.623	1983	2010	1	四级公路	水泥混凝土	3.5	5	
8		Y019360734	岭背—香山	竹背	新群村	1.374	1.953	0.579	—	—	0	—	—	0	0	不计入里程断头路 0.579 千米
9		Y019360734	岭背—香山	新群村	新群村入口	1.953	2.901	0.948	1983	2006	1	四级公路	水泥混凝土	3.5	6	
10		Y019360734	岭背—香山	新群村入口	沁园春	2.901	3.189	0.288	1983	2006	0	四级公路	水泥混凝土	3.5	6	

续表 4-1

序号	所在乡(镇)	路线代码	路线名称	起点地名	止点地名	起点桩号	止点桩号	里程（千米）	建成年份	改建年份	涵洞数量（个）	技术等级	路面类型	路面宽度（米）	路基宽度（米）	备注
11	晨光镇	Y019360734	岭背—香山	沁园春	香山村入口	3.189	6.034	2.845	1989	2010	1	四级公路	水泥混凝土	4.5	6	
12		Y796360734	溪尾—江下坳	溪尾	江下坳	0	2.802	2.802	1989	2019	0	四级公路	水泥混凝土	6	6.5	
13		Y797360734	公平—双坑	大围	白面石	0	3.585	3.585	1983	2006	1	四级公路	水泥混凝土	4.5	6	
14	留车镇	Y006360734	县道—族坑	县道	族坑	0	1.935	1.935	1986	2007	0	四级公路	水泥混凝土	4.5	6	
15		Y008360734	庄干—团红	庄干	马齐塘	0	0.913	0.913	1987	2007	0	四级公路	水泥混凝土	3.5	5	
16		Y008360734	庄干—团红	马齐塘	窝尾山	0.913	1.488	0.575	1987	2007	0	四级公路	水泥混凝土	3.5	5	
17		Y008360734	庄干—团红	窝尾山	鹅湖村	1.488	2.571	1.083	1987	2007	0	四级公路	水泥混凝土	4.5	6	
18		Y008360734	庄干—团红	鹅湖村	鹅湖村委会	2.571	3.193	0.622	1987	2010	0	四级公路	水泥混凝土	3.5	5	
19		Y008360734	庄干—团红	鹅湖村委会	岗上	3.193	3.515	0.322	1987	2013	0	四级公路	水泥混凝土	4.5	6	
20		Y008360734	庄干—团红	岗上	乡界	3.515	3.994	0.479	1986	2013	1	四级公路	水泥混凝土	4.5	6	
21		Y009360734	余田—飞龙	余田	余田村出口	0	0.145	0.145	1988	2006	0	四级公路	水泥混凝土	4.5	6	
22		Y009360734	余田—飞龙	余田村出口	飞龙入口	0.145	2.894	2.749	1988	2006	0	四级公路	水泥混凝土	4.5	6	

续表 4-1

序号	所在乡(镇)	路线代码	路线名称	起点地名	止点地名	起点桩号	止点桩号	里程（千米）	建成年份	改建年份	涵洞数量（个）	技术等级	路面类型	路面宽度（米）	路基宽度（米）	备注
23	留车镇	Y009360734	余田—飞龙	飞龙入口	村委	2.894	3.814	0.92	1988	2008	0	四级公路	水泥混凝土	4.5	6	
24		Y009360734	余田—飞龙	村委	店里	3.814	5.403	1.589	2012	未改建	2	四级公路	水泥混凝土	3.5	5	
25		Y043360734	庄干—黄砂	庄干村出口	柯树坳	0	2.334	2.334	1988	2006	1	四级公路	水泥混凝土	4.5	6	
26		Y043360734	庄干—黄砂	柯树坳	石马村出口	2.334	4.359	2.025	1988	2010	5	四级公路	水泥混凝土	4.5	6	
27		Y043360734	庄干—黄砂	石马村出口	陈坑岌	4.359	5.612	1.253	1988	2010	0	四级公路	水泥混凝土	4.5	6	
28		Y043360734	庄干—黄砂	陈坑岌	石马	5.612	6.841	1.229	1988	2010	0	四级公路	水泥混凝土	3.5	4.5	
29		Y043360734	庄干—黄砂	石马	黄砂	6.841	8.479	1.638	1999	2010	0	四级公路	水泥混凝土	3.5	3.5	
30		Y790360734	二口塘—黄姜	二口塘	贵石村入口	0	2.472	2.472	1985	2013	1	四级公路	水泥混凝土	4.5	6	
31		Y790360734	二口塘—黄姜	贵石村入口	贵石坳下	2.472	2.917	0.445	1985	2013	0	四级公路	水泥混凝土	4.5	6	
32		Y790360734	二口塘—黄姜	贵石坳下	贵石	2.917	3.108	0.191	1985	2004	0	四级公路	水泥混凝土	4.5	4.5	
33		Y790360734	二口塘—黄姜	贵石	贵石村出口	3.108	3.342	0.234	1985	2004	0	四级公路	水泥混凝土	4.5	6	
34		Y790360734	二口塘—黄姜	贵石村出口	佑头村入口	3.342	5.769	2.427	1985	2010	5	四级公路	水泥混凝土	4.5	6	

续表 4-1

序号	所在乡(镇)	路线代码	路线名称	起点地名	止点地名	起点桩号	止点桩号	里程（千米）	建成年份	改建年份	涵洞数量（个）	技术等级	路面类型	路面宽度（米）	路基宽度（米）	备注
35	留车镇	Y790360734	二口塘—黄姜	佑头村入口	佑头村出口	5.769	6.428	0.659	1985	2010	1	四级公路	水泥混凝土	4.5	6	
36		Y790360734	二口塘—黄姜	佑头村出口	佑头	6.428	7.416	0.988	1985	2010	2	四级公路	水泥混凝土	4.5	6	
37		Y790360734	二口塘—黄姜	佑头	石牛湖村入口	7.416	12.382	4.966	1985	2014	12	四级公路	水泥混凝土	4.5	6	
38		Y790360734	二口塘—黄姜	石牛湖村入口	石牛湖村出口	12.382	12.999	0.617	1985	2007	0	四级公路	水泥混凝土	4.5	6	
39		Y790360734	二口塘—黄姜	石牛湖村出口	芳田村入口	12.999	15.118	2.119	1985	2007	0	四级公路	水泥混凝土	4.5	6	
40		Y790360734	二口塘—黄姜	芳田村入口	芳田村出口	15.118	15.919	0.801	1987	2004	0	四级公路	水泥混凝土	3.5	4.5	
41		Y790360734	二口塘—黄姜	芳田村出口	黄姜	15.919	17.966	2.047	1987	2004	0	四级公路	水泥混凝土	3.5	4.5	
42		Y791360734	大同—坳上	蛇坑门	马塘	0	1.18	1.18	1986	2019	1	四级公路	水泥混凝土	4.5	6.5	
43		Y791360734	大同—坳上	马塘	陂下村出口	1.18	1.411	0.231	1996	2019	0	四级公路	水泥混凝土	4.5	6.5	
44		Y791360734	大同—坳上	陂下村出口	陂下村入口	1.411	2.576	1.165	1996	2019	1	四级公路	水泥混凝土	4.5	6.5	
45		Y791360734	大同—坳上	陂下村入口	坳上	2.576	3.741	1.165	1996	2019	0	四级公路	水泥混凝土	4.5	6.5	
46		Y050360734	余田—水背	余田	水背	0	2.262	2.262	1988	2006	2	四级公路	水泥混凝土	4.5	6	

续表 4-1

序号	所在乡(镇)	路线代码	路线名称	起点地名	止点地名	起点桩号	止点桩号	里程（千米）	建成年份	改建年份	涵洞数量（个）	技术等级	路面类型	路面宽度（米）	路基宽度（米）	备注
47	南桥镇	Y008360734	庄干—团红	乡界	甲岸引道	3.994	4.633	0.639	2009	2013	0	四级公路	水泥混凝土	4.5	6	
48		Y008360734	庄干—团红	甲岸引道	乙岸连接线	4.633	5.119	0.486	2009	2013	0	四级公路	水泥混凝土	4.5	6	
49		Y008360734	庄干—团红	乙岸连接线	倒车岗	5.119	5.26	0.141	2009	2013	0	四级公路	水泥混凝土	4.5	6	
50		Y008360734	庄干—团红	倒车岗	车头	5.26	7.862	2.602	1986	2014	5	四级公路	水泥混凝土	4.5	6	
51		Y010360734	团建—冠洲	县道	团建	0	0.436	0.436	1986	2017	1	四级公路	水泥混凝土	3.5	6.5	
52		Y010360734	团建—冠洲	团建	团建村	0.436	0.725	0.289	1986	2017	0	四级公路	水泥混凝土	3.5	6.5	
53		Y010360734	团建—冠洲	团建村	小田	0.725	0.872	0.147	1986	2018	0	四级公路	水泥混凝土	3.5	6.5	
54		Y010360734	团建—冠洲	小田	下坑	0.872	6.672	5.8	1986	2018	0	四级公路	水泥混凝土	5	6.5	
55		Y010360734	团建—冠洲	下坑	下坊	6.672	6.922	0.25	1986	2018	0	四级公路	水泥混凝土	5	6.5	
56		Y010360734	团建—冠洲	下坊	乡道入口	6.922	7.902	0.98	1986	2018	0	四级公路	水泥混凝土	5	6.5	
57		Y010360734	团建—冠洲	乡道入口	乡道出口	7.902	8.026	0.124	1986	2018	0	四级公路	水泥混凝土	5	6.5	
58		Y010360734	团建—冠洲	乡道出口	冠洲	8.026	8.983	0.957	1986	2018	0	四级公路	水泥混凝土	5	6.5	

续表 4-1

序号	所在乡(镇)	路线代码	路线名称	起点地名	止点地名	起点桩号	止点桩号	里程（千米）	建成年份	改建年份	涵洞数量（个）	技术等级	路面类型	路面宽度（米）	路基宽度（米）	备注
59	南桥镇	Y011360734	珠村—张天塘	珠村	长江村	0	0.87	0.87	1999	未改建	0	四级公路	水泥混凝土	3.5	5	
60		Y011360734	珠村—张天塘	长江村	村委	0.87	1.183	0.313	1988	2008	0	四级公路	水泥混凝土	4.5	6	
61		Y011360734	珠村—张天塘	村委	长江村出口	1.183	1.375	0.192	1988	2008	0	四级公路	水泥混凝土	3.5	5	
62		Y011360734	珠村—张天塘	长江村出口	塘背入口	1.375	1.64	0.265	2018	2020	0	二级公路	水泥混凝土	16	40	与 S458 重复里程 0.265 千米
63		Y011360734	珠村—张天塘	塘背入口	塘背出口	1.64	2.26	0.62	1988	2008	0	四级公路	水泥混凝土	3.5	5	
64		Y011360734	珠村—张天塘	塘背出口	张天塘	2.26	2.736	0.476	2009	未改建	0	四级公路	水泥混凝土	3.5	5	
65		Y042360734	青龙上村—青龙风景区	茶头嘴	青龙	0	1.029	1.029	1986	2010	1	四级公路	水泥混凝土	4.5	6	
66		Y042360734	青龙上村—青龙风景区	青龙	青龙电站	1.029	1.137	0.108	1986	2004	0	四级公路	水泥混凝土	4.5	6	
67		Y787360734	满坑—狮子峰	满坑	满坑村入口	0	1.434	1.434	1983	2008	0	四级公路	水泥混凝土	3.5	5	
68		Y787360734	满坑—狮子峰	满坑村入口	下廖村入口	1.434	3.018	1.584	1983	2008	0	四级公路	水泥混凝土	3.5	5	
69		Y787360734	满坑—狮子峰	下廖村入口	下廖村出口	3.018	3.214	0.196	1983	2008	1	四级公路	水泥混凝土	3.5	5	

续表 4-1

序号	所在乡(镇)	路线代码	路线名称	起点地名	止点地名	起点桩号	止点桩号	里程（千米）	建成年份	改建年份	涵洞数量（个）	技术等级	路面类型	路面宽度（米）	路基宽度（米）	备注
70	南桥镇	Y787360734	满坑—狮子峰	下廖村出口	国道入口	3.214	6.41	3.196	1983	2008	0	四级公路	水泥混凝土	3.5	5	
71		Y787360734	满坑—狮子峰	国道入口	国道出口	6.41	6.51	0.1	1956	2011	0	二级公路	沥青混凝土	9	12	与 G206 重复里程 0.100 千米
72		Y787360734	满坑—狮子峰	国道出口	马齐湖	6.51	7.093	0.583	1983	2008	0	四级公路	水泥混凝土	3.5	5	
73		Y787360734	满坑—狮子峰	马齐湖	麟石背	7.093	9.925	2.832	1983	不详	0	四级公路	水泥混凝土	3.5	4.5	
74		Y787360734	满坑—狮子峰	麟石背	狮子峰	9.925	10.552	0.627	1983	不详	0	四级公路	水泥混凝土	3.5	4.5	
75		Y788360734	上游—南桥	上游	上游村入口	0	0.767	0.767	1983	2013	0	四级公路	水泥混凝土	5	6	
76		Y788360734	上游—南桥	上游村入口	南桥	0.767	2.985	2.218	1983	2006	18	四级公路	水泥混凝土	4.5	6	
77	吉潭镇	Y013360734	石排—林田坝	大岌背	国道	0	7.74	7.74	1987	2008	10	四级公路	水泥混凝土	4.5	6	
78		Y024360734	龙丁下—分水坳	龙丁下	团船	0	3.63	3.63	1982	2010	5	四级公路	水泥混凝土	4.5	6	
79		Y024360734	龙丁下—分水坳	团船	分水坳	3.63	5.198	1.568	2012	未改建	5	四级公路	水泥混凝土	4.5	6	
80		Y025360734	河背—圆坑墩	河背	圆坑墩	0	1.948	1.948	1979	2017	1	四级公路	水泥混凝土	5	6.5	

续表 4-1

序号	所在乡(镇)	路线代码	路线名称	起点地名	止点地名	起点桩号	止点桩号	里程(千米)	建成年份	改建年份	涵洞数量(个)	技术等级	路面类型	路面宽度(米)	路基宽度(米)	备注
81	吉潭镇	Y026360734	剑溪—赖地	剑溪林场	篁竹湖	0	3.13	3.13	1982	2008	4	四级公路	水泥混凝土	4.5	6	
82		Y026360734	剑溪—赖地	篁竹湖	赖地	3.13	10.752	7.622	1982	2010	4	四级公路	水泥混凝土	3.5	5	
83		Y030360734	吉潭—大畲坳	吉潭	大畲坳	0	15.704	15.704	1968	2010	6	四级公路	水泥混凝土	4.5	6	
84		Y784360734	汉地—大中	剑溪	汉地	0	4.489	4.489	1968	2010	7	四级公路	水泥混凝土	4.5	6	
85		Y784360734	汉地—大中	汉地	村委	4.489	4.888	0.399	2010	未改建	1	四级公路	水泥混凝土	4.5	6	
86		Y785360734	小杭—吉潭	小杭	小杭村入口	0	0.517	0.517	1979	2010	2	四级公路	水泥混凝土	3.5	5	
87		Y785360734	小杭—吉潭	小杭村入口	三桥石	0.517	3.251	2.734	1979	2010	2	四级公路	水泥混凝土	3.5	5	
88		Y785360734	小杭—吉潭	三桥石	上车	3.251	4.247	0.996	1979	2010	1	四级公路	水泥混凝土	3.5	5	
89		Y785360734	小杭—吉潭	上车	吉潭	4.247	6.598	2.351	1979	2004	2	四级公路	水泥混凝土	5	5	
90		Y786360734	吉潭—蕉公坳	古丰	蕉公坳	0	6.834	6.834	1989	2018	4	四级公路	水泥混凝土	6	6.5	
91		Y023360734	柯树下—项山	柯树下	小田村	0	1.958	1.958	1989	2007	0	四级公路	水泥混凝土	4.5	6	

续表 4-1

序号	所在乡(镇)	路线代码	路线名称	起点地名	止点地名	起点桩号	止点桩号	里程（千米）	建成年份	改建年份	涵洞数量（个）	技术等级	路面类型	路面宽度（米）	路基宽度（米）	备注
92	吉潭镇	Y023360734	柯树下—项山	小田村	小田村出口	1.958	2.335	0.377	1989	2013	2	四级公路	水泥混凝土	4.5	6	
93		Y023360734	柯树下—项山	小田村出口	茶田亭	2.335	3.651	1.316	1989	2013	2	四级公路	水泥混凝土	4.5	6	
94	澄江镇	Y037360734	中村—桂岭	中村	中村入口	0	0.231	0.231	1987	2005	1	四级公路	水泥混凝土	3.5	4.5	
95		Y037360734	中村—桂岭	中村入口	新屋家	0.231	3.946	3.715	1987	2010	6	四级公路	水泥混凝土	4.5	6	
96		Y037360734	中村—桂岭	新屋家	桂岭入口	3.946	4.078	0.132	1987	2010	0	四级公路	水泥混凝土	4.5	6	
97		Y037360734	中村—桂岭	桂岭入口	桂岭	4.078	5.025	0.947	1987	2010	6	四级公路	水泥混凝土	4.5	6	
98		Y038360734	王屋—团丰	王屋	团丰入口	0	3.036	3.036	1969	2005	1	四级公路	水泥混凝土	3.5	4.5	
99		Y038360734	王屋—团丰	团丰入口	团丰	3.036	3.476	0.44	1969	未改建	1	四级公路	水泥混凝土	3.5	4.5	
100		Y040360734	县道—周田	庙下	河背	0	1.107	1.107	1998	未改建	1	四级公路	水泥混凝土	3.5	3.5	
101		Y040360734	县道—周田	河背	河背	1.107	2.006	0.899	1998	未改建	0	四级公路	水泥混凝土	3.5	5	
102		Y040360734	县道—周田	河背	岌下	2.006	3.593	1.587	1998	未改建	1	四级公路	水泥混凝土	3.5	4.5	

续表 4-1

序号	所在乡(镇)	路线代码	路线名称	起点地名	止点地名	起点桩号	止点桩号	里程（千米）	建成年份	改建年份	涵洞数量（个）	技术等级	路面类型	路面宽度（米）	路基宽度（米）	备注
103	澄江镇	Y040360734	县道—周田	岌下	岌下	3.593	3.893	0.3	1998	未改建	0	四级公路	水泥混凝土	3.5	5	
104		Y040360734	县道—周田	岌下	岌下	3.893	4.162	0.269	1998	未改建	0	四级公路	水泥混凝土	3.5	5	
105		Y040360734	县道—周田	岌下	周田	4.162	4.757	0.595	1998	未改建	1	四级公路	水泥混凝土	3.5	5	
106		Y040360734	县道—周田	周田	水口	4.757	6.937	2.18	2007	未改建	0	四级公路	水泥混凝土	3.5	5	
107		Y779360734	华齐—黄岗	横坑	塘迳	3.2	4.624	1.424	2012	未改建	3	四级公路	水泥混凝土	3.5	5.5	
108		Y779360734	华齐—黄岗	塘迳	小墩桥	4.624	6.247	1.623	1975	2012	3	四级公路	水泥混凝土	3.5	5.5	
109		Y779360734	华齐—黄岗	小墩桥	黄岗村入口	6.247	7.87	1.623	1969	2004	3	四级公路	水泥混凝土	3.5	4.5	
110		Y779360734	华齐—黄岗	黄岗村入口	黄岗	7.87	8.805	0.935	1969	2004	3	四级公路	水泥混凝土	3.5	4.5	
111		Y780360734	溪尾—坳脑	溪尾	溪尾桥	0	0.41	0.41	1971	未改建	4	四级公路	水泥混凝土	3.5	6.5	
112		Y780360734	溪尾—坳脑	溪尾桥	族亨村入口	0.41	2.914	2.504	1971	2018	4	四级公路	水泥混凝土	5	6.5	
113		Y780360734	溪尾—坳脑	族亨村入口	族亨村出口	2.914	3.353	0.439	1971	2018	4	四级公路	水泥混凝土	5	6.5	
114		Y780360734	溪尾—坳脑	族亨村出口	县道	3.353	5.892	2.539	1987	2018	0	四级公路	水泥混凝土	4.5	6	

续表 4-1

序号	所在乡(镇)	路线代码	路线名称	起点地名	止点地名	起点桩号	止点桩号	里程(千米)	建成年份	改建年份	涵洞数量(个)	技术等级	路面类型	路面宽度(米)	路基宽度(米)	备注
115	澄江镇	Y781360734	周田—汶口	周田	周田村委会入口	0	0.971	0.971	1966	2005	8	四级公路	水泥混凝土	3.5	4.5	
116		Y781360734	周田—汶口	周田村委会入口	汶口	0.971	5.374	4.403	1966	2005	7	四级公路	水泥混凝土	3.5	4.5	
117	桂竹帽镇	Y797360734	公平—双坑	白面石	岽下	3.585	7.431	3.846	1983	2006	0	四级公路	水泥混凝土	4.5	6	
118		Y797360734	公平—双坑	岽下	腊树下	7.431	10.84	3.409	1983	2006	0	四级公路	水泥混凝土	4.5	6	
119		Y797360734	公平—双坑	腊树下	公平	10.84	14.592	3.752	1983	2018	3	四级公路	水泥混凝土	4.5	6.5	
120		Y798360734	大寨—上坪	上坪	排下	0	0.565	0.565	1988	2003	0	四级公路	水泥混凝土	5	6.5	
121		Y798360734	大寨—上坪	排下	大坪岗	0.565	1.493	0.928	1988	2003	0	四级公路	水泥混凝土	5	6.5	
122		Y798360734	大寨—上坪	大坪岗	大贤坑	1.493	6.171	4.678	1988	2003	0	四级公路	水泥混凝土	5	6.5	
123		Y798360734	大寨—上坪	大贤坑	窝四	6.171	6.947	0.776	1988	2003	0	四级公路	水泥混凝土	5	6.5	
124		Y798360734	大寨—上坪	窝四	电站	6.947	7.19	0.243	1988	2003	0	四级公路	水泥混凝土	5	6.5	

续表 4-1

序号	所在乡(镇)	路线代码	路线名称	起点地名	止点地名	起点桩号	止点桩号	里程(千米)	建成年份	改建年份	涵洞数量(个)	技术等级	路面类型	路面宽度(米)	路基宽度(米)	备注
125	文峰乡	Y773360734	土仑坑—富寨	土仑坑	东团村委会入口	0	1.085	1.085	1978	2007	7	四级公路	水泥混凝土	4.5	6	
126		Y773360734	土仑坑—富寨	东团村委会入口	东团村委会	1.085	1.392	0.307	1978	2007	2	四级公路	水泥混凝土	4.5	6	
127		Y773360734	土仑坑—富寨	东团村委会	长举	1.392	3.316	1.924	—	—	0	—	—	0	0	不计入里程断头路1.924千米
128		Y773360734	土仑坑—富寨	长举	富寨村	3.316	5.716	2.4	1999	2006	0	四级公路	水泥混凝土	3.5	4.5	
129		Y774360734	工业园—柯树塘	工业园	上甲入口	0	1.997	1.997	1984	2007	7	四级公路	沥青混凝土	4.5	6	
130		Y774360734	工业园—柯树塘	上甲入口	上甲村委	1.997	2.3	0.303	1984	2007	7	四级公路	水泥混凝土	4.5	6	
131		Y774360734	工业园—柯树塘	上甲村委	三叉口	2.3	2.345	0.045	1984	2007	0	四级公路	水泥混凝土	4.5	6	
132		Y774360734	工业园—柯树塘	三叉口	河背	2.345	2.711	0.366	1984	2007	7	四级公路	水泥混凝土	4.5	6	
133		Y774360734	工业园—柯树塘	河背	河背出口	2.711	2.979	0.268	1984	2013	7	四级公路	沥青混凝土	5	6.5	
134		Y774360734	工业园—柯树塘	河背出口	树下	2.979	6.537	3.558	1984	2013	7	四级公路	沥青混凝土	5	6.5	
135		Y774360734	工业园—柯树塘	树下	树上	6.537	7.047	0.51	1984	2013	7	四级公路	沥青混凝土	5	6.5	

续表 4-1

序号	所在乡(镇)	路线代码	路线名称	起点地名	止点地名	起点桩号	止点桩号	里程（千米）	建成年份	改建年份	涵洞数量（个）	技术等级	路面类型	路面宽度（米）	路基宽度（米）	备注
136	文峰乡	Y774360734	工业园—柯树塘	树上	柯树塘	7.047	7.872	0.825	1984	2013	7	四级公路	水泥混凝土	5	6.5	
137		Y776360734	岗背—图合	岗背	图合	0	2.222	2.222	1985	2019	0	四级公路	水泥混凝土	6	6.5	
138		Y777360734	南坑—长布	茶亭坳	芋子窝	0.723	1.44	0.717	1983	2012	2	四级公路	水泥混凝土	4.5	5	
139		Y777360734	南坑—长布	芋子窝	田背村入口	1.44	2.23	0.79	1983	2009	0	四级公路	水泥混凝土	4.5	6	
140		Y777360734	南坑—长布	田背村入口	田背村出口	2.23	3.525	1.295	1989	2006	4	四级公路	水泥混凝土	4.5	6	
141		Y777360734	南坑—长布	田背村出口	茶亭坳	3.525	3.569	0.044	1975	2006	0	四级公路	水泥混凝土	4.5	4.5	
142		Y777360734	南坑—长布	茶亭坳	河背	3.569	4.649	1.08	2006	未改建	0	四级公路	水泥混凝土	4.5	6	
143		Y777360734	南坑—长布	河背	村口	4.649	4.754	0.105	2000	2006	1	四级公路	水泥混凝土	4.5	6	
144		Y777360734	南坑—长布	村口	长布小学	4.754	5.137	0.383	2005	2006	1	四级公路	水泥混凝土	4.5	6	
145		Y011360734	珠村—张天塘	长江村出口	塘背入口	1.375	1.64	0.265	2018	2020	1	二级公路	沥青混凝土	16	40	
146		Y012360734	大路—长岭	五里亭	长岭村委会入口	0	1.632	1.632	1968	2004	4	四级公路	水泥混凝土	3.5	4.5	

续表 4-1

序号	所在乡(镇)	路线代码	路线名称	起点地名	止点地名	起点桩号	止点桩号	里程（千米）	建成年份	改建年份	涵洞数量（个）	技术等级	路面类型	路面宽度（米）	路基宽度（米）	备注
147	文峰乡	Y012360734	大路—长岭	长岭村委会入口	长岭	1.632	2.598	0.966	1968	2004	3	四级公路	水泥混凝土	3.5	4.5	
148		Y015360734	岗背—石圳	樟树下	岗背	0	0.424	0.424	1987	2006	1	四级公路	水泥混凝土	4.5	6	
149		Y015360734	岗背—石圳	岗背	窑前塅	0.424	1.765	1.341	2006	未改建	7	四级公路	水泥混凝土	4.5	6	
150		Y015360734	岗背—石圳	窑前塅	小布	1.765	2.345	0.58	—	—	0	—	—	0	0	不计入里程断头路 0.580 千米
151		Y015360734	岗背—石圳	小布	石圳	2.345	3.927	1.582	1989	2006	5	四级公路	水泥混凝土	4.5	6	
152	三标乡	Y007360734	香木坑—大小湖岽	香木坑	小湖岽	0	15.77	15.77	1992	2010	16	四级公路	水泥混凝土	3.5	5	
153		Y007360734	香木坑—大小湖岽	小湖岽	小湖岽入口	15.77	15.843	0.073	1992	2010	0	四级公路	水泥混凝土	3.5	5	
154		Y007360734	香木坑—大小湖岽	小湖岽入口	小湖岽出口	15.843	16.065	0.222	1992	2008	1	四级公路	水泥混凝土	3.5	5	
155		Y007360734	香木坑—大小湖岽	小湖岽出口	大小湖岽村入口	16.065	16.165	0.1	1992	2016	0	四级公路	水泥混凝土	3.5	5	
156		Y007360734	香木坑—大小湖岽	大小湖岽村入口	大小湖岽	16.165	17.141	0.976	1992	2016	8	四级公路	水泥混凝土	3.5	5	

续表 4-1

序号	所在乡(镇)	路线代码	路线名称	起点地名	止点地名	起点桩号	止点桩号	里程（千米）	建成年份	改建年份	涵洞数量（个）	技术等级	路面类型	路面宽度（米）	路基宽度（米）	备注
157	三标乡	Y029360734	上迳—九曲湾	省道	富寨	0	4.066	4.066	2012	未改建	10	四级公路	水泥混凝土	3.5	5.5	
158		Y029360734	上迳—九曲湾	富寨	村部	4.066	4.657	0.591	2007	未改建	0	四级公路	水泥混凝土	4.5	6	
159		Y029360734	上迳—九曲湾	村部	九曲湾	4.657	6.727	2.07	1984	2007	0	四级公路	水泥混凝土	4.5	6	
160		Y031360734	胡屋—清平	三标	胡屋村入口	0	1.102	1.102	1997	2019	4	四级公路	水泥混凝土	4	6.5	
161		Y031360734	胡屋—清平	胡屋村入口	胡屋村委	1.102	1.38	0.278	1997	2019	2	四级公路	水泥混凝土	4	6.5	
162		Y031360734	胡屋—清平	胡屋村委	胡屋村出口	1.38	1.579	0.199	1999	2018	0	四级公路	水泥混凝土	4	6.5	
163		Y031360734	胡屋—清平	胡屋村出口	白沙	1.579	3.382	1.803	1999	2018	0	四级公路	水泥混凝土	6	6.5	
164		Y031360734	胡屋—清平	白沙	河坝上	3.382	4.261	0.879	1999	2018	0	四级公路	水泥混凝土	4	6.5	
165		Y031360734	胡屋—清平	河坝上	河坝下	4.261	4.618	0.357	1999	2018	0	四级公路	水泥混凝土	3.5	6.5	
166		Y031360734	胡屋—清平	河坝下	上牙寨	4.618	6.106	1.488	1999	2018	0	四级公路	水泥混凝土	3.5	6.5	
167		Y031360734	胡屋—清平	上牙寨	风形下	6.106	8.232	2.126	1999	2018	0	四级公路	水泥混凝土	6	6.5	
168		Y031360734	胡屋—清平	风形下	风古下	8.232	9.12	0.888	1999	2018	0	等外公路	砂石路面	2	6.5	

续表 4-1

序号	所在乡(镇)	路线代码	路线名称	起点地名	止点地名	起点桩号	止点桩号	里程（千米）	建成年份	改建年份	涵洞数量（个）	技术等级	路面类型	路面宽度（米）	路基宽度（米）	备注
169	三标乡	Y031360734	胡屋—清平	风古下	联群	9.12	10.659	1.539	1999	2019	0	四级公路	水泥混凝土	4	6.5	
170		Y033360734	马齐田—基田村	马齐田	基田村	0	1.226	1.226	2006	未改建	0	四级公路	水泥混凝土	3.5	5	
171		Y035360734	蓑衣塘—图岭	蓑衣塘	图岭村入口	0	0.725	0.725	1986	2006	3	四级公路	水泥混凝土	3.5	5	
172		Y035360734	蓑衣塘—图岭	图岭村入口	图岭	0.725	1.36	0.635	1986	2006	4	四级公路	水泥混凝土	3.5	5	
173		Y773360734	土仓坑—富寨	富寨村	石团背	5.716	7.953	2.237	1999	2006	2	四级公路	水泥混凝土	3.5	5	
174		Y778360734	龙塘—东江源	峰背	峰背下	5.16	5.685	0.525	1998	2016	0	四级公路	水泥混凝土	3.5	4.5	
175		Y778360734	龙塘—东江源	峰背下	黄坑	5.685	6.886	1.201	1998	2016	1	四级公路	水泥混凝土	3.5	4.5	
176		Y778360734	龙塘—东江源	黄坑	高寨上	6.886	9.412	2.526	1998	2016	1	四级公路	水泥混凝土	3.5	4.5	
177		Y778360734	龙塘—东江源	高寨上	高寨	9.412	10.185	0.773	1998	2016	1	四级公路	水泥混凝土	3.5	4.5	
178		Y778360734	龙塘—东江源	高寨	东江源	10.185	11.484	1.299	1998	2016	0	四级公路	水泥混凝土	3.5	5	
179		Y799360734	太阳关—上下坝	太阳关	上下坝村	0	9.589	9.589	1982	2010	12	四级公路	水泥混凝土	3.5	5	

续表 4-1

序号	所在乡(镇)	路线代码	路线名称	起点地名	止点地名	起点桩号	止点桩号	里程（千米）	建成年份	改建年份	涵洞数量（个）	技术等级	路面类型	路面宽度（米）	路基宽度（米）	备注
180	菖蒲乡	Y016360734	菖蒲—铜锣	菖蒲	铜锣	0	4.295	4.295	2006	未改建	15	四级公路	水泥混凝土	3.5	5	
181		Y794360734	菖蒲—六社	菖蒲	河背	0	4.272	4.272	1983	2018	0	四级公路	水泥混凝土	4	6.5	
182		Y794360734	菖蒲—六社	河背	六社村	4.272	6.583	2.311	1983	2018	0	四级公路	水泥混凝土	4	6.5	
183	龙廷乡	Y041360734	兰田—万里	龙廷	斗晏村委会入口	0	2.8	2.8	1988	2003	0	四级公路	水泥混凝土	3.5	4.5	
184		Y041360734	兰田—万里	斗晏村委会入口	坪上	2.8	3.288	0.488	1986	2003	1	四级公路	水泥混凝土	3.5	3.5	
185		Y041360734	兰田—万里	坪上	月形	3.288	3.801	0.513	2011	—	2	四级公路	水泥混凝土	3.5	5	
186		Y041360734	兰田—万里	月形	含塘	3.801	6.91	3.109	—	—	0	—	—	0	0	不计入里程的断头路 3.109 千米
187		Y041360734	兰田—万里	含塘	含塘	6.91	7.345	0.435	—	—	0	—	—	0	0	不计入里程的断头路 0.435 千米
188		Y041360734	兰田—万里	含塘	含塘	7.345	7.889	0.544	1999	2013	0	四级公路	水泥混凝土	3.5	5	

续表 4-1

序号	所在乡(镇)	路线代码	路线名称	起点地名	止点地名	起点桩号	止点桩号	里程（千米）	建成年份	改建年份	涵洞数量（个）	技术等级	路面类型	路面宽度（米）	路基宽度（米）	备注
189	龙廷乡	Y041360734	兰田—万里	含塘	斗晏电站	7.889	10.959	3.07	1999	2013	0	四级公路	水泥混凝土	3.5	5	
190		Y041360734	兰田—万里	斗晏电站	排上	10.959	12.959	2	1999	2013	0	四级公路	水泥混凝土	3.5	3.5	
191		Y792360734	大田—西湖	大田	大山坳	0	2.501	2.501	1985	不详	0	四级公路	水泥混凝土	3.5	4.5	
192		Y792360734	大田—西湖	大山坳	西湖	2.501	5.274	2.773	1985	不详	1	四级公路	水泥混凝土	3.5	4.5	
193		Y793360734	龙廷—斗晏	龙廷	斗晏	0	8.193	8.193	1989	2004	1	四级公路	水泥混凝土	3.5	4.5	
194		Y046360734	龙潭—贵石	县道	深坑里	0	0.568	0.568	2012	未改建	3	四级公路	水泥混凝土	3.5	5.5	
195	丹溪乡	Y001360734	枫树下—金村	枫树下	金村村入口	0	6.724	6.724	1988	2010	5	四级公路	水泥混凝土	4.5	6	
196		Y001360734	枫树下—金村	金村村入口	金村村委会	6.724	8.224	1.5	1988	2010	1	四级公路	水泥混凝土	4.5	6	
197		Y001360734	枫树下—金村	金村村委会	金村村出口	8.224	8.94	0.716	1988	2016	0	四级公路	水泥混凝土	3.5	5	
198		Y001360734	枫树下—金村	金村村出口	金村	8.94	9.448	0.508	1988	2016	1	四级公路	水泥混凝土	3.5	5	
199		Y002360734	万人桥—仰天湖	清溪村入口	清溪村出口	0	7.747	7.747	1988	2018	0	四级公路	水泥混凝土	5	6.5	
200		Y003360734	丹溪—下平村	丹溪	下平村	0	1.387	1.387	1988	2018	0	四级公路	水泥混凝土	5	6.5	

续表 4-1

序号	所在乡(镇)	路线代码	路线名称	起点地名	止点地名	起点桩号	止点桩号	里程（千米）	建成年份	改建年份	涵洞数量（个）	技术等级	路面类型	路面宽度（米）	路基宽度（米）	备注
201	丹溪乡	Y004360734	丹溪—双溪	石下	丹溪	0	4.283	4.283	1988	2018	0	四级公路	水泥混凝土	5	6.5	
202		Y005360734	龙地坪—儒地	龙地坪	旺地	0	1.323	1.323	1985	2009	1	四级公路	水泥混凝土	5	5	
203		Y005360734	龙地坪—儒地	旺地	彭溪村委会入口	1.323	4.151	2.828	1985	2009	2	四级公路	水泥混凝土	4.5	6	
204		Y005360734	龙地坪—儒地	彭溪村委会入口	银子坳	4.151	4.867	0.716	1985	2009	0	四级公路	水泥混凝土	3.5	5	
205		Y005360734	龙地坪—儒地	银子坳	彭溪村委会出口	4.867	5.003	0.136	1985	2009	0	四级公路	水泥混凝土	3.5	3.5	
206		Y005360734	龙地坪—儒地	彭溪村委会出口	儒地村入口	5.003	7.193	2.19	1989	2006	15	四级公路	水泥混凝土	3.5	5	
207		Y005360734	龙地坪—儒地	儒地村入口	儒地村出口	7.193	8.391	1.198	1989	2006	10	四级公路	水泥混凝土	3.5	5	
208	项山乡	Y020360734	湖洋—木溪	湖洋	山塘里	0	0.883	0.883	1986	2018	3	四级公路	水泥混凝土	5	6.5	
209		Y020360734	湖洋—木溪	山塘里	书坪村入口	0.883	4.925	4.042	1986	2018	6	四级公路	水泥混凝土	5	6.5	
210		Y020360734	湖洋—木溪	书坪村入口	书坪村出口	4.925	5.282	0.357	2010	2018	0	四级公路	水泥混凝土	5	6.5	
211		Y020360734	湖洋—木溪	书坪村出口	猛鬼窝	5.282	5.941	0.659	1986	2018	0	四级公路	水泥混凝土	5	6.5	
212		Y020360734	湖洋—木溪	猛鬼窝	鬼子岩	5.941	7.514	1.573	1986	2018	0	四级公路	水泥混凝土	5	6.5	

续表 4-1

序号	所在乡(镇)	路线代码	路线名称	起点地名	止点地名	起点桩号	止点桩号	里程（千米）	建成年份	改建年份	涵洞数量（个）	技术等级	路面类型	路面宽度（米）	路基宽度（米）	备注
213	项山乡	Y020360734	湖洋—木溪	鬼子岩	鬼子岩下	7.514	7.617	0.103	1980	2018	0	四级公路	水泥混凝土	5	6.5	
214		Y020360734	湖洋—木溪	鬼子岩下	木溪	7.617	8.497	0.88	1980	2018	0	四级公路	水泥混凝土	5	6.5	
215		Y022360734	小学—卢屋	项山	卢屋	0	1.588	1.588	1996	2017	3	四级公路	水泥混凝土	5	6.5	
216		Y023360734	柯树下—项山	茶田亭	中坑村入口	3.651	4.325	0.674	1999	2013	4	四级公路	水泥混凝土	4.5	6	
217		Y023360734	柯树下—项山	中坑村入口	中坑	4.325	4.722	0.397	1999	2013	1	四级公路	水泥混凝土	4.5	6	
218		Y023360734	柯树下—项山	中坑	中坑村出口	4.722	5.699	0.977	1999	2010	2	四级公路	水泥混凝土	3.5	5	
219		Y023360734	柯树下—项山	中坑村出口	项山	5.699	8.216	2.517	1999	2010	4	四级公路	水泥混凝土	3.5	5	
220	水源乡	Y031360734	胡屋—清平	联群	清平	10.659	13.543	2.884	1989	2019	0	四级公路	水泥混凝土	4	6.5	
221		Y032360734	河背—北亭	联群	北亭	0	0.547	0.547	2008	未改建	0	四级公路	水泥混凝土	4.5	6	
222		Y032360734	河背—北亭	北亭	河二	0.547	2.762	2.215	2012	未改建	5	四级公路	水泥混凝土	4.5	6	
223		Y032360734	河背—北亭	河二	坳上	2.762	2.9	0.138	1998	2010	0	四级公路	水泥混凝土	3.5	5	
224		Y032360734	河背—北亭	坳上	北亭村入口	2.9	3.392	0.492	1998	2010	1	四级公路	水泥混凝土	4.5	6	

续表 4-1

序号	所在乡(镇)	路线代码	路线名称	起点地名	止点地名	起点桩号	止点桩号	里程(千米)	建成年份	改建年份	涵洞数量(个)	技术等级	路面类型	路面宽度(米)	路基宽度(米)	备注
225	水源乡	Y032360734	河背—北亭	北亭村入口	大厅下	3.392	4.265	0.873	1998	2010	2	四级公路	水泥混凝土	4.5	6	
226		Y032360734	河背—北亭	大厅下	北亭	4.265	4.588	0.323	1998	2006	0	四级公路	水泥混凝土	3.5	5	
227		Y036360734	峡口桥—周畲	峡口桥	周畲	0	6.061	6.061	1982	2010	8	四级公路	水泥混凝土	4.5	6	
228		Y778360734	龙塘—东江源	水源	载下	0	3.006	3.006	1983	2009	0	四级公路	水泥混凝土	4.5	6	
229		Y778360734	龙塘—东江源	载下	太湖	3.006	3.634	0.628	—	—	0	—	—	0	0	不计里程断头路 0.628 千米
230		Y778360734	龙塘—东江源	太湖	大陂上	3.634	4.239	0.605	1983	2009	0	四级公路	水泥混凝土	4.5	6	
231		Y778360734	龙塘—东江源	大陂上	大陂中	4.239	4.533	0.294	—	—	0	—	—	0	0	不计里程断头路 0.294 千米
232		Y778360734	龙塘—东江源	大陂中	大陂下	4.533	4.929	0.396	—	—	0	—	—	0	0	不计里程断头路 0.396 千米
233		Y778360734	龙塘—东江源	大陂下	峰背	4.929	5.16	0.231	—	—	0	—	—	0	0	不计里程断头路 0.231 千米

续表 4-1

序号	所在乡(镇)	路线代码	路线名称	起点地名	止点地名	起点桩号	止点桩号	里程(千米)	建成年份	改建年份	涵洞数量(个)	技术等级	路面类型	路面宽度(米)	路基宽度(米)	备注
234	罗珊乡	Y027360734	梅子畲—�竹	梅子畲	�竹村入口	0	1.85	1.85	1998	2010	3	四级公路	水泥混凝土	3.5	5	
235		Y027360734	梅子畲—筹竹	筹竹村入口	筹竹村口	1.85	2.082	0.232	1998	2010	3	四级公路	水泥混凝土	3.5	5	
236		Y027360734	梅子畲—筹竹	筹竹村口	筹竹	2.082	2.147	0.065	1998	2010	0	四级公路	水泥混凝土	3.5	4.5	
237		Y028360734	华齐—上津	华齐	华齐	0	2.961	2.961	1999	2018	0	四级公路	水泥混凝土	5	6	
238		Y028360734	华齐—上津	华齐	罗珊	2.961	4.944	1.983	1999	2018	0	四级公路	水泥混凝土	5	6	
239		Y028360734	华齐—上津	罗珊	大江下	4.944	6.598	1.654	2009	未改建	0	四级公路	水泥混凝土	3.5	6.5	
240		Y028360734	华齐—上津	大江下	车田	6.598	6.715	0.117	2009	未改建	0	四级公路	水泥混凝土	3.5	6.5	
241		Y028360734	华齐—上津	车田	上津	6.715	6.884	0.169	2009	未改建	0	四级公路	水泥混凝土	3.5	6.5	
242		Y034360734	桐子角—畲田	桐子角	下寨	0	1.259	1.259	1982	2003	9	四级公路	水泥混凝土	3.5	4.5	
243		Y034360734	桐子角—畲田	下寨	下寨	1.259	3.436	2.177	2008	未改建	0	四级公路	水泥混凝土	3.5	5	
244		Y034360734	桐子角—畲田	下寨	畲田	3.436	7.193	3.757	2008	未改建	0	四级公路	水泥混凝土	3.5	4.5	
245		Y779360734	华齐—黄岗	坳上	华齐村入口	0	0.244	0.244	1968	2010	0	四级公路	水泥混凝土	3.5	5	

续表 4-1

序号	所在乡(镇)	路线代码	路线名称	起点地名	止点地名	起点桩号	止点桩号	里程（千米）	建成年份	改建年份	涵洞数量（个）	技术等级	路面类型	路面宽度（米）	路基宽度（米）	备注
246	罗珊乡	Y779360734	华齐—黄岗	华齐村入口	华齐村	0.244	0.409	0.165	1968	2010	1	四级公路	水泥混凝土	3.5	5	
247		Y779360734	华齐—黄岗	华齐村	华齐	0.409	0.434	0.025	1968	不详	0	四级公路	水泥混凝土	3.5	4	
248		Y779360734	华齐—黄岗	华齐	横坑	0.434	3.2	2.766	—	—	0	—	—	0	0	不计入里程的断头路 2.766 千米
249		Y782360734	蕉子坝—下湾	蕉子坝	下湾	0	4.838	4.838	1975	不详	4	四级公路	水泥混凝土	3.5	4.5	
250		Y783360734	泊竹—吴畲	吴畲	下贵湖	0	1.208	1.208	1990	2010	4	四级公路	水泥混凝土	4.5	6	
251		Y783360734	泊竹—吴畲	下贵湖	泊竹	1.208	5.48	4.272	1990	2010	8	四级公路	水泥混凝土	3.5	5	
252		Y783360734	泊竹—吴畲	泊竹	珊贝	5.48	8.048	2.568	1990	2010	5	四级公路	水泥混凝土	3.5	5	
253		Y783360734	泊竹—吴畲	珊贝	泊竹	8.048	18.071	10.023	1990	2018	5	四级公路	水泥混凝土	6	6.5	
合计								441.78								

注：乡道表中总里程 441.78 千米，减去不计入里程的重复里程 0.365 千米、断头路 10.942 千米，实际总里程 430.473 千米。

第二节　客运场站建设

一、县汽车客运站

二级车站，位于学习大道66号，2019年1月1日投入运行，占地面积50亩，建筑面积10824平方米，总投资6400万元，建有全县乡（镇）客运售票联网系统，发车位14个，停车位90个，日发客班300辆次，日发送旅客5000人次。2020年年底，运行长途班线16条，其中省际班线11条。

2020年寻乌县乡（镇）汽车站情况表

表4-2

站名	所处位置	建设时间		占地面积（平方米）	建筑面积（平方米）	主要设施	运营车辆（辆）	年发送旅客数（人次）
		开工年月	竣工年月					
晨光客运站	晨光圩三岔路口	2009年1月	2009年12月	1330	550	计算机售票系统设备、候车休息设备、安全消防设备	4	11220
留车客运站	留车圩	2003年1月	2004年11月	1130	460	计算机售票系统设备、候车休息设备、安全消防设备	6	21660
南桥客运站	南桥镇金三角	2006年6月	2007年11月	1330	430	计算机售票系统设备、候车休息设备、安全消防设备	10	24572
吉潭客运站	吉潭镇圩三岔路口	2008年1月	2008年12月	1330	480	计算机售票系统设备、候车休息设备、安全消防设备	6	18361
澄江客运站	澄江镇	2008年10月	2009年8月	958	276	计算机售票系统设备、候车休息设备、安全消防设备	8	22704
桂竹帽客运站	桂竹帽镇上坪村	2008年1月	2008年12月	1330	550	计算机售票系统设备、候车休息设备、安全消防设备	1	3080

续表 4-2

站名	所处位置	建设时间		占地面积（平方米）	建筑面积（平方米）	主要设施	运营车辆（辆）	年发送旅客数（人次）
		开工年月	竣工年月					
菖蒲客运站	菖蒲圩	2005 年 2 月	2006 年 1 月	1330	420	计算机售票系统设备、候车休息设备、安全消防设备	4	15613
丹溪客运站	丹溪圩	2012 年 5 月	2014 年 5 月	1850	234	计算机售票系统设备、候车休息设备、安全消防设备	1	2137
水源客运站	水源圩	2019 年 10 月	2020 年 4 月	3000	349.16	计算机售票系统设备、候车休息设备、安全消防设备	6	10584

二、物流园

寻乌县广寻现代物流园，位于学习大道北侧，占地面积 18 公顷，其中物流用地面积 13.33 公顷、物流商住用地面积 4.67 公顷，总建筑面积 13 万平方米。项目由江西广寻现代物流有限公司投资 6 亿元兴建，至 2020 年年底，已投资 4.2 亿元。园区主要功能有“一平台、四中心”（物流大数据公共信息平台和配送中心、仓储中心、后勤中心、金融结算中心），是寻乌县重要物流载体平台。园区整合域内物流与快递企业 68 家，组建开通 21 条省际物流快递专线直达、全域覆盖、全链综合物流体系，实现县城、工业园区以及 15 个乡（镇）173 个行政村“网货下村”“土货进城”购销双向流通。从 2015 年开始，寻乌成为赣州市唯一一个连续 5 年呈快递顺差的县（出去的快递单量比进来的快递单量多）。快递单量：2015 年，进 218 万单，出 267 万单；2016 年，进 448 万单，出 485 万单；2017 年，进 556 万单，出 589 万单；2018 年，进 567 万单，出 725 万单；2019 年，进 609 万单，出 798 万单；2020 年，进 700 万单，出 918 万单。

第三节　农村电网建设

2013—2020 年，国家电网有限公司向寻乌电网投入资金 76422 万元，年均电网投资 9552.75 万元。完成 15 个乡（镇）及 65 个贫困村各电压等级的电网改造，实现农村电网供电能力和电网质量全面提升。

一、贫困村农村电网改造

2016—2020 年，开展农村电网改造升级工程建设，向上争取电网改造资金 22846 万元，新建、改造 35 千伏及以下线路 1203.984 千米。根据省市供电公司安排，全面解决未与主网联网用户的通电问题，升级改造贫困村（中心村）电网，提高农村供电质量。完成长期、连片低电压治理 19752 户，保障农户用电需求，实现所有贫困村“100% 农户通生活用电、村村通动力电”。通过系统电压检测和高峰期入户实测方式，全面摸排低电压问题，合理安排项目，保障农户用电；紧扣消灭电压低于 168 伏的目标，新建配电变压器台，架设高低压线路，确保入住保障房和移民新村住户的正常用电。

二、农村供用电设施

2013—2020 年，新建 220 千伏变电站 1 座、主变压器 2 台，容量 360000 千伏安；新建 220 千伏线路 154 千米；新建、改造 110 千伏变电站 3 座、主变压器 3 台，容量 140000 千伏安，新建 110 千伏线路 118.845 千米；新建 35 千伏变电站 2 座，容量 11300 千伏安；新建 35 千伏线路 8.239 千米；新建 10 千伏开关站 1 座；新建、改造 10 千伏线路 465.507 千米，配电台区 688 台，容量 109490 千伏安，低压线路 1790.356 千米，其他自动化等项目 5 项；改造用户 88668 户。

10 千伏线路可靠率由 98.78% 提升至 99.86%，公共变压器可靠性由 95.68% 提升至 99.62%，公共变压器电压合格率由 94.92% 提升至 99.45%，全县户均容量由 0.65 千伏安提高到 2.22 千伏安，制约农村经济社会发展的电力“瓶颈”得到初步解决。

2013—2020 年寻乌县农村输变电工程建设一览表

表 4-3 单位：万元

序号	项目批次	投资金额	建设内容
1	2013 年改造升级工程	6420	新建 110 千伏留车输变电工程，新增主变压器 1 台，容量 50000 千伏安，配套新建 110 千伏斗寻线破口线路 4 千米。新建 35 千伏线路 4 千米，改造石排变 35 千伏消弧线圈。新建 10 千伏开关站 1 座。新建、改造 10 千伏线路 106.98 千米；配电台区 129 台，容量 21565 千伏安；低压线路 238.653 千米。新建成农网工程管控系统二期，供电所台区管理辅助工具 2 套
2	寻乌长宁 220 千伏输变电工程	19358	新建 220 千伏长宁变电站 1 座、主变压器 1 台，容量 180000 千伏安。新建 220 千伏雷公山（赣州南）变电站—长宁变电站 220 千伏线路 77 千米。新建 110 千伏线路工程 5 回，全线折单合计 39.6 千米
3	2014 年改造升级工程	3500	南桥 35 千伏变电站扩建工程，扩建 #2 主变压器，容量 5000 千伏安。35 千伏留丹线切改接入黄姜 110 千伏变电站 35 千伏线路 3313 米。电力通信机房扩建工程。新建南桥 35 千伏变电站至 110 千伏留车变电站 ADSS（全介质自承式）光纤线路 12.4 千米；新建 110 千伏石排变电站至 35 千伏南桥变电站 ADSS 光纤线路 10.7 千米。新建 10 千伏线路 93.482 千米；新建变台 71 台，容量 12150 千伏安，JP（智能化低压综合配电箱）柜 70 台；新建低压四线线路 87.495 千米、二线线路 25.846 千米。公用配电台区 JP 柜新增工程 247 台

续表 4-3

序号	项目批次	投资金额	建设内容
4	会昌燕子窝—寻乌长宁 220 千伏线路工程	8642	会昌燕子窝—寻乌长宁 220 千伏线路，全长 77 千米
5	2015 年改造升级工程	2000	新建、改造 10 千伏线路 32.06 千米；配变电台区 39 台，容量 5920 千伏安；低压线路 145.35 千米
6	2015 年改造工程	1200	新增主变 1 台，容量 6300 千伏安；35 千伏出线本期 2 回，10 千伏出线本期 4 回。新建 35 千伏留晨线接入菖蒲 35 千伏变线路 1.5 千米。新建、改造 10 千伏线路 18.33 千米；配电台区 6 台，容量 800 千伏安；低压线路 14.571 千米
7	2015 年农网增补工程	1473	新建、改造 10 千伏线路 11.87 千米；配电台区 33 台，容量 5930 千伏安；低压线路 92.32 千米
8	2015 年低电压治理工程	2052	新建、改造 10 千伏线路 19.7 千米；配电台区 47 台，容量 9480 千伏安；低压线路 131.96 千米
9	2015 年南桥整乡整镇改造工程	1275	新建、改造 10 千伏线路 21.683 千米；配电变台 29 台，容量 5300 千伏安；低压线路 87.87 千米。完成低电压户治理 320 户
10	汶口 110 千伏输变电工程	5378	新建汶口 110 千伏变电站 1 座，主变 1 台，容量 40000 千伏安。配套建设 110 千伏线路双回 22.085 千米
11	长宁 220 千伏变电站 2 号主变扩建工程	2278	扩建长宁变电站 2# 主变 1 台，容量 180000 千伏安

续表 4-3

序号	项目批次	投资金额	建设内容
12	2016 改造升级工程	3426	新建汶口 110 千伏变电站配套 35 千伏线路 2097 米。新建、改造 10 千伏线路 48.58 千米；配电变台 72 台，容量 10775 千伏安；低压线路 171.169 千米（其中低压电缆 1000 米）；改造户表 30000 户
13	2016 年第二批中心村建设工程	193	新建、改造 10 千伏线路 886 米；配变台区 5 台，容量 1800 千伏安；低压线路 10.736 千米
14	2016 年第三批中心村建设工程	852	新建、改造 10 千米线路 5.86 千米；配变台区 19 台，容量 3700 千伏安；低压线路 47.58 千米
15	2017 年中心村建设改造工程	4539	新建、改造 10 千伏线路 36.712 千米；配变台区 115 台，容量 18000 千伏安；低压线路 286.67 千米
16	2017 年农网改造升级工程	128	新建、改造 10 千伏线路 4.896 千米；配变台区 1 台，容量 100 千伏安；低压线路 2.58 千米
17	石排变电站 3# 主变扩建工程	597	石排变电站 3# 主变扩建 1 台，容量 50000 千伏安
18	2018 年配电网建设改造工程	1863	新建、改造 10 千伏线路 23.19 千米（含电缆 4.33 千米），其中新建 21.97 千米，改造 1.22 千米；新建、改造配变台区 24 台，容量 5800 千伏安（新建 20 台，容量 4800 千伏安；改造 4 台，容量 1000 千伏安）；改造低压线路 33.95 千米
19	留车—长宁 110 千伏线路工程	2826	新建留车—长宁 110 千伏线路工程 32.17 千米
20	2019 年中低压配电网建设改造工程（第一批）	2583	新建 10 千伏线路 29.06 千米（其中电缆 20.404 千米）；新建配变台区 20 台，容量 4550 千伏安；改造配变台区 3 台，容量 600 千伏安；配套建设、改造低压线路 65.025 千米

续表 4-3

序号	项目批次	投资金额	建设内容
21	2019 年中低压配电网建设改造工程（第二批）	979	新建 10 千伏线路 14.881 千米（其中电缆 202 米）；新建配变台区 25 台，容量 4180 千伏安；改造配变台区 1 台，容量 100 千伏安；配套建设、改造低压线路 72.924 千米
22	2019 年中低压配电网建设改造工程（预列包）	260	新建 10 千伏线路 1.76 千米（其中电缆 0.26 千米）；新建配变台区 7 台，容量 2300 千伏安；配套建设改造低压线路 10.77 千米
23	2019 年中低压配电网建设改造工程（预安排）	600	新建 10 千伏线路 11.871 千米（其中电缆 0.268 千米）；新建配变台区 10 台，容量 1800 千伏安；改造配变台区 1 台，容量 100 千伏安；配套建设、改造低压线路 30.36 千米
24	2020 年中低压配电网建设改造工程	4000	新建 10 千伏线路 13.704 千米（其中电缆 0.409 千米），改造 10 千伏线路 32.324 千米；新建配变台区 67 台，容量 12100 千伏安；改造配变台区 17 台，容量 2610 千伏安；配套建设、改造低压线路 248.496 千米
合计		76422	

2012 年、2020 年寻乌县电网数据一览表

表 4-4

序号	项目指标	2012 年	2020 年	备注
1	220 千伏变电站（座）	0	1	新建 220 千伏长变电站，于 2013 年 7 月正式投运。220 千伏长变电站 #2 主变扩建工程于 2017 年 5 月正式投运
	主变数量及容量（千伏安 / 台）	0/0	360000/2	
	220 千伏线路（千米）	0	154	

续表 4-4

序号	项目指标	2012 年	2020 年	备注
2	110 千伏变电站（座）	2	3	新建 110 千伏留车变电站，于 2014 年 5 月正式投运。新建 110 千伏澄江变电站，于 2017 年 9 月正式投运
	主变数量及容量（千伏安 / 台）	103000/3	140000/3	
	110 千伏线路（千米）	156.3	118.845	
3	35 千伏变电站（座）	11	2	新建 35 千伏三标变、菖蒲变，分别于 2013 年 1 月、2016 年 5 月正式投运。原 35 千伏留车变、澄江变分别于 2015 年 5 月、2017 年 11 月退出运行
	主变数量及容量（千伏安 / 台）	94100/19	11300/2	
	35 千伏线路（千米）	221.02	8.239	
4	10 千伏线路（千米）	1016.368	465.507	实施项目大部分是对原有的 10 千伏线路进行改造升级，对部分新增变压器架设配套 10 千伏线路
	公共变压器（千伏安 / 台）	75720/648	328299/1488	
	低压线路（千米）	2487.858	1790.356	

第四节　通信设施建设

2016—2020 年，全县建设农村通信基站 565 个，投入资金 9685.63 万元，173 个行政村实现宽带网络、手机 4G 网络全覆盖；完成 15 个乡（镇）76 个原中央苏区农村超高速无线局域网应用试点工作，距安装点 1.5 千米范围内的农户可免费接入无线网络。

2016—2020 年寻乌县通信基站建设一览表

表 4-5

运营商	2016 年		2017 年		2018 年		2019 年		2020 年	
	投资金额（万元）	建基站数（个）	投资金额（万元）	建基站数（个）	投资金额（万元）	建基站数（个）	投资金额（万元）	建基站数（个）	投资金额（万元）	建基站数（个）
寻乌移动	1188	88	282.3	23	532.43	23	823.9	45	300	5
寻乌电信	1813	121	400	32	430	25	390	21	2100	33
寻乌联通	421	56	117	9	192	17	356	39	340	28
合计	3422	265	799.3	64	1154.43	65	1569.9	105	2740	66

一、农村网络建设

2016 年起，寻乌县开展信息化扶贫工作，在农村实施“建站补站”项目，消除通信盲点。2019 年 6 月，澄江镇团丰村张屋、曾屋，水源乡深坑背，三标乡小湖岽，桂竹帽镇华星分部、龙归村社湾里，丹溪乡金村、双村 8 个自然村开通手机信号，解决自然村无信号问题；县移动公司开展 4G 弱覆盖补点工程，开通 11 个弱覆盖站点，新建、改建 4G 基站 209 个，解决项山乡、丹溪乡等偏远山村通信难的问题。8 月，在文峰乡石排村新建第一个 5G 信号基站。至此，县移动公司现网基站有 865 个，其中 2G 基站 298 个、4G 基站 427 个、5G 基站 52 个，宽带箱 7857 个，信息点 9.95 万个，4G 信号覆盖 173 个行政村。县电信公司针对信号覆盖差、4G 网络不健全的情况，于 2019 年投资建设文峰乡新罗村、河岭村、小布村、石排村，澄江镇凌富村，桂竹帽镇龙归村、上坪村、华星村，三标乡小湖岽村，罗珊乡叶畲村，项山乡上枫林村，吉潭镇剑溪村，水源乡袁屋村等 21 个基站，并优化其他基站功率，解决信号拥塞问题。为解决普通频段 4G 覆盖范围窄的问题，在乡（镇）加装 800 兆赫设备，覆盖半径由 3 千米提升至 4.5 千米，解决当地村民手机上网慢的问题，使 4G 信号覆盖率由 85%

提升至98%。电信手机语音信号覆盖所有行政村，电信手机4G上网信号覆盖98%的行政村。县联通公司建设4G基站39个，共址替换40个，完成丹溪乡彭溪村、金村村，文峰乡长举村、粽子坳，菖蒲乡铜锣村、五丰村，澄江镇凌富村、北龟形潭，桂竹帽镇等基站的建设，安装3G基站127个、4G基站74个，信号覆盖所有乡（镇）及主要交通干线、旅游风景区、重点村庄，2G、3G信号覆盖率为75%。2019年，县电信公司对15个乡（镇）机房实施宽带升万兆改造，光纤宽带覆盖所有行政村，所有设备升级为万兆；县移动公司新开通宽带站点126个，新装宽带箱967个，推动农村信息化提速；县联通公司农村宽带项目投资5万元，建设光缆交接箱2个，合作建成宽带分纤箱97个。

开展“4G+”和5G网络工程建设，至2020年年底，全县建成5G基站76个，城区实现5G网络覆盖，LTE综合覆盖率达到92.86%。宽带网络及4G通信信号覆盖全县173个行政村。

二、优惠政策

通信运营企业执行扶贫优惠政策，减轻贫困户通信费用。2019年1月起，寻乌移动公司向贫困户提供免费使用3年宽带的服务，赠送12个月（每月100分钟）通话费及100兆流量。2019年，办理扶贫换机业务1855件，贫困户4G用户渗透率为75.9%，列全市第二；扶贫资费渗透率73.3%，列全市第三。寻乌电信公司对建档立卡贫困户实行交99元两年内送每月100分钟通话时间及每月1G全国流量并送价值199元的手机的政策；为所有农户免费将宽带提速至60兆，新入网光纤宽带用户百兆起步，并赠送致富包、宽带电视、光猫机顶盒等。寻乌联通公司为贫困户赠送内含140元话费的“扶贫卡”，对套餐用户赠送100兆宽带，为全县帮扶干部和贫困户办理“惠农卡”，每户每月补贴手机话费。

三、超高速无线局域网

完成第一批、第二批原中央苏区农村超高速无线局域网应用试点建设工作，涉及15个乡（镇）76个试点村，解决农村宽带覆盖问题。在距安装点1.5千米范围内的农户可免费接入宽带网络，按每村240台的标准免费为13200户农户提供无线宽带网络服务，实现“光纤进村”全面提速。

第五节　城乡饮水设施

一、农村饮水工程

2016年2月，县水利局委托江西五方建筑设计有限公司编制完成《寻乌县农村饮水安全巩固提升“十三五”规划》。2016年3月31日，县政府批准实施该规划。至2020年年底，全县建成“千吨万人”①农村集中供水工程8个、“百吨千人”②农村集中供水工程75个、微小型农村集中供水工程128个。全县自来水普及率为92.9%，集中式供水覆盖农村居民59829户，服务人口24.43万人（其中建档立卡贫困户11449户48338人），解决农村建档立卡贫困人口饮用水安全问题。

2013—2020年寻乌县“千吨万人”和“百吨千人”农村集中供水项目一览表

表4-6

集中供水工程	序号	乡（镇）	自来水厂名称	水源类型	资产权属	日供水规模（立方米/日）	建设年份	建设投资金额（万元）	受益范围	
									户数（户）	人口数（人）
“千吨万人”农村集中供水工程	1	晨光镇	溪尾自来水厂	溪尾水	国有	1900	2014	425.49	3355	6707
	2		黄坑自来水厂	黄坑水库水	国有	2800	2014	434.30	4215	5097
	3	南桥镇	团红自来水厂	洋河山水库水	国有	1400	2012	727.34	1447	12823
	4		下廖自来水厂	金鸡岭水库水	国有	2700	2012	1507.08	6412	26640
	5	澄江镇	澄江镇北亭水厂	太湖水库水	国有	5400	2019	3869.17	7467	29310
	6	桂竹帽镇	桂竹帽自来水厂	下畲水库水	国有	900	2013	905.96	680	15163
	7	三标乡	三标自来水厂	三标水	国有	1500	2011	386.9	2365	5962
	8	龙廷乡	龙廷自来水厂	龙廷水	国有	1000	2013	544.63	855	9734

① 千吨万人：日供水量1000吨以上，或日供水人口10000人以上。
② 百吨千人：日供水量100吨以上，或日供水人口1000人以上。

续表 4-6

集中供水工程	序号	乡(镇)	自来水厂名称	水源类型	资产权属	日供水规模(立方米/日)	建设年份	建设投资金额(万元)	受益范围	
									户数(户)	人口数(人)
"百吨千人"农村集中供水工程	1	晨光镇	民裕村温泉小镇水厂	山溪水	集体	300	2017	130	140	651
	2		湖岽村自来水厂	山溪水	集体	150	2012	25	343	1241
	3		香山村自来水厂	山溪水	集体	160	2012	35	450	2100
	4		竹背水厂	山溪水	集体	180	2016	38	360	1260
	5		金龙村自来水厂	山溪水	集体	180	2018	25	358	1149
	6		金星村自来水厂	山溪水	集体	180	2017	32	390	1747
	7		龙图村自来水厂	山溪水	集体	135	2016	28	296	1089
	8		公平村自来水厂	山溪水	集体	120	2018	22	285	1259
	9		黄坑自来水厂	山溪水	集体	120	2018	82	240	878
	10		晨光镇溪尾村自来水厂	山溪水	集体	130	2016	40	350	1337
	11		河角村黄田坑自来水厂	山溪水	集体	60	2018	24	164	633
	12	留车镇	留车镇雁洋村农饮工程	山溪水	半公半私	400	2012	30	1685	6049
	13		留车镇石马村农饮工程	山溪水	集体	130	2007	30	346	1231
	14		留车镇上寨村农饮工程	山溪水	集体	180	2015	55	303	1243
	15		留车镇石贝村农饮工程	山溪水	集体	160	2015	50	463	1815
	16		留车镇余田村农饮工程	山溪水	集体	260	2017	90	520	2189
	17		留车镇飞龙村农饮工程	山溪水	集体	120	2015	34	264	1000
	18		留车镇石牛湖村农饮巩固提升工程	山溪水	集体	160	2017	53.2	255	897

续表 4-6

集中供水工程	序号	乡(镇)	自来水厂名称	水源类型	资产权属	日供水规模(立方米/日)	建设年份	建设投资金额(万元)	受益范围	
									户数(户)	人口数(人)
"百吨千人"农村集中供水工程	19	留车镇	留车镇芳田村农饮工程	山溪水	集体	180	2018	30	545	2343
	20		留车镇坰上村农饮巩固提升工程	山溪水	集体	110	2017	31	185	807
	21		留车镇族坑片区坵坊村农饮巩固提升工程	山溪水	集体	500	2018	400	1455	5820
	22		留车镇陂下村农饮巩固提升工程	山溪水	集体	120	2017	87	223	1003
	23		留车镇水背村农饮工程	山溪水	集体	130	2017	15	475	2052
	24		留车镇水背村(田坑)农饮工程	山溪水	集体	80	2018	20	250	1072
	25		留车镇佑头上村农饮工程	山溪水	集体	60	2018	65	260	664
	26	南桥镇	廷岭自来水厂	山溪水	集体	350	2017	110	443	1958
	27		冠洲自来水厂	山溪水	集体	120	2014	74	245	953
	28		黄塘程田山丰自来水厂	山溪水	集体	100	2009	40	184	800
	29		满坑村上村自来水厂	山溪水	集体	100	2013	25	187	808
	30		珠村村自来水厂	山溪水	集体	150	2013	15	350	1288
	31		罗陂村自来水厂	山溪水	集体	120	2018	35	280	1114
	32		上游村自来水厂	山溪水	集体	200	2008	100	376	1579
	33		古坑村自来水厂	山溪水	集体	180	2009	100	278	1146
	34	吉潭镇	大坜村自来水厂	山溪水	集体	150	2016	50	280	2030

续表 4-6

集中供水工程	序号	乡(镇)	自来水厂名称	水源类型	资产权属	日供水规模(立方米/日)	建设年份	建设投资金额(万元)	受益范围	
									户数(户)	人口数(人)
"百吨千人"农村集中供水工程	35	吉潭镇	兰贝村自来水厂	山溪水	集体	300	2018	120	622	1800
	36		团船村自来水厂	山溪水	集体	220	2016	100	321	1348
	37		滋溪村自来水厂	山溪水	集体	220	2016	65	558	2294
	38		篁竹湖村自来水厂	山溪水	集体	120	2017	32	285	700
	39		剑溪村自来水厂	山溪水	集体	150	2016	40	650	3000
	40		吉潭镇自来水厂	山溪水	集体	150	2016	50	280	2030
	41	澄江镇	澄江镇王屋村农饮工程(圩镇水厂)	山溪水	集体	500	1993	26	1900	10805
	42		澄江镇凌富村农饮工程	山溪水	半公半私	220	2018	20	850	3502
	43		澄江镇北亭村大顶下供水工程	山溪水	集体	250	2005	45	520	1750
	44		澄江镇桂岭村农饮巩固提升工程	山溪水	集体	120	2017	133.88	485	2095
	45		澄江镇大墩村农饮巩固提升工程	山溪水	集体	250	2017	105	695	2797
	46	桂竹帽镇	高头村李坑自来水厂	山溪水	集体	300	2014	32	425	2300
	47		蕉子坝村自来水厂	山溪水	集体	200	2015	9.1	330	1986
	48		龙归村南坑里自来水厂	山溪水	集体	200	2015	20	250	1300
	49		白面石村白面石自来水厂	山溪水	集体	170	2015	90	56	255
	50	文峰乡	长布村自来水厂	山溪水	集体	250	2014	82.38	435	2105
	51		长岭村自来水厂	山溪水	集体	150	2018	130	346	1394

续表 4-6

集中供水工程	序号	乡(镇)	自来水厂名称	水源类型	资产权属	日供水规模(立方米/日)	建设年份	建设投资金额(万元)	受益范围	
									户数(户)	人口数(人)
“百吨千人”农村集中供水工程	52	文峰乡	长溪村磨刀坑自来水厂	山溪水	集体	150	2018	121	356	1384
	53		东团村自来水厂	山溪水	集体	150	2010	42.3	460	1441
	54		东团村上坝土伦坑自来水厂	山溪水	公私合营	170	2014	20.08	595	2201
	55	三标乡	甲子乌村自来水厂	山溪水	集体	200	2017	87.5	205	762
	56		三标村自来水厂	山溪水	集体	300	2000	25	527	2255
	57		胡屋村自来水厂	山溪水	集体	150	2010	19	186	787
	58		富寨村自来水厂	山溪水	集体	200	2017	80	293	1025
	59	菖蒲乡	徐溪村自来水厂	山溪水	集体	140	2008	35	178	658
	60		五丰村自来水厂	山溪水	集体	200	2009	42	480	1929
	61		黄砂村自来水厂	山溪水	集体	260	2005	53	512	2063
	62		菖蒲乡铜锣自来水厂	山溪水	集体	400	2009	47	950	3838
	63		坪岗村自来水厂	山溪水	集体	140	2018	62	406	1644
	64	丹溪乡	彭溪村水尾径水厂	山溪水	集体	200	2018	50	290	1307
	65		柑子坪水厂	山溪水	集体	100	2016	25	80	338
	66		万丈深坑自来水厂	山溪水	集体	120	2018	30	270	1015
	67		拖竹岭下	山溪水	集体	150	2018	97.90	436	1844
	68		丹溪村培风文塔集中供水点	山溪水	集体	160	2012	15.16	348	1316
	69		丹溪乡恒清集中供水厂（圩镇）	山溪水	集体	120	2017	80.99	242	835

续表 4-6

集中供水工程	序号	乡(镇)	自来水厂名称	水源类型	资产权属	日供水规模(立方米/日)	建设年份	建设投资金额(万元)	受益范围	
									户数(户)	人口数(人)
“百吨千人”农村集中供水工程	70	项山乡	聪坑村寨背水厂	山溪水	集体	120	2018	40	255	1020
	71		桥头村坑尾自来水厂	山溪水	集体	260	2016	35	425	1556
	72		项山村自来水厂	山溪水	集体	600	2015	40	650	258
	73	水源乡	径口水厂	山溪水	集体	200	2018	82	253	944
	74		龙塘村水厂	山溪水	集体	600	2011	35	1480	6260
	75	罗珊乡	罗珊乡自来水厂	山溪水	集体	600	1998	20	920	1500

二、供水管理

2019 年，县政府办印发《寻乌县农村集中供水工程运行管理办法》《寻乌县农村集中供水工程运行管理考评办法》《关于进一步加强农村集中供水工程运行管理指导意见》；成立寻乌县农村集中供水工程运行管理中心，负责全县农村集中供水工程建设、运行、管理和监督工作；乡（镇）成立供水工程运行管理站，负责本乡（镇）辖区内农村集中供水工程建设、运行、管理和监督工作；行政村设立供水运行管理小组，建立村民用水协会，协助乡（镇）管理站做好矛盾调处、水费催缴、运行管理等工作。

按照“县政府领导，乡（镇）主体，水利局主管，部门协助”的要求，县财政局负责运行管理单位财务监督管理工作，县卫健委负责工程卫生与水质监测工作，县环保局负责监督指导水源地污染防治与保护工作，县发改委负责核定供水水价，县市场监督管理局负责水价执行情况的监管，供电公司落实优惠电价电力保障工作，县审计局负责监督审计经费使用管理工作，县农业农村局负责村级水厂各项经费使用管理工作。水厂落实“三个责任人”（政府主体责任人、行业监督责任人、运行管理责任人），各乡（镇）供水单位设立专职管理人员，全县配备水厂管理员 235 人。

第五章

产业扶贫

寻乌县境内发展柑橘种植，具有得天独厚的自然条件。20 世纪 60 年代开始，寻乌县利用山地资源优势发展柑橘种植。1991 年，寻乌县制定“希望在山，在山上再造一个高效益的新寻乌”“兴果富民”发展战略，掀起果业开发热潮。1997 年，寻乌县在全省率先实现农业人口人均一亩果，寻乌柑橘产业在农民脱贫致富中发挥了巨大作用。2013—2015 年，柑橘黄龙病暴发，寻乌县砍除柑橘病树 1.8 万公顷，柑橘面积减少，农民收入下降。为顺应产业发展需要，中共寻乌县委、寻乌县政府提出“柑橘为主，多元发展”思路，聘请专家、整合资金，恢复柑橘种植，调整种植、养殖结构，发展百香果、猕猴桃、甜柿、鹰嘴桃、蔬菜、红薯、花生、大豆、油茶、肉鸡、山羊、肉牛、养蜂等产业，开发乡村旅游和电子商务、光伏发电产业，培育开办农业保险，使农户增加收入，实现脱贫。

第一节　农林产业扶贫

一、果业

产业基础　1999 年，全县果业总产值超过粮食总产值，果业及其相关产业成为整个县域经济中比重最大、分量最重、效益最好的第一大支柱产业。2001 年，全县果品总产量达 9 万吨，实现总产值 2.04 亿元。“十一五”时期，果业规模不断壮大，逐步呈现“品种特色化、基地规模化、生产标准化、经营产业化、投入科技化”的特征，围绕“果业现代化”这一核心，细化科技、设施、人才三要素，通过“现代设施、现代科技、现代标准、现代组织、现代农民”的推广或培育，实施现代农业科技示范园、“一村一品”

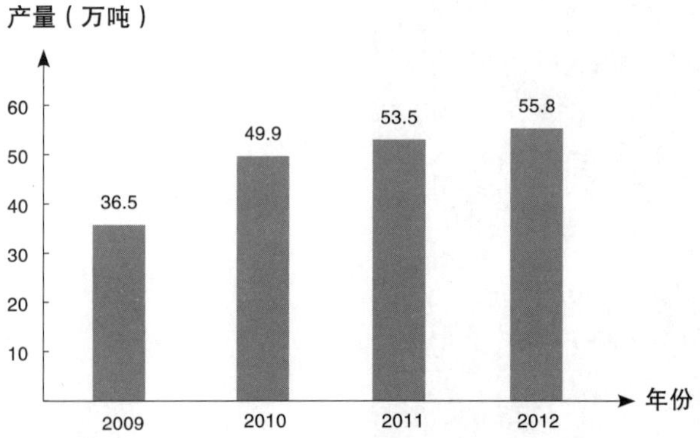

图 5-1　2009—2012 年寻乌县果业总产量图

示范村镇、现代农业科技带头人等示范建设活动，实现“由单纯规模扩张向提质增效转变，由以中熟品种为主向早中晚品种合理布局转变，由以鲜销为主向鲜销、贮藏、加工兼顾转变”。

2011年，果业产量突破50万吨，总产值突破10亿元。2012年，寻乌柑橘种植面积达到2.98万公顷。果业发展带动第二、三产业的发展，增加就业，促进全县经济快速增长，带动广大农民群众脱贫致富。果业成为真正的富民产业。

至2013年，寻乌县吸引38家果品加工企业落户投产，生产加工能力达850吨/小时，仓储能力达15万吨。产品由单纯的分级、打蜡、包装向冷藏、脐橙糕、香精香料、中药材等延伸，企业的果品加工研发能力有效提升，延长果品上市周期，提高果品溢价，增加了果农收入。

在开拓果品市场方面，寻乌县不断创新营销机制，走品牌化营销之路。在统一使用“赣南脐橙”商标的基础上，充分利用“赣南脐橙”“寻乌蜜桔”国家地理标志保护产品和中国驰名商标的品牌效应，积极开拓市场，创建“农超对接”和“电子商务”等营销模式，让寻乌的果品不仅畅销全国各地，还远销俄罗斯、加拿大等国家和东南亚地区。

2013—2015年，柑橘黄龙病暴发，被砍除的柑橘病树面积占果业面积的60%。为顺应群众发展产业的意愿，县委、县政府作出“柑橘为主，多元发展”的决策部署，按照“政府引导、群众自愿、分类实施”的原则，推进柑橘产业扶贫，引导贫困群众恢复发展柑橘产业，增加贫困群众产业收入。

产业奖补 2017年8月，县委、县政府印发《寻乌县柑橘扶贫专项实施方案（试行）》。明确贫困户符合复种条件恢复柑橘种植的，经村、乡（镇）和县果业局、县扶贫和移民办同意许可种植柑橘的，按《寻乌县柑橘产业恢复种植的实施意见》规定，给予300元/亩的一次性

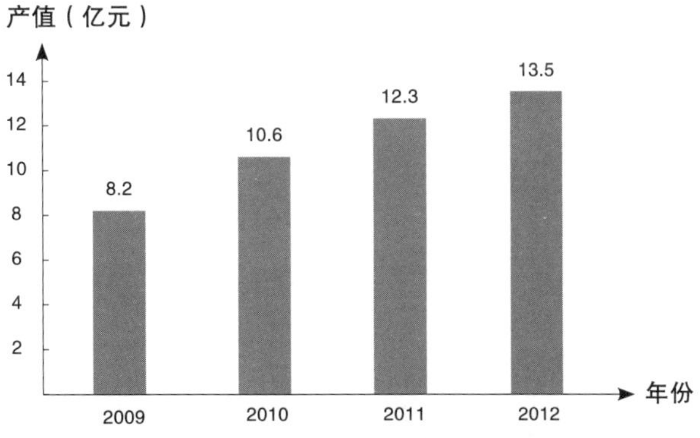

图5-2 2009—2012年寻乌县果业总产值图

补助；苗木供应实行“先买后补”，免费供应柑橘无病毒容器苗，每户供应苗木株数限定在300株以内；搭建假植网棚的，采取“先建后补”的方式，标准钢架棚给予3元/株的一次性补助，简易棚给予2元/株的一次性补助；种植山顶“戴帽林”及果园隔离防护林达到验收标准的，给予300元/亩的一次性补助；符合柑橘复种条件的，给予金融信贷扶持及贴息补助。对尚有收益且柑橘黄龙病防控较好的在册贫困户，主动清除病树，配合乡（镇）、村柑橘黄龙病防控工作的，给予100元/亩的一次性补助；贫困村建设柑橘扶贫种植基地，且符合标准化生态建园要求的，优先列为市、县柑橘标准化生态示范园建设点，给予300元/亩的一次性补助；吸纳10户以上贫困户劳动就业，持续就业时间在10个月以上的，按贫困人口50元/人·年的标准给予补助。

2018年9月，县委办公室、县政府办公室印发《关于推进柑橘产业恢复助推脱贫攻坚的实施意见（试行）》，按照“严防控，抓复种，做示范，强品牌，促增收”的工作思路，创新利益联结机制，坚持“工作向贫困户聚焦，政策向贫困户倾斜”的原则，引导建档立卡贫困户积极恢复柑橘种植，确保群众有长期稳定收入。对新恢复种植的贫困户，符合复种条件，并经村、乡（镇）验收合格的，给予500元/亩的一次性建园补助；苗木供应按“先买后补”程序，免费供应无病毒容器苗木或假植一年以上柑橘无病毒大苗（大苗株数限定在150株/户以内），2017年已享受苗木补助的不得重复享受此项奖励政策；种植山顶“戴帽林”及果园隔离防护林达到验收标准的，经林业部门验收合格，给予500元/亩的一次性补助；符合复种条件的，给予金融信贷扶持及贴息补助。尚有收益且柑橘黄龙病防控较好的贫困户，主动清除病树，配合乡（镇）、村做好柑橘黄龙病防控工作的，给予100元/亩·年的补助；农户申报苗木供应后，按“先买后补”程序，免费供应无病毒容器苗木或假植一年以上柑橘无病毒大苗（大苗株数限定在150株/户以内），2017年已享受苗木补助的不得重复享受此项奖励政策；贫困户一年内累计享受农业产业奖补金额（含柑橘产业扶贫补助款）限定在6000元以内。

非贫困户（企业、合作社）符合复种条件的，经申报后，按“先买后补”程序，免费供应无病毒容器苗木。建园的，按建园标准质量高低分类给予补助：柑橘标准化精品样板示范园，经市级验收合格后，给予20万元补助；市级柑橘标准化生态示范园，经市级验收合格后，给予10万元补助；县级柑橘标准化生态示范园，经县级验收合格后，给予5万元补助；其他基地补助参照县农业产业基地建设有关文件执行。种植山顶“戴帽林”及果园隔离防护林达到验收标准的，经林业部门验收合格后，给予500元/亩的一次性补助；对新获得认证的无公害农产品、绿色农产品、有机农产品，分别给予2万元、3万元、3万元的一次性奖励，对获得中国驰名商标的企业给予10万元的一次性奖励。对有自主品牌的柑橘营销类电商企业，年销售额在1000万元以上的给予2万元的一次性奖励；对不配合柑橘黄龙病防控工作，造成失管、半失管果园的种植户或合作社、联合体，乡（镇）建立台账，将其列入“黑名单”管理，并取消其享受农业产业补助政策（含柑橘产业补助政策）的资格。

贫困村建立集中柑橘苗木假植扶贫基地，用于集中假植贫困户大苗所建大棚，给予20元/平方米（面积按每户贫困户150株以内，每亩假植3000株测算，超出部分不予补助）的一次性补助，2017年已享受苗木补助和网棚补助的贫困户不再列入集中假植扶贫基地。假植苗木抚育，按8元/株的标准给予一次性补助。通过政策激励，全县8304户贫困户参与发展柑橘产业，贫困户柑橘产业覆盖率达67.65%，发挥柑橘产业扶贫在产业扶贫中的主导和引擎作用。

产业提升　2019年2月，为巩固柑橘产业扶贫成效，提升贫困村和贫困人口发展柑橘产业的能力，有效拓宽农村贫困人口增收致富渠道，实现高质量脱贫，确保2020年全面建成小康社会，寻乌县柑橘扶贫工作领导小组印发《柑橘扶贫后续巩固提升三年计划实施意见》，明确把柑橘扶贫作为稳定脱贫的主要依托和根本措施，激发贫困户内生动力，引导贫困户发展柑橘产业，参与柑橘扶贫项目，促进贫困户长期稳定脱贫。4月，为加快柑橘产业升级发展步伐，全面提升产业竞争力，促进群众持续增收，巩固提升脱贫成效，助推乡村振兴，县委办公室、县政府办公室印发《2019年度柑橘产业升级发展实施方案》《柑橘扶贫后续巩固提升工作方案》，明确延续执行县委办公室、县政府办公室印发的《关于推进柑橘产业恢复助推脱贫攻坚的实施意见（试行）》中的柑橘扶持政策，鼓励有能力、有意愿的贫困群众规范柑橘种植，延续柑橘扶贫政策，确保全县在册贫困户柑橘产业覆盖率在68%以上。

2017—2020年，寻乌县组织技术人员、乡村干部、柑橘种植农户到外地现场学习1次，举办技术培训班9期，培训1万人次。2018—2019年，县政府下发柑橘扶贫资金2477.5万元；向符合种植条件的966户贫困户发放柑橘大苗14.49万株；建设53个村级柑橘苗木假植扶贫基地，假植苗木916800株，受益贫困户6112户。截至2020年，全县共成立民间柑橘研究会、果业科普协会125个，会员18650人。

二、农业结构调整

新品种种植 针对黄龙病对柑橘产业造成的影响，县政府聘请江西农业大学、华中农业大学等高校的专家、教授，对柑橘产业情况和今后产业发展方向进行调研，制定《寻乌县产业结构调整实施方案》，提出稳定柑橘种植，发展百香果、猕猴桃、甜柿、鹰嘴桃等产业，鼓励种植蔬菜、花生、大豆等经济作物的发展方向。出台《寻乌县2015年产业扶持实施方案》，以及百香果、红薯、甜柿产业扶贫实施意见和调整贫困户产业发展奖补标准等一系列政策措施，引导和鼓励贫困户发展种植产业。2015—2020年，发放贫困户产业奖补（剔除柑橘产业）60096户次9208万元。2020年，全县建有产业扶贫基地280个，有产业扶贫合作社171家、农业新型经营主体939个。

2015—2020年寻乌县农业新产业发展情况表

表5-1

年份	奖补资金（万元）	补助农户（户次）	产业扶贫基地（个）	产业扶贫合作社（家）	农业新型经营主体（个）
2015	576	4491	12	6	—
2016	998	11075	—	—	—
2017	1266	9831	80	62	623
2018	2652	13332	190	142	751
2019	1490	9465	210	—	910
2020	2226	11902	280	171	939

2016—2020 年寻乌县农业新产业种植面积一览表

表 5-2　　　　　　　　　　　　　　　　　　　　　　　　　　单位：亩

年份	百香果	猕猴桃	甜柿	鹰嘴桃	蔬菜、花生、大豆、西瓜等经济作物	备注
2016	8600	12000	—	—	—	搭建大棚 500 亩
2017	18000	5000	—	—	—	
2018	27000	2000	3000	—	36500	
2019	40000	22000	1000	5000	79880	
2020	42000	—	500	3000	82000	搭建大棚 1254 亩

产业奖补　2015 年，产业扶持实施方案中明确对贫困户当年新种植连片一亩以上的红薯、猕猴桃、油茶、部分传统落叶果实行分类奖补。发放贫困户产业奖补资金 4491 户次 576 万元，养殖类涉及生态肉鸡、牛、羊、生猪等。全县有产业扶贫基地 12 个、产业扶贫合作社 6 家。

2016 年，寻乌县确定重点发展百香果、蔬菜、猕猴桃、油茶等产业。举行各类培训班 12 期，培训 6000 多人次，当年发展百香果 573.33 公顷、猕猴桃 800 公顷；引进山东客商搭建蔬菜大棚 33.3 公顷，引领带动周边贫困户 250 户。发放贫困户产业奖补资金 11075 户次 998 万元。

2017 年，优化产业扶持方案，提高产业奖补力度。通过对扶贫产业的产前、产中、产后服务，百香果、红薯、猕猴桃产业特别是百香果产业发展规模不断壮大。当年新种植百香果 1200 公顷、红薯 2266.7 公顷、猕猴桃 333.33 公顷，全县建有产业扶贫基地 80 个，有产业扶贫合作社 62 家（有发展产业意愿的贫困户全部加入合作社）、农业新型经营主体 623 个。发放贫困户产业奖补资金 9831 户次 1266 万元。

2018 年，出台多个产业扶贫政策文件，提高产业奖补标准，引导和鼓励贫困户发展特色产业。当年新种植百香果 1800 公顷、红薯 2433 公顷、甜柿 200 公顷、猕猴桃 133.33 公顷，建有产业扶贫基地 190 个，有产业扶贫合作社 142 家（有发展产业意愿的贫困户全部加入合作社）、农业新型经营主体751个。发放贫困户产业奖补资金13332户次2652万元。

2019年开始，开展为期3年的产业扶贫巩固提升工作，继续实施扶贫政策。2019年年末，全县有产业扶贫基地210个、农业新型经营主体910个；种植蔬菜、花生、大豆、西瓜等经济作物5300多公顷，猕猴桃1466.67公顷，百香果2666.67公顷，鹰嘴桃333.33公顷，甜柿66.67公顷，哈密瓜20公顷；养殖蜜蜂46000箱。替代性产业如猕猴桃、百香果、蔬菜、鹰嘴桃、甜柿种植和养蜂、肉兔养殖等初具规模，其中百香果、猕猴桃种植规模位居全市前列。发放贫困户产业奖补资金9465户次1490万元。

2020年，继续实施扶贫政策，发放产业奖补资金11902户次2226万元。年末，全县有产业扶贫基地280个、产业扶贫合作社171家、农业新型经营主体939个。

三、农副产品加工

2016年以前，寻乌县的农副产品加工主要是柑橘清洗、包装、仓储等。2016年，引进广东客商兴办江西龙橙果业有限公司、寻乌颍川堂绿色食品有限公司等企业，对脐橙、百香果进行深加工。2016年6月，兴办寻乌县羊角园小米辣椒专业合作社联合社，联结农户786户，其中贫困户131户。2018年，引进赣州巧耕人家农业发展有限公司兴办蔬菜加工企业，联结农户260户，其中贫困户86户；引进龙脑樟精深加工业，在全县种植龙脑樟1.8万亩，生产冰片、龙脑油等，联结贫困户168户。2019年，引进浙江蜂蜜加工企业。

第二节　养殖业扶贫

2016年2月，县委办公室、县政府办公室印发《关于进一步调整农业产业结构促进农业产业转型发展意见》，对贫困户养殖实行奖补。贫困户养殖生猪5头以上，补助标准为50元/头；新养殖牛1头以上，补助标准为800元/头；新养殖羊3头以上，补助标准为500元/头；新养殖肉兔30只以上，补助标准为2元/只；新养蜂20箱以上，按50元/箱的标准给予一次性补助。一般农户新养蜂50箱以上，按30元/箱的标准给予一次性补助。符合贷款条件的贫困户给予5万元以内信贷扶持，50%贴息补助，贴息期不超过2年。

一、传统畜禽养殖

2017年，贫困户养殖生猪存栏3.5万头，出栏4.5万头。2018年，受非洲猪瘟的影响，生猪饲养量下降。2019年，贫困户养殖生猪存栏0.3万头，出栏0.43万头；饲养家禽26.53万羽，户均增收750元。2020年，有829户贫困户养牛，存栏3800头，出栏4960头，户均增收932元；有681户贫困户养羊，存栏16437头，出栏15286头，户均增收860元。2020年，全县农户养殖生猪出栏135120头，存栏123000头；饲养家禽出栏437.85万羽，存栏227.06万羽；养兔2.78万只。

二、蜜蜂养殖

2016—2020年，全县成立养蜂专业合作社83个，入社成员6308户，其中贫困户3726户。贫困户共养殖蜜蜂44628箱，年产值1135万元，户均增收1360元/年。

三、水产养殖

2015—2020年，全县贫困户水产养殖面积180亩，年产值40.5万元。水产养殖业覆盖贫困村62个，带动贫困户123户369人，户均增收1490元/年。

第三节　光伏产业扶贫

光伏发电是在全国推广应用的新能源产业。寻乌县利用农村荒山、农户屋顶建设光伏发电站，发电收益全部纳为村级集体收入，并根据上级有关政策制订年度使用计划，让贫困户从中得到部分收益或得到帮扶。

一、项目实施

2016年，寻乌县对建档立卡贫困户实行光伏扶贫。2017年2月，全县182个村（居）兴建第一批村级光伏扶贫电站，2017年6月底并网发电，总装机容量26.5兆瓦，光伏电站上网电量享受0.98元/千瓦时的标杆电价。2018年，完成7.8兆瓦光伏扶贫电站扩面工程。至2019年年末，全县光伏扶贫电站项目建设总容量38.9兆瓦。其中，村级光伏扶贫电站总容量35.2兆瓦，分布在全县

15个乡（镇）184个村（居委会）；屋顶自然人光伏电站总容量3.7兆瓦，其中201户建档立卡贫困户安装容量超过1兆瓦。2019年，全县230个村级光伏扶贫电站累计发电3506.98万千瓦时，国网公司结算上网电费1452.94万元，年度国家补贴1567.77万元，发电效益3340.25万元。户用屋顶光伏扶贫电站户均收益5000元。全国扶贫开发信息系统经过3次开放录入，将村级光伏扶贫电站35.2兆瓦全部录入全国扶贫开发信息系统。其中，188个村级光伏扶贫电站，计27.4兆瓦，被纳入财政部可再生能源电价附加资金补助目录。

二、光伏效益

县政府办公室印发《寻乌县村级光伏扶贫电站收益分配管理办法》，全县35.2兆瓦村级光伏扶贫电站收益覆盖全县建档立卡贫困户。各乡（镇）结合实际，制定村级光伏扶贫电站收益分配管理办法，完善收益分配机制。2017—2018年，全县贫困户从中获直接收益1820万元，户平均收益1490元。2019年，寻乌县光伏扶贫工作领导小组办公室出台《寻乌县村级光伏扶贫电站日常运维考核管理办法》，实行差异分配，根据日常管理及电站效益情况分别落实到各乡（镇）、村，由乡（镇）、村根据实际情况按规定进行分配。

三、运行维护

寻乌县扶贫开发公司负责全县光伏扶贫电站的运营管理，聘请专业技术人员和光伏电站村级管理员，建设在线监控平台，确保光伏扶贫项目安全稳定运行，发挥扶贫效益。

第四节　电子商务扶贫

寻乌县坚持以“市场主导、政府推动、示范带动、集聚发展”为原则，以线上线下、农村电子商务、品牌建设、品控溯源、人才培训为重点，创优电子商务发展环境，创建电子商务强县。2019年，全县有电子商务企业500多家，其中赣州市电子商务示范企业7家，小微电子商务从业人员3000多人，电子商务年交易额超过10亿元。至2020年年末，全县涉及电子商务业务的企业有797家（其中市级电子商务示范企业8家），发展大小网商（店）3000家（包括手机及电脑端用户），电子商务年交易额10亿元。

一、电子商务网络

2013—2020年，全县建有电子商务公共服务中心1个、乡（镇）分运营中心15个、村级服务站点163个，覆盖65个贫困村，形成覆盖县、乡、村三级的网络体系。县一级设立县域公共服务中心，提供县域电商公共服务；乡（镇）及村级电商服务站点以小卖店、超市、村邮站等为载体，提供代购代销和日用生活消费品、农资以及快件接取送达等服务。

二、电子商务培训

寻乌县政府采取多种形式对农户开展技术培训。2013—2020年，共培训12317人次，其中贫困户3803人次。以寻乌县中等职业技术学校为基地，举办各类电子商务培训班106场次，采取“理论+实践+后续跟踪服务”的培训模式，培训345人次，其中贫困户71人、村干部20人；县直相关单位联合举办电子商务基础培训班，培训200人次；联合京东、淘宝等企业开展“土货出山、电商下乡”扶贫活动，免费培训200人次。

三、农产品销售

寻乌县政府与阿里巴巴集团、中国邮政集团有限公司等企业合作，宣传寻乌农特产品，帮助农户网上销售柑橘、百香果、高山茶油等农特产品。2013—2020年，通过电子商务服务站点销售农特产品，销售额超10亿元，其中扶贫农特产品销售额超4亿元。

四、电子商务产业园

寻乌县通过招商引资方式，建成集开发、运营、管理于一体的综合性电子商务协同发展产业园，设立电子商务综合公共服务中心、电子商务培训中心、微商创业中心、休闲区、文创书吧、电子商务孵化器、农产品检验检测和标准化建设仓储流通中心、农产品线下交易及线下体验区等功能区域，可容纳电子商务及相关配套企业200家，直接提供创业、就业岗位2000个。2013—2020年，通过电子商务产业链覆盖带动57000人实现创业就业、增收致富，其中贫困人口超过13000人。

第五节　生态扶贫

一、生态建设

2016年，寻乌县制订《生态建设攻坚行动计划》，对水土流失、废弃矿山治理、矿山开采、工业污染、农业面源污染等方面作出规定。2018年，省政府出台《江西省生态保护红线划定方案》。2018年年底，寻乌县生态空间保护红线划定总面积985.1平方千米，占全县总面积的41.89%。其中，一级管控面积32.5平方千米，占全县总面积的1.38%；二级管控面积952.6平方千米，占全县总面积的40.51%。

二、生态保护区

编制113个百吨以下乡村集中式饮用水水源保护区划定技术报告，对全县65个千人以上饮用水源编制保护规划，划定保护区，设立界碑和界址，建设保护网。

三、自然保护区

2003年，划定4个县级自然保护区：东江源县级自然保护区，面积16733.3公顷，范围包括三标乡东江源村、图岭村、长安村、甲子乌村，水源乡太湖村、周畲地、载下村、龙塘村；张天堂县级自然保护区，面积789公顷，范围包括澄江镇桂岭村、寻乌县生态公益林场国有林；项山甑县级自然保护区，面积1200公顷，位于项山乡聪坑村；阳天嶂县级自然保护区，面积635公顷，范围包括龙廷乡西湖村、丹溪乡岑峰村。2016年3月，省政府对4个县级自然保护区予以认定。

四、崩岗治理

经2005年崩岗调查，确定寻乌县崩岗总数为2149处，总面积2147.77公顷。寻乌县根据《南方崩岗防治规划（2008—2020年）》和《江西省崩岗防治规划》，将2040处崩岗（约占县崩岗总面积的95%）列入治理规划，总投资20400万元，其中中央预算内投资16320万元，地方配套资金4080万元。“十二五”期间，寻乌获得国家崩岗专项规划治理投资7650万元。2016—2020年，寻乌县崩岗治理总投资12750万元，按中央资金8万元/座与地方配套2万元/座的比例进行投资。

寻乌县以崩岗为治理单元，开展崩岗控制性治理，采取工程措施和植物措施相结合，治理与保护并重，结合崩岗内、崩壁、沟头防护治理、坡面水系整治等措施，改善生态环境和农业生产条件。

2011 年，投资治理南桥项目区 143 万元，其中中央预算内投资 100 万元，地方配套资金 43 万元。治理崩岗 25 处，综合治理面积 10.8 公顷，完成水土流失治理任务 10.79 公顷，其中营造水土保持林 1.93 公顷，种植经济果树林 2.33 公顷，种草 4.33 公顷，封禁 2.2 公顷，建蓄水池 25 口、沉砂池 25 口、谷坊 25 座、沟渠 2.5 千米、道路 2.5 千米，立碑牌 10 块。2013 年，治理重点项目投资 72 万元，其中中央预算内投资 50 万元，地方配套资金 22 万元。治理崩岗 14 处，综合治理面积 49 公顷，其中营造水土保持林 39 公顷，种草 10 公顷，修筑谷坊 14 座、拦沙坎（坝）1 座、挡土墙 130 米，开挖水平条带 5.76 千米、沟渠 0.4 千米，修建田间道路 0.8 千米，修建沉砂池 4 口。2014 年，遵循“规模治理、重点投入，建设一处、见效一处”的原则，因害设防、综合治理，以谷坊工程为主，结合崩岗内、崩壁、坡面水系治理，加大水土保持林营造力度，注重水源涵养林培育，减少泥沙下泄量。年度工程项目地点为南桥镇黄坝村佛子岗下，投资 72 万元整治崩岗 14 处，其中中央预算内投资 50 万元，省、市配套资金 22 万元。用于谷坊工程的投资 49 万元，用于林草工程的投资 14 万元，设计、监理等其他费用 9 万元。治理水土流失面积 15.24 公顷，其中建谷坊 14 座，营造水土保持林 7.62 公顷，种草 7.62 公顷。

2009—2020 年寻乌县水土流失治理情况表

表 5-3

年份	小流域名称	治理面积（平方千米）	备注
2009	小田小流域、石排小流域、满坑小流域	18.59	

续表 5-3

年份	小流域名称	治理面积（平方千米）	备注
2010	小田小流域、石排小流域、满坑小流域、南桥小流域	14.38	
2011	小田小流域、石排小流域、满坑小流域、南桥小流域	12.20	
2012	小田小流域、团建小流域、石贝小流域、芳田小流域、大田小流域、南桥小流域、石排小流域、满坑小流域	73.90	
2013	九曲湾小流域、柯树塘小流域、黄坝小流域	14.00	
2014	九曲湾小流域、柯树塘小流域、黄坝小流域	15.50	
2015	九曲湾小流域、图合小流域、柯树塘小流域、黄坝小流域、余田小流域	18.60	
2016	九曲湾小流域、图合小流域、柯树塘小流域、黄坝小流域、余田小流域、2014 年度东江源国土江河综合整治试点水土保持项目（12 个标段）	71.45	重点治理工程治理面积 22 平方千米，2014 年度东江源国土江河综合整治试点水土保持项目治理面积 49.45 平方千米
2017	柯树塘小流域、寻乌县柯树塘废弃矿山环境综合治理与生态修复工程Ⅱ标段	30.40	重点治理工程治理面积 30 平方千米，山水林田湖草项目治理面积 0.4 平方千米
2018	东团小流域、圳背小流域、岭阳小流域、寻乌县柯树塘废弃矿山环境综合治理与生态修复工程Ⅲ、Ⅳ标段	22.20	重点治理工程治理面积 19 平方千米，山水林田湖草项目治理面积 3.2 平方千米

续表 5-3

年份	小流域名称	治理面积（平方千米）	备注
2019	坳背小流域、东团小流域、岭阳小流域	30.00	
2020	坳背小流域、九曲湾流域、龙图小流域	27.00	
合计		348.22	

五、废弃矿区治理

2008 年开始，寻乌县按照“宜耕则耕、宜林则林、宜水则水、宜工则工”的原则，积极推进废弃矿山地质环境治理和土壤污染生态修复工程，改善矿区生态环境，鼓励社会资本和当地农民投资在废弃矿区种植经济林和其他林木。寻乌县按照“谁开发、谁受益”的原则，稳定山地经营权，对投资废弃矿区种植林木的给予资金补贴，办理林权证。

2015 年，寻乌县开展废弃稀土矿山治理示范点建设。县政府邀请中国环境科学研究院、省环境科学研究院、南昌申祇生态农业发展有限公司和广东中联兴环保科技有限公司等环境治理专业部门、单位参与废弃稀土矿治理，设立科研示范点，面积 6.66 公顷，为寻乌废弃矿区治理提供技术支持。2016 年，寻乌县全面推广废弃矿区治理技术，陆续对文峰乡双茶亭、柯树塘、涵水、园墩背、上甲，留车镇陂下角，龙廷乡窖子坑，吉潭镇林田坝、剑溪天湖下，澄江镇乌坑，南桥镇沙子角、上游等废弃稀土矿区进行环境治理和生态修复，修复面积 14.3 平方千米，其中 4.5 平方千米建成工业用地。

六、村庄环境整治

2005 年，寻乌县开展新农村建设工作，全县 1566 个村（组）为新农村建设点，完善基础设施和公共服务配套设施，美化村庄风貌，提升公共服务能力；开展“清洁家园、自己动手”“清洁村（居）”“星级卫生文明户”“垃圾分类”“赣南新妇女运动”等活动，营造整洁、优美、健康、和谐的生活环境。2016 年开始启动村庄规划编制工作，65 个贫困村村庄规划及 66 个非贫困村村庄规划于2017年完成编制并经县政府批复。至2019年年底，完成全县173个行政村1066个自然村的村庄调查分类，完成131个行政村的村庄规划编制。2015—2018年，清除非正规垃圾堆放点13处，农村环境卫生进一步好转。每年投入资金7100万元，建立“户分类、村收集、乡（镇）转运、县处理”的城乡一体化垃圾处理体系。2019年3月开始，实行城乡环卫一体化，采取政府购买服务方式，将全县乡村环境卫生保洁交由专业公司负责。

七、生活污水治理

2015—2019年，寻乌县投入治理资金14773万元，为55个村建设农村生活污水治理设施，使出境断面水质稳定达标。2015年，启动“厕所革命”。2018—2019年，投入改厕资金1963.74万元，为全县59682户农户建设卫生厕所，农村无害化卫生厕所普及率为99.18%；全县83个行政村建有简易、经济、实用型农村无害化公厕，占行政村数的47.97%，共建有无害化公厕123座。6个建制镇建立污水处理站。

2019年寻乌县建制镇污水处理站一览表

表5-4

镇名	建设时间	投入使用时间	污水处理站地址	设计处理能力
晨光镇	2017年12月	2018年10月	晨光中学往司城村方向400米处	处理站设计日处理污水800吨，配套管网长6.7千米，采用“微动力组合式生物滤池+人工湿地”处理工艺,服务人口为圩镇内约0.5万人
留车镇	2017年8月	2019年7月	留车大桥旁	处理站设计日处理污水800吨，配套管网长0.581千米，采用“微动力组合式生物滤池+人工湿地”处理工艺，服务人口为圩镇内约0.12万人、移民新村约0.038万人
南桥镇	2015年5月	2015年10月	污水站①：距离南桥镇青龙桥60米 污水站②：南桥小学后左侧80米	两个处理站合计，设计日处理污水505吨，配套管网长30千米，采用“FBMR兼氧膜”处理工艺，服务人口为圩镇内约1.2万人

续表 5-4

镇名	建设时间	投入使用时间	污水处理站地址	设计处理能力
吉潭镇	2017 年 5 月	2017 年 10 月	吉潭镇吉潭大桥右侧往里 500 米	处理站设计日处理污水 600 吨，配套管网长 6.2 千米，采用“微动力组合式生物滤池 + 人工湿地”处理工艺，服务人口为圩镇内约 0.5 万人
澄江镇	2017 年 8 月	2018 年 10 月	澄江镇汶口村三桥老桥北侧 20 米	处理站设计日处理污水 800 吨，配套管网长 3 千米，采用“微动力组合式生物滤池 + 人工湿地”处理工艺，服务人口为圩镇内约 1.49 万人
桂竹帽镇	2016 年 7 月	2017 年 11 月	桂竹帽镇上坪村上坪大桥前 50 米	处理站设计日处理污水 300 吨，配套管网长 2.4 千米，采用“微动力组合式生物滤池 + 人工湿地”处理工艺，服务人口为圩镇内约 0.07 万人

八、畜禽粪污排放

根据寻乌畜禽养殖“三区”（禁养区、限养区和适养区）规划，禁养区内全面禁止畜禽养殖，拆除、关停畜禽养殖场 1124 户，实施雨污分流、干清粪、固液分离、建漏缝免冲地面、废气收集除臭等措施，实现养殖过程废弃物减排。全县 82% 的畜禽养殖场完成雨污分流改造，15 家规模养殖场安装固液分离机，20 家养殖场新建或改建漏缝免冲地面。

九、管护机制

2019 年 11 月，县委、县政府出台《寻乌县村庄环境长效管护机制实施方案》，包含 8 个专项管护办法。建立“五有”（有制度、有标准、有队伍、有经费、有督查）标准管护机制，足额配套四级管护经费（2019 年，投入资金 917 万元；2020 年，投入资金 865 万元）。

十、生态村、生态乡（镇）和生态县创建

2010 年，开展生态县、生态乡（镇）、生态村创建活动，出台《关于推进

生态乡（镇）和生态村创建工作的实施意见》。至2018年年底，10个乡（镇）被命名为省级生态乡（镇），5个村被命名为省级生态村，77个村被命名为市级生态村。2019年11月，寻乌县通过省生态环境厅牵头组织的省级生态县考核验收。

2018年寻乌县市级、省级生态村一览表

表5-5　　　　单位：个

乡（镇）	行政村数量	市级生态村	省级生态村
长宁镇	3	三二五村、城北村	—
晨光镇	21	大仙背村、江下村、金星村、河角村、公平村、司城村、沁园春村	—
留车镇	21	留车村、坵坊村、雁洋村、黄姜村、新村村、大同村、族坑村、庄干村、陂下村	坵坊村
南桥镇	18	团建村、南桥村、长江村、冠洲村、团红村、珠村村、黄塘村、上游村、南龙村	古坑村、高排村
吉潭镇	16	黎坑村、榜溪村、上车村、古丰村、圳下村、兰贝村、剑溪村、团船村、汉地村	—
澄江镇	14	凌富村、王屋村、汶口村、桂岭村、大墩村、周田村	北亭村
桂竹帽镇	6	上坪村、龙归村、华星村	—
文峰乡	17	田背村、大路村、黄坳村、长溪村、岗背村、双坪村	—
三标乡	12	三标村、长安村、甲子乌村、基田村、胡屋村、黄陂村、富寨村、堆禾村	—
菖蒲乡	8	菖蒲村、黄田村、黄砂村、五丰村、铜锣村	—
龙廷乡	4	—	—
丹溪乡	10	金村村、上平村、彭溪村	彭溪村
项山乡	7	—	—

续表 5-5

乡（镇）	行政村数量	市级生态村	省级生态村
水源乡	9	载下村、龙塘村、坳背村、竹园头村、袁屋村、径口村、河背村	—
罗珊乡	7	上津村、珊贝村、罗塘村	—
合计	173	77	5

2018 年寻乌县省级生态乡（镇）一览表

表 5-6

乡（镇）	命名时间
三标乡、澄江镇、水源乡	2011 年 3 月
南桥镇	2012 年 11 月
留车镇、罗珊乡	2013 年 8 月
长宁镇、文峰乡、菖蒲乡、晨光镇	2014 年 10 月

十一、环境监测标准化建设

2014 年，寻乌县环境监察大队和环境监测站由自收自支单位改为全额拨款事业单位。2015 年 8 月，寻乌县环保局下属县环境监测站由正股级单位升格为副科级单位。2015 年，原计划生育服务站办公楼划拨给县环境保护局作为环境监测用房。2019 年 7 月，寻乌县环境保护局更名为赣州市寻乌生态环境局，实行省以下垂直管理，配行政编制 8 名、事业编制 41 名，其中局机关行政编制 8 名、生态环境综合执法大队事业编制 26 名、环境监测站事业编制 15 名；配备监察监测车 1 辆、执法车辆 5 辆和数码照相机、数码摄像机、林格曼黑度仪、GPS 定位仪、噪声仪等设备；建设两个空气自动监测站，通过县级环境监测站仪器设备标准化验收；制定环境保护网格化管理制度，设立乡（镇）环保工作站，实现县、乡（镇）、村环保监管全覆盖，环保责任主体、监管主体双覆盖。

十二、生态环境质量

2016 年，生态环境质量呈趋好态势，质量逐年提升。至 2019 年年底，东江源保护区水质达Ⅱ类，斗晏出境断面水质达Ⅱ类，九曲湾水库水质达Ⅰ类。环境空气优良率在 96% 以上，2017—2018 年，$PM_{2.5}$ 均值在 23 微克 / 米 ^{3} 以下（全市均值在 39 微克 / 米 ^{3} 以下）；2019 年，$PM_{2.5}$ 均值为 16 微克 / 米 ^{3}，比 2017—2018 年均值下降 30.4%。各类声环境功能区达到国家环境噪声排放标准，国家重点生态功能区环境质量每年考核为"稳定"。

十三、东江源生态补偿

2008 年 5 月，环境保护部印发《关于确定首批开展生态环境补偿试点地区的通知》（环办函〔2008〕168 号），建立生态补偿机制。寻乌县被定为东江源水源涵养重要生态功能区。2016 年 10 月，江西省人民政府和广东省人民政府在南昌签订《东江流域上下游横向水生态补偿协议》，东江源生态补偿机制正式建立。寻乌县依照《国家重点生态功能区县域生态环境质量考核办法》要求，通过环境监管、控制污染源消除源头污染。

十四、生态公益林补助

2000 年，实行森林分类经营后，公益林成为生态林业重点工程，生态公益林补助成为部分林农家庭固定收入来源。

2001 年，寻乌县建立生态公益林补偿机制。至 2020 年年底，全县生态公益林面积 6 万公顷，占全县林业用地面积的 30.77%，分布在除长宁镇以外的 14 个乡（镇）和 1 个生态公益林场，覆盖 98 个行政村、6039 户林农，其中贫困户 1154 户。2012—2020 年，落实补助资金 156661932 元（2016—2020 年，落实补助资金 9354 万元）。2015—2020 年，共补偿贫困户生态补偿资金 808.58 万元。

2012—2020 年寻乌县生态公益林补助情况一览表

表 5-7

年份	补助标准（元 / 亩）	补助面积（万亩）	补助金额（万元）
2012	15	91.48	1372.2

续表 5-7

年份	补助标准（元/亩）	补助面积（万亩）	补助金额（万元）
2013	17	91.48	1555.16
2014	17	91.48	1555.16
2015	20	91.48	1829.6
2016	20	91.4226	1828.452
2017	20	91.2615	1825.23
2018	21	90.4824	1900.1304
2019	21	90.4824	1900.1304
2020	21	90.4824	1900.1304
合计		820.0513	15666.1932

十五、监督管理

县林业局与林权所有者签订管护协议及委托管护合同，确定公益林范围界址。县林业局制定《护林员考核办法》，明确管护职责，并对护林员管护成效实行定期或不定期检查，将检查结果建立档案，作为年终考评和落实补助的重要依据。全县生态公益林管护按照“政府主导、部门协作、事权明确、责任清晰”的要求，实行逐级负责制，做到事事有人抓、层层有人管，形成上下联动、齐抓共管的保护管理体系。

十六、林权流转

寻乌县完成集体林权制度改革，放活林地经营权，推进集体林权流转，发展适度规模经营主体，引导成立各类新型经营主体 123 个，其中专业合作社 86 个、家庭林场 11 个、民营林场 6 个、林业大户 14 个、林业公司 6 个，带动农户 5240 户 2.1 万人。

第六节　旅游产业扶贫

寻乌县依托旅游资源发展红色旅游、生态旅游和休闲旅游，进行“造血式”扶贫，带动贫困户就业创业，将旅游景区开发与村庄建设相结合，推进旅游产业扶贫，让贫困人口享受旅游产业发展红利，实现脱贫不返贫目标。

一、旅游扶贫规划

寻乌县编制“十三五”旅游扶贫规划，结合东江源头县、中国蜜桔之乡等优势，把旅游产业扶贫列为脱贫致富重要内容，提出具体推进方向和项目，明确旅游产业扶贫措施，按照“资源变资产、资金变股金、农民变股民”的思路，出台《寻乌县旅游扶贫专项实施方案》，明确从大项目建设、乡村旅游发展、旅游商品开发、加大政府投入等方面引导贫困户参与旅游开发，鼓励旅游企业在就业、资产入股、农副产品购买等方面开展扶贫，建立健全与贫困户的利益联结机制。

二、就业创业

2017—2019年，寻乌县内主要景区带动贫困户254户1065人，其中就业113户、入股74户。同时，通过景区销售农副产品、带动发展农家餐饮等措施助推贫困户脱贫。

建设青龙岩旅游度假区、东江源温泉小镇，提升旅游业扶贫承载能力，增强对周边乡村、农户的辐射带动作用，增加贫困户就业创业机会。其中，青龙岩旅游度假区增加就业岗位100个。

建设寻乌石崆寨旅游景区扶贫示范点，健全示范点与贫困户利益联结机制，引导企业完善合作社管理制度。通过就业、入股等渠道带动贫困户63户314人参与旅游产业，实现脱贫致富。2019年，建立贫困户农产品采购点10个。

适应涉旅企业大量用工的实际需求，引导贫困人口到寻乌宾馆、斗晏湖景区、留车雁洋石崆寨景区等景区景点务工就业。景区景点设立救生岗、厨师岗、服务员岗等扶贫岗位，带动45户贫困户增收致富。

寻乌县依托特色资源推进乡村旅游发展，支持贫困户通过山林、房屋、资金等资源入股旅游项目，建立“造血型引领”扶贫机制。至2020年年底，有

79户贫困户入股旅游项目，获得长期稳定收入。其中，花开了生态休闲区成立花卉苗木专业合作社，吸纳67户贫困户入股；景区设立扶贫商店，安排3户贫困户在景区开设小卖部。景区建立贫困户农产品优先采购制度，助推贫困户加快发展农业产业；利用各类展览、展会等平台，加大对特色农副产品的宣传推介力度，帮助贫困户发展特色产业。

三、旅游公路建设

寻乌县充分用活用足上级政策，完善贫困村旅游基础设施，通过争取上级专款、专项建设资金和金融机构贷款，完成旅游公路13千米、游步道25千米等基础设施建设。

第七节　农业保险扶贫

一、农业财产保险

2019—2020年，人保财险寻乌支公司落实农业保险及其他险种各项扶贫政策，实现补贴品种、保障额度、覆盖地区、受益农户“四个增加”。公司对接县财政、农粮、林业等部门，相继开办能繁母猪保险、育肥猪保险、水稻保险、花生保险4个政策性险种，提高贫困地区农业、农户抵御自然灾害的能力。育肥猪保险承保17008头，赔付2.35万元；能繁母猪保险承保759头，赔付3.3万元；水稻保险承保39107.52亩，赔付26.6万元。公司为全县果农开办柑橘保险，承保4101亩，赔付率为200%。

二、人身财产保险

公司开办贫困人口综治保险、团体意外伤害保险、疾病医疗补充保险、“扶贫保”农业生产生活综合保险，编织社会保障安全网。贫困人口综治保险承保12410户，赔付18.3万元；团体意外伤害保险承保51490人，赔付89.8万元；疾病医疗补充保险承保55449人，赔付1036.9万元；为9个深度贫困村35户各赠送一份“扶贫保”农业生产生活综合保险；为全县630名生态护林员每人赠送一份人身意外保险。

三、保险理赔

公司简化投保手续和理赔程序，提高保险理赔速度，实现及时定损、科学理赔。农业保险介入灾害处理，参与赔偿与救助。

第八节　金融扶贫

一、扶贫平台

2015年，县政府办公室印发《寻乌县“产业扶贫信贷通”工作方案（试行）》，由中国农业银行、江西省农商银行、中国邮政储蓄银行、赣州银行、江西赣州银座村镇银行5家银行驻寻乌支行开展“产业扶贫信贷通”减贫工作。依托现代通信和网络信息技术，完善银行机构网点，优化支付服务环境；在农村地区推广应用银行卡等非现金支付工具；推动移动电话支付、固定电话支付、互联网支付等新兴电子支付业务的创新和应用，建立金融基础服务村村通，在行政村推广银行卡助农取款服务业务。至2020年年末，建成普惠金融服务站173个，布放自动柜员机（ATM）、销售终端机（POS）、转账电话等自助机具1154台，全县173个行政村90%的农户在村内可办理银行账户查询、转账、小额取现、自助循环贷款等业务。

二、政府贴息

各合作银行根据放贷情况实行按季贴息，先由合作银行统计贴息数据及金额，交县扶贫办网上审核比对相关信息，对有异议的提出修改，统计无异议的进行网上公示，公示结束后，按流程由部门审核审批，财政按合作银行贴息合计数将款拨付到专户，由各银行负责发到贫困户账户中。

三、贷款金额及期限

寻乌县对符合银行准入条件，有产业发展意愿的贫困户和从事农业产业发展满1年且有继续发展产业意愿的贫困边缘农户，根据产业发展规模等情况，给予每户不超过5万元的贷款；对符合条件的农业企业、家庭农场和农民合作经济组织等市场经营主体，依据其带动发展的贫困户户数，每带动1户贫困户可申请不高于10万元的贷款，总额不超过300万元，贷款期限最长3年。贷款期内可以只付利息不还本金，到期一次性偿还本金。建档立卡贫困户和农业市场经营主体贷款利率执行同期人民银行贷款基准利率；贫困边缘农户贷款利率执行人民银行公布的同期贷款基准利率上浮 10%。建档立卡贫困户贷款给予 100% 贴息；农业市场经营主体贷款给予 50% 贴息；贫困边缘农户贷款视同贫困户，给予 100% 贴息。贴息期限均为 3 年。

四、评级授信

按照省、市要求，评级授信由个人提出申请，村组召开户长会议，对贫困户进行初评，驻村第一书记、工作队长、帮扶干部入户了解情况，村委召开相关人员参加的评级授信会议，逐户核实，对评级授信情况张榜公示 7 天；乡（镇）扶贫开发工作领导小组集中召开评级授信会议进行授信认定，授信情况在公示栏或乡（镇）政府网上公示，公示期不少于 10 天，接受群众监督；乡（镇）公示结束后，将授信认定农户交县金融局、县财政局、县扶贫办集中评级授信，进行县级公示；县级评定及公示后，将授信表返回乡（镇）及合作银行进行贷款授信。

五、特色扶贫信贷产品

寻乌县在“产业扶贫信贷通”基础上发展“财政惠农信贷通”“金穗贷”“茶叶贷”“烟农贷”“葡萄贷”等一批特色扶贫信贷产品，落实责任银行“三个全覆盖”［乡（镇）全覆盖、建档立卡贫困户信贷需求调查全覆盖、符合贷款条件的建档立卡贫困户信贷投放全覆盖］。

六、金融扶贫政策宣传、培训

寻乌县金融部门对扶贫干部进行金融知识培训。2016—2020 年，举办金融知识相关培训班 10 期，培训扶贫干部 300 人次；成立“金惠工程金融服务志愿者”工作队，县金融工作局牵头，联合人民银行及各金融机构，通过现场答惑，发放宣传单，开展“金融知识进农村、进校园”活动等方式，在圩镇人口密集处集中宣传金融知识和预防非法集资知识；利用手机报、电视台等宣传媒介和召开座谈会、发放宣传册等形式宣传扶贫信贷政策；将金融扶贫政策印在“一本通”中分发给贫困户，使每个贫困户知晓金融扶贫政策，熟悉申贷流程。

七、特色信贷

金融部门支持产业发展，对需要综合扶持的贫困户发放扶贫贴息贷款，通过产业“扶贫信贷通”“金穗油茶贷”“财政惠农信贷通”等扶贫信贷产品帮助贫困户发展产业。2015—2020 年，发放“产业扶贫信贷通”贷款 10.96 亿元、金穗扶贫系列贷款 2.67 亿元、“财政惠农信贷通”贷款 12.42 亿元。支持扶贫对象移民搬迁。2016—2017 年，到位易地搬迁扶贫贷款资金 3 亿元，用于易地扶贫搬迁安置房、基础设施、公共服务设施建设和后续扶持移民安置户发展。

金融部门支持就业创业，推出“创业信贷通”，支持贫困农户、返乡农民工、残疾人等群体就业创业和参加技能培训。截至 2020 年年末，“创业信贷通”贷款余额 1353 万元。

金融部门支持农村基础设施和整体城镇化建设，改善贫困地区生产生活条件。2017 年，寻乌县向国家开发银行贷款 3 亿元，用于全县农村基础设施提升工程项目和贫困村基础设施建设项目。

2015—2020 年寻乌县“产业扶贫信贷通”贷款一览表

表 5-8　　单位：万元

年份	2015	2016	2017	2018	2019	2020	合计
金额	7213	37628	38272	10536	10035.28	5956.94	109641.22

第六章

就业扶贫

在脱贫工作中，就业是关键一环。贫困户有稳定的就业，才能实现稳定脱贫。为解决就业问题，寻乌县开展贫困劳动力的技能培训，通过组织劳动力到发达地区务工、引导工厂在村里设立扶贫车间、农村公益性岗位优先安排贫困户等形式，基本解决贫困户就业问题。

第一节　技能培训

一、精准培训

寻乌县开展贫困劳动力技能、技术培训，让贫困劳动力掌握一技之长，促进贫困劳动力由纯体力型就业向技术性、技能型就业转变，实现就业脱贫。采取培训对象“双线排查”方式，对符合国家扶贫系统新增致贫原因“缺技术”的贫困户开展动态排查，对有参加培训意向和需求的贫困劳动力进行上门调查，摸清培训基数和底数；引导有产业发展计划或就业意愿的贫困劳动力参加技术、技能培训，采取“电话了解、进村入户、帮扶交流”的方式摸清贫困劳动力感兴趣的技术、技能培训项目，根据培训需求实施分类、分班培训，实现精准培训。根据培训项目，采取“理论培训 + 入企实训 + 现场招聘”的方式，在理论培训结束后，统一组织学员到园区企业参加现场学习、实训，对有就业意向的，直接安排其到企业人事部门进行求职登记和面试。培训重心下移，把技能培训班延伸到乡（镇）、村举办，让贫困劳动力在家门口学到技术、技能，变被动参加培训为主动提供培训。2013—2020 年，组织开展机械机电、家政服务、创业及技能提升等各类培训 339 期，培训 21102 人次，其中贫困劳动力 6392 人次，对“缺技术”贫困户的培训实现全覆盖，拨付补贴资金 587.05 万元。2019 年，向 11449 人发放务工交通补贴 573.4 万元。2020 年，向 11912 人发放务工交通补贴 590.86 万元。

二、“雨露计划”

“雨露计划”是国家专门针对农村贫困人口实施的就业脱贫工程。2014—

2020 年，寻乌县以农村贫困户中青年劳动力为对象，以转移就业前的技能培训为重点，按照“政府推动、学校承办、市场运作、部门监管、扶贫到户、农民受益”的原则，通过国家财政扶贫资金补贴和扶贫项目管理等方式开展农村实用技术培训、职业技能培训、劳动力技能转移培训、职业学历教育培训等专业技能培训，完成“一村一名中专生”和“一村一名中高级技工”的招工任务，抓好“十二五”省级扶持的 82 个贫困村的贫困户子女参加职业学历教育培训工作，实现“培养一人、合格一人，就业一人、脱贫一户”的目标。

2014—2020 年寻乌县“雨露计划”培训情况表

表 6-1

年份	培训总人数（人）	其中		补助资金（万元）
		职业学历教育培训（人）	技能培训（人）	
2014	1037	125	912	73.65
2015	2602	466	2136	281.95
2016	1750	438	1312	335.45
2017	2366	777	1589	479.65
2018	1071	951	120	283.5
2019	2519	2519	0	377.85
2020	2888	2888	0	434.55
合计	14233	8164	6069	2266.6

第二节　扶贫车间

一、规范制度

为规范扶贫车间运作，县政府办公室于 2016 年 12 月 31 日印发《关于做好就业扶贫车间认定和补贴资金申请拨付工作的通知》，明确扶贫车间认定条件、程序和可享受的政策等，引导乡（镇）全面铺开扶贫车间创建工作。2017 年 4 月 28 日，县政府办公室印发《关于印发寻乌县就业扶贫车间创建工作实施方案的通知》，进一步明确扶贫车间的目标任务、创建方式、扶持政策、认定条件和程序所需资料及补贴资金申报拨付程序等，推进扶贫车间创建工作。2017年9月22日，县政府办公室印发《关于印发寻乌县就业扶贫车间创建工作实施方案（修订）的通知》，规范扶贫车间创建运营。

二、创建运营

2016年，寻乌县按照精准扶贫工作部署和要求，结合就业扶贫需求和特点，在基础条件较好、劳动密集型小企业较多的南桥镇开展扶贫车间试点工作，在寻乌县彬鑫电子有限公司、寻乌县南桥镇顺东电子厂打造2个扶贫车间，吸纳周边劳动力80余人，其中贫困劳动力30余人。截至2020年年底，以帮扶贫困劳动力实现家门口就业和长期稳定收益为目标，结合贫困劳动力分布情况，利用各乡（镇）及行政村闲置土地、房屋和校舍，采取市场化运作模式，因地制宜，指导创建并稳定运营制衣、电子加工类劳动密集型就业扶贫车间36个，吸纳、带动周边贫困劳动力就业295人，拨付岗位补贴199.17万元、场租和水电补贴243.55万元、一次性建设补助93.2万元。

第三节　公益性岗位

2015年起，寻乌县的生态护林员、农村公路养护工、农村环卫工人、光伏管理员、农家书屋管理员等公益性岗位优先安排贫困人口就业，实现贫困户脱贫。

一、生态护林员

2016年开始，生态护林员岗位优先安排贫困人口就业。至2020年，累计安排3492人就业，均为贫困人口。

2016—2020年寻乌县生态护林员岗位就业情况表

表6-2

年份	就业人数（人）	其中贫困人口（人）	人均工资（元/年）
2016	400	400	10000
2017	500	500	10000
2018	630	630	10000

续表 6-2

年份	就业人数（人）	其中贫困人口（人）	人均工资（元 / 年）
2019	923	923	10000
2020	1039	1039	10000

二、农村环卫工人

2016 年开始，农村环卫工人岗位重点安排贫困人口就业。至 2020 年，累计安排 5836 人就业，均为贫困人口。

2016—2020 年寻乌县农村环卫工人岗位就业情况表

表 6-3

年份	就业人数（人）	其中贫困人口（人）	人均工资（元 / 月）
2016	680	680	350
2017	1112	1112	350
2018	1146	1146	350
2019	1346	1346	350
2020	1552	1552	350

三、农村公路养护工

农村公路养护工岗位安排农村劳动力就业，优先安排贫困人口就业。2015—2020 年，累计安排 658 人就业，其中贫困人口 175 人。

2015—2020 年寻乌县农村公路养护工岗位就业情况表

表 6-4

年份	就业人数（人）	其中贫困人口（人）	人均工资（元 / 月）
2015	78	25	998
2016	84	26	999
2017	112	26	1009
2018	127	28	1004
2019	127	28	1080

续表 6-4

年份	就业人数（人）	其中贫困人口（人）	人均工资（元 / 月）
2020	130	42	2000

四、光伏管理员

2019 年开始，农村光伏管理员岗位优先安排贫困户就业，当年安排光伏管理员 170 人，其中贫困人口 170 人，人均工资 200 元 / 月。2020 年，安排光伏管理员 173 人，其中贫困人口 173 人，人均工资 500 元 / 月。

五、农家书屋管理员

农家书屋管理员优先安排贫困人口。2015—2020 年，累计安排 627 人就业，其中贫困人口 363 人。

2015—2020 年寻乌县农家书屋管理员岗位就业情况表

表 6-5

年份	就业人数（人）	其中贫困人口（人）	人均工资（元 / 月）
2015	101	52	300
2016	101	53	300
2017	100	54	300
2018	100	60	300
2019	100	72	300
2020	125	72	300（1—4 月） 350（5—12 月）

第四节　劳务输出

2015 年 2 月 25 日（农历正月初七），春季招聘大会在县城北广场举办。58 家用工企业参加现场招聘，涉及科技贸易、机械机电、餐饮服务、农业开发等行业，提供企业管理、文秘、专业技术等就业岗位 6900 多个。当天进场咨询人数 2 万多人次，4500 名城乡劳动者与用工企业达成就业意向。

2016年2月14日（农历正月初七），春季招聘大会在县城北广场举办。75家县内外用工企业和个体工商户参加现场招聘，涉及陶瓷、电子、科技贸易、农业开发等行业，提供管理、文秘、专业技术等就业岗位7300多个。当天进场咨询、求职人数3万多人次，发放招聘资料1万多份，4320名城乡劳动者与用工企业达成就业意向。

2017年2月1日（农历正月初五），春季招聘大会在县城北广场举办。112家县内外用工企业和个体工商户参加现场招聘，涉及陶瓷、电子、科技贸易、农业开发等行业，提供管理、文秘、专业技术等就业岗位8000多个。当天进场咨询、求职人数3万多人次，发放招聘资料1万多份，4680名城乡劳动者与用工企业达成就业意向。

2017年9月30日，秋季就业扶贫专场招聘大会在县城北广场举办。江西省洛锡实业有限公司、寻乌县卓越环球陶瓷有限公司、寻乌世纪陶瓷有限公司、億多购物广场、寻乌县平安汽车销售服务有限公司等50余家县内外用工企业和个体工商户参加现场招聘，涉及陶瓷、电子、科技贸易、机械机电等行业，提供管理、销售、文秘、专业技术、普工等就业岗位3000多个。当天进场咨询、求职人数3000多人次，发放招聘资料3000多份，238人现场签约，500多人与用工企业达成就业意向，其中贫困劳动力18人。

2018年2月20—21日（农历正月初五、初六），就业创业暨外出务工人员返乡招聘大会在县城北广场举办。江西省洛锡实业有限公司、江西孺子牛智能科技有限公司、寻乌县卓越环球陶瓷有限公司、寻乌县阳光汽车销售服务有限公司、寻乌县万家联华购物广场有限公司等120多家县内企业和个体工商户参加现场招聘，涉及机械机电、陶瓷、电子、科技贸易、农业开发等行业，提供就业岗位7000余个。两天进场咨询、求职人数4万多人次，发放招聘资料1万多份，1782人现场与企业签订就业协议，2683人与企业达成就业意向，其中贫困劳动力69人。

2018年9月30日，首位产业机械机电暨就业扶贫专场招聘大会在县城北广场举办。江西省洛锡实业有限公司、江西力玛机电科技有限公司、江西立德传统设备有限公司、寻乌县卓越环球陶瓷有限公司等县内外60多家企业参加现场招聘，涉及机械机电、陶瓷、旅游、科技贸易等行业，提供行政管理、文秘、技术工、普工等就业岗位3000多个。招聘会组织动员寻乌县中等职业技术学校机械机电专业学生、江西赣州技师学院2017届和2018届寻乌籍毕业生、机电类外出务工人员、2017年和2018年寻乌籍的见习大学生、移民区劳动力以及各乡（镇）年轻劳动力和贫困劳动力等人员到现场应聘。当天进场咨询、求职人数6000多人次，发放招聘资料4000多份，256人现场签约，840人与用工企业达成就业意向，其中贫困劳动力22人。

2019年2月9—10日（农历正月初五、初六），首位产业机械机电暨就业扶贫招聘大会在县城北广场举办。江西中气机械设备有限公司、亿迪生精密科技（赣州）有限公司、江西省洛锡实业有限公司等15家首位产业企业和县内其他100多家企业（个体工商户）参加，提供就业岗位近5000个，其中机械机电企业提供就业岗位597个。两天进场咨询、求职人数4万人次，发放招聘宣传资料1万多份，899人现场签约，1530人与用工企业达成就业意向，其中贫困劳动力68人。

2019年10月8日，首位产业通用设备制造暨高校毕业生就业服务行动招聘大会在县城北广场举办。华南泵业（赣州）有限公司、江西中气机械设备有限公司、亿迪生精密科技（赣州）有限公司、寻乌阳光购物有限公司、寻乌县平安汽车销售服务有限公司等60多家县内外企业（个体工商户）参加，提供行政管理、电气、数控、锡焊等专业技术岗位以及普工类就业岗位3000多个。当天进场咨询、求职人数约8000人次，发放招聘简章、招工信息表等招聘资料5000余份，137名城乡劳动者与用工企业现场签订就业协议，其中高校毕业生26人、城乡贫困劳动力27人；251人与用工企业达成就业意向。

2020年2月底，受新冠肺炎疫情影响，寻乌县取消线下招聘活动，利用寻乌在线、寻乌融媒体、手机信息、手机报、微信、各乡（镇）村务公开群等媒体平台开展“春风行动”线上招聘活动。100多家企业参加线上招聘活动，提供就业岗位4000多个，线上招聘网站日均点击量高达7500次，累计收到简历5132份，县内园区企业招用874人，其他企业（个体工商户）招用1000多人，其中贫困劳动力123人。

第七章

教育扶贫

在脱贫攻坚工作中，救济式、“输血式”扶贫很难从根本上改变贫困面貌。在多年实践工作中，人们逐步形成“扶智扶本”的共识，把教育扶贫摆到突出位置，在抓经济开发扶贫的同时，展开循序渐进、形式多样、扎实有效的教育扶贫，阻断贫困延续。

第一节　校舍建设

一、农村义务教育学校标准化建设

2013年开始，根据上级要求，全县开启农村义务教育学校标准化建设，先后进行“薄弱学校—食堂改造工程”“农村初中学校改造工程”，开展校园环境整治工程、校园文化建设工程。至2020年年末，寻乌县投资3.96亿元，新建、改建农村中小学156所，校舍建筑面积304732平方米。通过建设改造，全县农村中小学、幼儿园办学条件达到省级办学标准。2018年，寻乌县通过义务教育均衡发展国家督导评估验收。

二、职业教育基地

2017—2020年，寻乌县投资2.4亿元，新建寻乌县职业教育基地，完成寻乌县公共实训基地项目、寻乌县中等职业技术学校教学楼项目、寻乌县网络扶贫工程培训基地项目建设。该职业教育基地占地面积11.3公顷，建筑面积64223.63平方米，可容纳学生3600人。2018年9月，基地投入使用。2018年秋季，招收新生602人。

三、农村幼儿园

2013—2020年，寻乌县投资6180.1万元，新建乡（镇）中心幼儿园14所，建筑面积23883平方米；改建农村幼儿园4所，建筑面积3674.38平方米；改建、扩建农村幼儿园65所，建筑面积14924平方米。

第二节　教师队伍建设

一、教师招聘

县教育系统通过全省统招、招聘特岗教师、县内自主招聘、定向培养农村教师、江西师范大学公费教育生培养、绿色通道引进县外工作的寻乌籍教师等途径，解决教师缺额问题。

2012—2020 年寻乌县教师基本情况表

表 7-1　　单位：人

学年	教职工人数	学历					职称		
		研究生	本科	专科	中专	高中以下	高级	中级	初级及以下
2012—2013	3022	4	1477	986	513	42	295	1187	1540
2013—2014	3167	4	1539	1095	498	31	307	1212	1648
2014—2015	3210	4	1574	1146	463	23	327	1257	1626
2015—2016	3278	4	1621	1197	438	18	329	1234	1715
2016—2017	3345	9	1687	1275	368	6	336	1249	1760
2017—2018	3346	11	1785	1304	245	1	343	1265	1738
2018—2019	3454	12	1806	1442	194	—	352	1272	1830
2019—2020	3439	13	1902	1366	158	—	358	1321	1760

2012—2020 年寻乌县教师补充情况表

表 7-2　　单位：人

学年	安置定向生	柔性引进研究生	代课转编	特岗	统招	县内自主招聘	免费师范生	小计
2012—2013	10	1	59	148	0	0	0	218
2013—2014	0	0	50	119	18	22	0	209

续表 7-2

学年	安置定向生	柔性引进研究生	代课转编	特岗	统招	县内自主招聘	免费师范生	小计
2014—2015	0	0	50	67	77	14	0	208
2015—2016	14	0	30	76	48	0	0	168
2016—2017	0	0	15	50	121	0	0	186
2017—2018	6	5	0	88	32	0	2	133
2018—2019	0	1	0	87	71	15	2	176
2019—2020	24	0	0	80	36	47	0	187

二、教师培训

2019 年 3 月 22 日，县政府办公室出台《关于进一步加强教师培训工作实施意见（试行）》，采取“走出去”、“请进来”、交流学习等方式培训教师；中共中央宣传部扶持，深圳市支援帮扶组织在职教师到北京、上海、深圳等发达地区名校学习交流、跟岗培训；通过国培计划选派教师到省内外名校跟岗培训，玉芳教育基金等社会组织和深圳市教育部门组织知名专家、学者、名师到寻乌培训教师，提高校长管理水平，更新教师教育教学理念，提升教师队伍能力素养。

2013—2020 年，寻乌县选派 192 名教师到北京、上海、深圳等地跟岗培训；举办专家、学者讲座、培训班 25 期，听课教师人数达 5380 人次。

第三节　学校教育与职业教育

一、九年义务教育

2010—2020 年，寻乌县广泛宣传《中华人民共和国义务教育法》《中华人民共和国未成年人保护法》，营造适龄儿童依法接受义务教育的良好氛围，落实县教育行政部门、乡（镇）政府、村（居）委会、农村学校和适龄儿童父母及其他监护人的控辍保学职责，建立教育、司法、民政等部门联控联保、定期协商制度，健全控辍保学动态监测机制和辍学学生档案，完善学习困难学生帮扶制度，加大劝学返校力度，保障困难群体接受义务教育权利，巩固义务教育普及成果。乡（镇）政府和教育部门协同建立“双线控辍”机制，压实责任，共同履行控辍保学法定职责；依托适龄儿童少年户籍信息和中小学学籍管理系统，采取上门入户方式，深入排查学生到校情况，做到不漏户、不漏人；建立动态义务教育控辍保学台账，落实“6 对 1”［安排 1 名乡（镇）党委（政府）领导、1 名乡（镇）干部、1 名村干部、1 名教育局包片领导、1 名学校行政干部、1 名教师对口劝学和帮扶 1 名辍学生］，劝返责任机制，形成劝返工作合力。依法保障每一位适龄儿童少年接受完整、公平、有质量的义务教育，2013 年以来，没有一个孩子因贫辍学。

2000—2020 年部分年份寻乌县在校学生情况表

表 7-3

年份	小学一年级		初中一年级		高中一年级	
	在校人数（人）	入学率	在校人数（人）	小升初升学率	在校人数（人）	中考升学率
2000	5074	100%	5352	100%	699	15.4%
2010	6353	100%	5615	100%	1552	51.9%
2013	5496	100%	4343	100%	2387	42.51%
2014	3643	100%	4064	100%	2391	58%
2015	4161	100%	4171	100%	2475	59.9%
2016	3766	100%	4191	100%	2625	60.44%
2017	4067	100%	4272	100%	2624	64.57%
2018	4465	100%	4439	100%	2390	57.3%
2019	4482	100%	4480	100%	2307	55.05%
2020	4491	100%	4893	100%	2365	55.36%

二、高中教育

2012 年，寻乌中学整体搬迁到新校区，扩大高中阶段招生人数；逐年招聘高学历、高素质教师，教育教学质量逐步提升。2016—2018 年，连续 3 年有学生被清华大学、北京大学录取。2019 年，一本上线考生 233 人，二本上线考生 614 人，专科上线考生 1572 人。

2018 年 9 月，寻乌县中等职业技术学校整体搬迁至新校区。

2017—2020 年，举办各类职业技术培训班 40 期，培训农民 1.1 万人次，其中贫困户 4100 人次。全县有劳动力的建档立卡贫困户中实现 1 人以上就业的有 8050 户，占贫困户总数的 73%。2020 年 7 月，寻乌县中等职业技术学校被认定为寻乌县创业致富带头人培训基地。

三、政策落实

落实建档立卡贫困户子女“应免尽免、应补尽补、应贷尽贷”扶贫政策。

2012—2020 年寻乌县学前教育、义务教育阶段学生享受资助一览表

表 7-4

年份	学前教育阶段资助		义务教育阶段资助			
			寄宿生补助		非寄宿生补助	
	人数（人）	金额（万元）	人数（人）	金额（万元）	人数（人）	金额（万元）
2012	435	17.4	10278	605.4	0	0
2013	542	43.36	8456	500.5	0	0
2014	170	13.6	6972	411.4825	0	0
2015	1920	111.225	7866	463.7475	0	0
2016	2179	187.625	7982	459.455	0	0
2017	2109	157.25	6415	489.575	0	0
2018	4288	372.4	5742	472.8	0	0
2019	4206	314.8925	5173	436.2525	4965	129.14375
2020	3758	279.425	5072	425.9125	10423	271.89375
总计	19607	1497.1775	63956	4265.125	15388	401.0375

2012—2020 年寻乌县高中、中职阶段学生享受资助一览表

表 7-5

年份	高中助学金		高中免学费		中职助学金		职校免学费		优秀贫困生奖励	
	人数（人）	金额（万元）	人数（人）	金额（万元）	人数（人）	金额（万元）	人数（人）	金额（万元）	人数（人）	金额（万元）
2012	2299	172.4	0	0	885	66.38	754	32.045	0	0
2013	2419	181.43	0	0	535	40.125	754	32.045	0	0
2014	2612	195.9	0	0	459	34.4	656	27.88	0	0
2015	4950	351.875	0	0	242	24.2	461	19.5925	41	5.1
2016	3953	389.6	768	25.748	112	11.2	285	12.1125	52	6.55
2017	3773	350.5	2164	67.596	367	36.7	420	17.85	70	8.9
2018	2961	346.5	2254	70.274	1109	110.9	1151	48.9175	68	8.6
2019	2582	322.75	2154	67.108	1803	180.3	2117	89.9725	66	8.8
2020	2611	325.525	2470	75.458	2047	204.7	2756	117.13	67	8.95
总计	28160	2636.48	9810	306.184	7559	708.905	9354	397.545	364	46.9

2012—2020 年寻乌县大学阶段学生享受资助一览表

表 7-6

年份	大学生帮扶金		高考政府资助金		大学新生入学项目（路费）		生源地助学贷款	
	人数（人）	金额（万元）	人数（人）	金额（万元）	人数（人）	金额（万元）	人数（人）	金额（万元）
2012	0	0	170	85	71	4.6	2377	1424.25
2013	0	0	157	79.5	22	1.6	2420	1448.69
2014	0	0	133	66.5	90	5.8	2410	1687.7225
2015	62	12.4	396	237.6	323	17.5	2346	1540.7275

续表 7-6

年份	大学生帮扶金		高考政府资助金		大学新生入学项目（路费）		生源地助学贷款	
	人数（人）	金额（万元）	人数（人）	金额（万元）	人数（人）	金额（万元）	人数（人）	金额（万元）
2016	80	16	337	202.2	285	16.75	2408	1628.015
2017	108	21.6	321	192.6	254	13.65	2834	1999.4355
2018	87	17.4	352	211.2	345	19.65	3137	2300.697
2019	134	26.8	402	241.2	393	22.15	3662	2794.9535
2020	136	27.2	395	237	362	20.8	4358	3409.447
总计	607	121.4	2663	1552.8	2145	122.5	25952	18233.938

第四节　农村学生资助

一、“两免一补”政策

2003 年，国务院发布《国务院关于进一步加强农村教育工作的决定》（国发〔2003〕19 号），要求到 2007 年，争取全国农村义务教育阶段家庭经济困难学生都能享受到“两免一补”（免杂费、免书本费、补助寄宿生生活费），努力做到不让学生因家庭经济困难而失学。省、市、县各级分别出台补助标准，资助困难学生。

2013—2020 年寻乌县义务教育阶段贫困生补助政策一览表

表 7-7

年份	补助标准		
	学前	寄宿	走读
2013	500 元 / 学年（2013 年秋开始执行）	小学：1000 元 / 学年 初中：1250 元 / 学年	无
2014	2014—2015 学年 800 元 / 学年	小学：1000 元 / 学年 初中：1250 元 / 学年	无

续表 7-7

年份	补助标准		
	学前	寄宿	走读
2015	2015—2016 学年 1000 元 / 学年	小学：1500 元 / 学年（建档立卡贫困户） 1000 元 / 学年（一般贫困户）； 初中：1750 元 / 学年（建档立卡贫困户） 1250 元 / 学年（一般贫困户）	无
2016	1500 元 / 学年（建档立卡贫困户） 1000 元 / 学年（一般贫困户）	小学：1500 元 / 学年（建档立卡贫困户） 1000 元 / 学年（一般贫困户）； 初中：1750 元 / 学年（建档立卡贫困户） 1250 元 / 学年（一般贫困户）	无
2017	1500 元 / 学年（建档立卡贫困户） 1000 元 / 学年（一般贫困户）	小学：1500 元 / 学年（建档立卡贫困户） 1000 元 / 学年（一般贫困户）； 初中：1750 元 / 学年（建档立卡贫困户） 1250 元 / 学年（一般贫困户）	无
2018	1500 元 / 学年（建档立卡贫困户） 1000 元 / 学年（一般贫困户）	小学：1500 元 / 学年（建档立卡贫困户） 1000 元 / 学年（一般贫困户）； 初中：1750 元 / 学年（建档立卡贫困户） 1250 元 / 学年（一般贫困户）	无
2019	500 元 / 学年（建档立卡贫困户） 1000 元 / 学年（一般贫困户）	小学：1500 元 / 学年（建档立卡贫困户） 1000 元 / 学年（一般贫困户）； 初中：1750 元 / 学年（建档立卡贫困户） 1250 元 / 学年（一般贫困户）	小学： 500 元 / 学年 初中： 625 元 / 学年
2020	500 元 / 学年（建档立卡贫困户） 1000 元 / 学年（一般贫困户）	小学：1500 元 / 学年（建档立卡贫困户） 1000 元 / 学年（一般贫困户）； 初中：1750 元 / 学年（建档立卡贫困户） 1250 元 / 学年（一般贫困户）	小学： 500 元 / 学年 初中： 625 元 / 学年

二、营养改善计划

2011 年秋季学期开始，国家在集中连片特殊困难地区启动农村（不含县城）义务教育学生营养改善计划试点工作，寻乌县被列为江西省 17 个实施农村义务教育学生营养改善计划试点县（市）之一。营养膳食补助标准为每生每天3元（全年按照学生在校时间200天计算），所需资金全部由中央财政承担。

2012年秋季学期开始，环罗霄山脉连片特困县启动农村义务教育学生营养改善计划试点工作。寻乌县为国家扶贫开发重点县，被列为第一批实施农村义务教育学生营养改善计划试点县，实施对象为在农村学校就读的义务教育阶段学生和特殊教育学校学生。营养膳食补助标准为每生每天3元。2014年11月起，营养膳食补助标准提高到每生每天4元（全年按照学生在校时间200天计算）。

2013学年，全县实施农村义务教育学生营养改善计划的学校有160所，27380人，其中25所学校的13893名学生享受以食堂供应饭菜为主的完整营养午餐。暂不具备食堂供餐条件的135所学校的13487名学生享受由供餐企业以“牛奶+X”等为营养食品的课间餐。2013年开始，新建、改（扩）建农村义务教育学校食堂，通过政府采购添置食堂设备，改善食堂条件，从企业供餐逐步过渡到食堂供餐。2020年秋季学期，全县实施农村义务教育学生营养改善计划的学校有118所，受益学生20665人，全部实施净菜配送和“营养餐+基础餐”学校食堂供餐模式，食堂供餐率为100%。至2020年秋季学期止（2021年1月），中央财政下拨专项资金14092.85万元，累计支出13815.85万元，结余277万元。

三、农村幼儿园建设

2013—2020年，投资6337.81万元，新建、改建农村幼儿园95所。

2013—2020年寻乌县新建、改建农村幼儿园情况表

表7-8

年份	新建、改建幼儿园（所）	新增班级（个）	投入资金（万元）	在园幼儿（人）
2013	3	18	670	4761
2014	3	22	707	4934
2015	5	36	1006	5487
2016	31	64	1041	5842
2017	17	20	781.93	6092

续表 7-8

年份	新建、改建幼儿园（所）	新增班级（个）	投入资金（万元）	在园幼儿（人）
2018	4	8	903	5250
2019	15	25	448	5145
2020	17	28	780.88	5626
合计	95	221	6337.81	—

第五节　控辍保学

一、落实管理责任

县、乡（镇）两级政府落实“控辍保学”的法律责任，加强对“控辍保学”工作的领导，县级政府、乡（镇）、村（居）委会层层签订“控辍保学”目标责任书，层层抓落实；县教育行政部门和中小学校承担“控辍保学”具体职责，完善“控辍保学”网络，责任到人。按照统一领导、分级管理的原则，把“控辍保学”纳入教育部门领导、校长、教师年度考核目标和绩效考核范畴。

二、建立适龄儿童少年台账

寻乌县按照“依法治校、以防为主、防治结合、综合治理”的方针，保障每一位适龄儿童少年接受义务教育，确保每一个建档立卡贫困生不因贫辍学。加大义务教育宣传，发放《致家长一封信》，宣传读书是阻断贫困代际传递的治本之策。每年暑假，各学校会同村委会（居委会）对辖区进行摸底调查，建立适龄儿童入学台账。

每学期初，各学校根据学生入学、变动及学籍变化情况，统计学生辍学数量，了解辍学原因和去向，将学生失学辍学信息报告县教育主管部门和乡（镇）政府。各乡（镇）政府依托适龄儿童少年户籍信息，组织力量对辖区内 6 ~ 15 周岁适龄儿童少年就读情况进行复核摸查，做到不漏户、不漏人，并将失学辍学适龄儿童少年的数量、分布、资助需求等情况反馈给学校，由学校报县教育主管部门汇总形成全县辍学学生台账。教育主管部门建立疑似辍学学生信息比对、通报机制，及时向各乡（镇）政府通报疑似辍学学生情况，督促做好核查、劝返等工作。各学校利用学籍信息管理系统对在籍不在校学生逐一进行核实；对确认已在外地上学的，督促学生家长尽快办理学籍转接手续；对确认辍学或者联系不上的，由学校梳理汇总后报告所在乡（镇）政府。

三、精准落实

对无正当理由辍学的学生，当地乡（镇）政府联合县教育主管部门、学校做好劝返复学工作；学校老师通过家访等形式了解学生心理，帮助学生克服厌学心理，动员学生复学。乡（镇）政府联合县教育主管部门帮助辍学学生家长（或其他法定监护人）提高对义务教育的认识，发放《入学（复学）通知书》。经多次动员教育仍不返校的，由乡（镇）政府联合县教育主管部门向辍学学生家长发出《限期复学通知书》，对家长进行批评教育。因身体等特殊原因不能入学的，送教上门，让学生完成义务教育。学校成立专门机构，落实责任老师，制定教学方案，因人施教。送教频率每月不少于 2 次，建立"一人一案"送教上门资料台账和送教学生学籍。安排经费用于送教上门工作，为送教服务提供便利条件，保障送教上门工作落到实处。各校时刻关注复学学生的思想动态，帮助复学学生培养学习兴趣和树立学习信心。组织教师家访，建立帮扶机制，开展常态化结对帮扶活动。重点对生活、学习有困难的学生及时进行心理疏导和帮助，让学生体会到学校大家庭的温暖。开足开齐音乐、体育、美术等各项课程，积极开展丰富多彩的文体活动，让学生体会到成功的快乐，确保复学学生"进得来、留得住、学得好"。

四、贫困生奖学帮扶

2015 年起，寻乌县建立贫困生奖学帮扶机制，每学年对全县七年级、八年级、九年级总成绩排名在前 100 名的贫困家庭学生给予每人一次性 1000 元奖励，对全县高一、高二、高三各年级总成绩排名在前 100 名的贫困家庭学生给予每人一次性 1500 元奖励，对贫困家庭学生考取二本以上院校的给予每人一次性 2000 元奖励。2015—2020 年，共奖励优秀贫困学生 99.55 万元。

第八章

健康扶贫

实施健康扶贫，保障贫困人口享有基本医疗卫生服务，让贫困人口能够“看得上病、方便看病、看得起病、看得好病、防得住病”，确保贫困群众“健康有人管、患病有人治、治病能报销、大病有保险”，防止因病致贫、因病返贫，实现农村贫困人口摆脱贫困。2016—2019 年，全县因病致贫、返贫 2955 户 12519 人，2020 年全部脱贫。

第一节　基本医疗保障

“四道医疗保障线”是为减轻城乡贫困人口个人医疗支出负担，防止因病致贫、因病返贫而建立的健康扶贫制度，把农村建档立卡贫困人口、城乡最低生活保障对象、特困人员、孤儿、城镇脱贫解困对象（简称“城乡贫困人口”）纳入城乡居民基本医疗保险、大病保险、贫困人口疾病医疗补充保险、医疗救助“四道医疗保障线”的保障范围。

2017 年 4 月 25 日，寻乌县率先在全市实现城乡贫困人口“四道医疗保障线”试点运行；5 月，全市健康扶贫四道医疗保障线“一卡通”即时结算系统正式上线运行。城乡贫困人口因病发生的门诊特殊慢性病费用、住院医疗费用被纳入“四道医疗保障线”报销范围，个人住院医疗费用负担比例降至 10% 以下。城乡贫困人口住院医疗费用补偿比例不足 90% 的，由政府补足 90%。

一、城乡居民基本医疗保险

贫困户参加城乡居民基本医疗保险，个人缴费部分由政府全额资助。一类、二类门诊特殊慢性病不设起付线，报销比例为 70%。其中，一类门诊年度最高基金支付限额与住院统筹基金最高支付限额合并计算，统一为 10 万元；二类门诊年度基金最高支付限额为 5000 元。特困供养人员、低保对象及其他建档立卡贫困人口在县内一级、二级定点医疗机构住院不设起付线，报销比例为一级医疗机构 90%、二级医疗机构 80%、三级医疗机构 60%、赣州市统筹地区外转院 50%；统筹基金政策范围内年度累计最高支付限额为 10 万元（含特殊门诊）。

二、城乡居民大病保险

2017 年，城乡居民大病保险筹资标准为 40 元 / 人，2020 年提高到 75 元 / 人，从基本医疗保险基金中划出统一缴纳参保，大病保险待遇向贫困人口倾斜。2017—2020 年，城乡居民大病保险起付线由 18000 元降至 13000 元；贫困人口大病保险起付线再降低 50%，为 6500 元；政策范围内个人负担医药费用（含住院和门诊特殊慢性病）超过大病保险起付线部分，报销比例由 50% 提高到 60%；贫困人口报销比例再提高 5 个百分点，为 65%；取消贫困人口大病保险封顶线。

三、贫困人口疾病医疗补充保险

贫困人口疾病医疗补充保险的缴纳标准，2016 年为 90 元，2020 年提高至 260 元，并由政府全额缴交，市、县财政按 2 ∶ 8 的比例负担，贫困人口个人不缴费。疾病医疗补充保险不设起付线，每人每年最高补偿封顶额为 25 万元；城乡居民医保目录范围内费用减去基本医保报销费用或城乡居民大病保险报销费用后，需由个人负担的目录范围内的费用，补偿比例为 90%，个人负担 10%；城乡居民医保目录范围外的费用，在市内定点医院住院的补偿比例为 75%，医院负担 5%，个人负担 20%；在市内非定点医院和市外定点医院住院的补偿比例为 75%，个人负担 25%。

四、城乡医疗救助

实施对特困供养人员、最低生活保障人员、“六类对象”① 及“两类人员”②、支出型贫困低收入家庭大病患者和符合条件的农村五保、低保以外的其他建档立卡贫困人员的救助。门诊医疗救助标准为 1 万元以下部分，特困人员按 100% 的比例给予救助，最低生活保障对象按 60% 的比例给予救助，全年累计救助封顶线为 1000 元；重大疾病门诊救助标准为 1 万元及以上部分，特困人员按 100% 给予救助、最低生活保障对象中的常补对象按 70% 的比例给予救助。1 万 ~ 2 万元部分的封顶线为 1 万元，2 万元及以上部分的封顶线为门诊和住院

---

① 六类对象：残疾军人、“三属”（烈士遗属、因公牺牲军人遗属、病故军人遗属）人员、“两红”（在乡退伍红军老战士、红军失散人员）人员、在乡老复员军人、带病回乡退伍军人、农村和城镇无工作单位且生活困难的参战参试退役人员。

② 两类人员：尚未纳入城镇职工基本医疗保险的企业在岗和退休军转干部及 1953 年年底前参军后在企业退休的军队退役士兵。

救助封顶线之和。住院医疗救助标准：特困供养人员按 100% 的比例给予救助，不封顶；最低生活保障对象按 80% 的比例给予救助，封顶线为 5 万元；“六类对象”“两类人员”按 70% 的比例给予救助，封顶线为 3 万元；支出型贫困低收入家庭（含符合条件的农村五保、低保以外的其他建档立卡贫困人员）大病患者，医疗救助政策范围内个人自负部分在 20000 元以上的，对 20000 元以上部分按 50% 的比例给予救助，封顶线为 3 万元；以上救助对象中 14 周岁以下儿童（特困供养人员除外）重大疾病按 90% 的比例给予救助，年累计救助封顶线为 6 万元。

五、医疗保障

2017 年 1 月至 2019 年 12 月，贫困人口门诊享受“四道医疗保障线”支付 82352 人次，总费用 4044.69 万元（含个人支付部分，下同）。其中，统筹基金支付 2775.84 万元，大病保险支付 11481 人次 163.13 万元，二次补偿支付 26793 人次 155.59 万元，疾病医疗补充保险支付 19196 人次 318.58 万元，医疗救助支付 4177 人次 15.6 万元。

贫困人口住院享受“四道医疗保障线”支付 55234 人次，总费用 28750.27 万元。其中，统筹基金支付 17209.81 万元，大病保险支付 1084 人次 663.3 万元，二次补偿支付 16077 人次 2117.26 万元，疾病医疗补充保险支付 46086 人次 5714.44 万元。民政救助支付 26929 人次 691.02 万元，住院报销未足 90% 的财政兜底补差 2021 人次 110.71 万元，医院减免 30299 人次 53.45 万元，实际报销比例为 92.38%。

2020 年 1—12 月，贫困人口门诊享受“四道医疗保障线”支付 50494 人次，总费用 2271.44 万元。其中，统筹基金支付 1422.29 万元，大病保险支付 26073 人次 254.05 万元，医疗救助支付 24475 人次 249.18 万元。贫困人口住院享受“四道医疗保障线”支付 15275 人次，总费用 10204.96 万元。其中，统筹支付 15204 人次 6124.46 万元，大病保险支付 2681 人次 948.67 万元，疾病医疗补充保险支付 9461 人次 1268.52 万元，医疗救助支付 7960 人次 822.27 万元。医院减免 11470 人次 26.07 万元，住院报销未足 90% 的财政兜底补差 179 人次 18.98 万元，实际报销比例为 90.24%。

第二节　医院建设

一、乡（镇）、社区卫生院

2013—2020年，新建乡（镇）卫生院业务用房、周转房等基础设施14处，占地面积16427.9平方米，建筑面积6676.58平方米，总投资2739.83万元；新建乡（镇）卫生院1个，占地面积6667平方米，建筑面积5132平方米，总投资1500万元；改建乡（镇）卫生院业务用房等基础设施7处，改建面积3175平方米，总投资248.8万元。

二、农村卫生室

寻乌县根据《关于印发〈江西省村卫生计生服务室标准化建设指导意见〉的通知》，出台《寻乌县村级卫生计生服务室标准化建设实施方案》《寻乌县健康扶贫工程实施方案》等文件，从2016年起，用3年时间，全县173个行政村［除在城区范围内及乡（镇）卫生院所在地］各建设一所产权公有的标准化村卫生室，建立具有安全性、有效性、综合性、可及性、持续性、非营利性的卫生服务体系。至2020年年底，全县173个行政村中，除在城区范围或乡（镇）卫生院所在地的25个行政村外，其余148个行政村均建起产权公有的村卫生室。

第三节　医务人员队伍建设

一、乡（镇）村医卫人员

寻乌县从2016年开始实行农村订单定向医学生招聘政策。2016—2020年，全县录取50人送至赣州市卫生学校培养，定向覆盖全县所有“乡村医生空白村”。

二、医生进驻执业

对“乡村医生空白村”，采取由邻近村有资质的乡村医生兼诊、巡诊以及由乡（镇）卫生院派医生巡诊的方式，确保产权公有的村卫生服务室有医生执业，实现“小病治疗不出村”的目标。至2020年年底，全县除在城区范围内及乡（镇）卫生院所在地的25个行政村外，其余148个行政村均建有一所产权公有的村卫生室，有119个卫生室有专职医生，16个卫生室由乡（镇）卫生院派医生巡诊。

2020年寻乌县乡（镇）卫生院编制情况表

表8-1

单位	编制数（名）	正式入编人员（人）	空编数（名）
晨光镇中心卫生院	30	21	9
留车镇中心卫生院	36	24	12
南桥镇卫生院	36	26	10
吉潭镇中心卫生院	26	20	6
澄江镇中心卫生院	35	25	10
桂竹帽镇卫生院	14	9	5
文峰乡卫生院	21	20	1
三标乡卫生院	16	11	5
菖蒲乡卫生院	16	12	4
龙廷乡卫生院	8	8	0
丹溪乡卫生院	11	8	3
项山乡卫生院	9	7	2
水源乡卫生院	15	9	6
罗珊乡卫生院	11	8	3
吉潭镇剑溪乡卫生院	5	4	1
丹溪乡岑峰乡卫生院	5	5	0
合计	294	217	77

2020年年末寻乌县村卫生室从业医生情况表

表8-2　　单位：个

乡（镇）	行政村数	产权公有卫生室	有专职医生卫生室	邻村医生兼顾诊疗卫生室	乡（镇）卫生院派医生巡诊卫生室
长宁镇	3	0	0	0	0
晨光镇	21	20	18	1	1
留车镇	21	20	15	5	0
南桥镇	18	16	11	2	3
吉潭镇	16	14	12	1	1

续表 8-2

乡（镇）	行政村数	产权公有卫生室	有专职医生卫生室	邻村医生兼顾诊疗卫生室	乡（镇）卫生院派医生巡诊卫生室
澄江镇	14	13	12	1	0
桂竹帽镇	6	5	4	0	1
文峰乡	17	14	14	0	0
三标乡	12	9	5	3	1
菖蒲乡	8	7	7	0	0
龙廷乡	4	3	1	0	2
丹溪乡	10	8	5	0	3
项山乡	7	6	5	0	1
水源乡	9	7	6	0	1
罗珊乡	7	6	4	0	2
合计	173	148	119	13	16

2017—2020 年寻乌县招聘医务人员情况表

表 8-3　　单位：人

年份	招聘人数合计	县直单位招聘人数	乡（镇）卫生院招聘人数	招聘人员学历情况	
				本科	专科
2017	9	9	0	4	5
2018	84	58	26	19	65
2019	52	18	34	18	34
2020	47	21	26	12	35

第四节　门诊特殊慢性病管理

2017 年，依据《赣州市人力资源和社会保障局关于印发〈赣州市城乡居民基本医疗保险门诊特殊慢性病鉴定标准（试行）〉和〈赣州市城乡居民基本医疗保险门诊特殊慢性病用药诊疗范围（试行）〉的通知》，将全市门诊诊疗特殊慢性病纳入城乡居民基本医疗保险保障范围。

一、门诊特殊慢性病

2016年，赣州市人力资源和社会保障局印发《赣州市城乡居民基本医疗保险门诊特殊慢性病管理办法（试行）》，全市统一规范门诊特殊慢性病种类，一类病7种，二类病23种。2020年3月进行调整，将类风湿关节炎等6种慢性病新增列为医保门诊特殊慢性病，对原有的5种病重新归类调整后，一类病8种，二类病22种。

一类病种（8种）有恶性肿瘤、系统性红斑狼疮、再生障碍性贫血、帕金森综合征、慢性肾功能衰竭（尿毒症期）、器官移植后抗排斥治疗、地中海贫血（含输血）、血友病。二类病种（22种）有脑卒中后遗症、重症肌无力、精神病、高血压病、糖尿病、肺结核、冠状动脉粥样硬化性心脏病（梗死、搭桥术、支架植入术后）、慢性心功能衰竭（Ⅱ级以上心脏合并心功能不全、慢性房颤、原发性心肌病）、慢性肝炎（肝硬化）、慢性支气管炎（慢性阻塞性肺疾病、慢性支气管哮喘）、慢性肾病、癫痫、儿童生长激素缺乏症、痛风、股骨头坏死、艾滋病、类风湿关节炎、阿尔茨海默病（老年痴呆症）、泌尿系统结石病、重度骨质疏松症、甲状腺功能亢进、强直性脊柱炎。

二、贫困人口特殊慢性病调查

寻乌县落实“双线排查”［乡（镇）政府组织村干部、帮扶干部调查一条线，乡（镇）卫生院组织村卫生室及家庭医生签约服务团队人员调查一条线］工作机制，以村为单位，逐户排查，排查结束后，开展“两条线”数据对比，建立贫困人口患慢性病医保登记排查台账。组建门诊特殊慢性病认定服务团队，到各乡（镇）上门服务、集中办理，2017—2019年，共开展贫困人口特殊慢性病普查活动6次，确保户户过滤、无遗漏。

三、门诊特殊慢性病鉴定

2018年11月6日，常见、多发的高血压病、糖尿病、慢性支气管炎等二类22种门诊特殊慢性病购药医保刷卡权限由县级医保部门下放到经评估合格的公立定点乡（镇）卫生院。贫困人口30种门诊特殊慢性病录入医保系统备案权限，下放到承接门诊特殊慢性病认定工作的县级各医院、乡（镇）卫生院。各乡（镇）

卫生院将通过审核鉴定的慢性病患病人员信息，在完成认定工作后2个工作日内录入医保系统，一类8种慢性病患病人员材料由乡（镇）卫生院负责收集上报县人民医院或中医院审核鉴定后录入医保系统，让贫困人口即时享受门诊特殊慢性病医保待遇。

第五节　家庭医生签约服务

寻乌县加强农村贫困人口健康管理，推进基层首诊、分级诊疗，为群众提供综合、连续、协同的基本医疗卫生服务。

全县组建家庭医生签约服务团队156个，为每位建档立卡农村贫困人口免费建立规范化电子健康档案，为65岁以上老年人、0 ~ 6岁儿童、孕产妇和高血压病、糖尿病、重性精神疾病患者等重点对象免费提供健康体检、随访和转诊等服务，各乡（镇）卫生院统一制作、发放、张贴家庭医生签约服务团队联系卡，方便群众联系。

第六节　大病救助

一、救助范围

2013年，县民政局下发《关于进一步规范和完善城乡医疗救助制度的通知》，明确扩大救助范围，将尚未纳入城乡职工基本医疗保险的企业在岗和退休军转干部及支出型贫困低收入家庭纳入救助范围；开展五保户和低保常补对象门诊救助和重大疾病专项救助；支出型贫困家庭救助病种专项由16种增加到17种，提高救助比例和封顶线，五保对象救助比例为100%。开展按病种付费专项救助工作，做好儿童白血病和冠心病免费救治，困难尿毒症患者免费血液透析治疗，贫困家庭重性精神疾病患者免费治疗，将重度耳聋患者人工耳蜗植入、妇女乳腺癌、宫颈癌、耐多药肺结核、艾滋病机会性感染、肺癌、食管癌、胃癌、结肠癌、直肠癌、慢性粒细胞白血病、急性心肌梗死、脑梗死、血友病、1型糖尿病、甲亢16种疾病纳入按病种定额支付救助范围，全年累计救助农村医疗救助对象

2876 人（含门诊救助 476 人），发放农村医疗救助金 726.25 万元（含门诊救助金 43.8 万元）。

二、救助实施

2014 年，救助符合条件的大病救助对象 2320 人次，发放大病医疗救助金 750.18 万元（含爱心医疗救助、尿毒症免费透析、精神疾病免费治疗）。

2015 年，救助符合条件的大病救助对象 2645 人次，发放大病医疗救助资金 969.29 万元（含爱心医疗救助、尿毒症免费透析、精神疾病免费治疗）。

2016 年，县政府办公室下发《关于加强和完善医疗救助制度的实施方案的通知》，将尚未纳入城镇职工基本医疗保险的企业在岗和退休军转干部及 1953 年年底前参军后在企业退休的军队退役士兵、支出型贫困低收入家庭大病患者及符合条件的农村五保、低保以外的其他建档立卡贫困人员纳入医疗救助范围，取消重点疾病病种限制，救助符合条件的大病救助对象 3302 人次，发放大病医疗救助金 836.19 万元。

2017 年，按市里要求，由县医保局统一实行“一站式”同步结算。救助符合条件的大病救助对象 15753 人次，发放医疗救助金 467.89 万元（含资助参保个人缴交部分、暖心基金 140 万元、尿毒症免费透析、精神疾病免费治疗等）。

2018 年，推进县城内困难群众“先诊疗后付费”工作。救助符合条件的大病救助对象 10611 人次，发放医疗救助金 441.56 万元。

2019 年 1—5 月，救助符合条件的大病救助对象 1333 人次，发放医疗救助金 32.77 万元。从 2019 年 6 月起，医疗救助金由县医保局发放。2019 年，“四道医疗保障线”支付住院 386 人次，补偿金额 249.92 万元；慢性病刷卡 1654 人次，补偿金额 90.19 万元。

2019 年 6—12 月，救助符合条件的大病救助对象 6039 人次，发放医疗救助金 308.54 万元。

2020 年，救助符合条件的大病救助对象 7960 人次，发放医疗救助金 822.27 万元。

第九章

安居扶贫

农户有安全的住房是脱贫重要标准之一。从2012年开始，寻乌县实施农村危旧土坯房改造、维修加固、拆旧建新和农村保障房建设；对维修、改造、新建住房的农户，给予资金补助，帮助农户解决住房问题。至2018年年底，全县所有困难农户的住房都得到了解决。

第一节　农村危旧土坯房改造

一、工作机构

2012年，寻乌县农村危旧土坯房改造工作领导小组成立，由县委副书记、县政府县长任组长，县四套班子各一名县级领导任副组长，各相关单位为成员，领导小组下设办公室，办公室设在牵头单位，办公室主任、副主任分别由领导小组副组长兼任。县委、县政府每年例行召开书记办公会、县委扩大会议、乡（镇）党委书记座谈会，召开县级农村危旧土坯房改造工作动员大会，召开全县流动现场会、督查调度会和分片促进会，看现场、比进度，全力推动农村危旧土坯房改造工作。

二、工作方案

2012年年初，寻乌县对农村危旧土坯房改造范围、对象、方式、程序、资金、建材、用地等方面开展调查研究，县政府出台《寻乌县农村危旧土坯房改造工作实施方案（试行）》《寻乌县农村危旧土坯房改造工作领导小组成员单位职责》《寻乌县农村危旧土坯房改造工作流程（试行）》《寻乌县农村危旧土坯房改造资金筹集使用管理办法（试行）》《寻乌县农村保障房建设工作实施方案》《全面推进农村住房安全保障工作实施方案》等40多个工作子方案。

做好村庄布点和村庄建设规划，每个集中改造点安排4000元规划费，聘请规划人员进行规划。推广新户型和《赣南苏区农村危旧土坯房改造新户型设计图集》，聘请有资质的设计单位设计5种适合群众需求的新户型，按图集施工，保障建房质量。

三、建设用地保障

2012年开始，寻乌县实施农村“空心房”拆除工程。实行政府引导、村理事会运作、群众自求平衡，推进农村危旧土坯房改造建房点的宅基地流转。利用危旧土坯房改造用地专项计划指标、城乡建设用地增减挂钩周转指标、农民建房指标、灾后重建指标等政策，确保全县农村危旧土坯房改造建房用地需求。

四、建筑质量监管

寻乌县组织专家开展农村从事建筑务工个体集中培训，学员结业合格后，由市城乡规划建设局颁发村镇建筑工匠资格证书。对建筑工匠、房屋鉴定员、村庄规划员、信息录入员、建材价格监督员、乡（镇）分管领导和寻乌县农村危房改造工作领导小组办公室（简称“县农房办”）工作人员进行培训。开展异地集中新建建房点灾害危险性评估，新建房屋全部按抗震设防烈度为7度设计，维修土坯房实行抗震加固。开展农户建房大宗建筑材料（钢筋、水泥、红砖等）质量抽查，对地基基础、主体结构、水电安装等房屋施工质量和安全开展督促检查和技术指导，保证全县农村危旧土坯房改造实体质量。每个乡（镇）抓好1～2个集中连片示范点建设，编印《寻乌县农村危旧土坯房改造政策宣传100问》、寻乌县农村住房安全保障政策宣传资料。

五、改造实施情况

2012—2018年，寻乌县完成各年度农村危旧土坯房、农村危房改造工作。中央、省、市下达危旧房改造任务24938户，县级实际完成危旧房改造25701户。

2012年，寻乌县14个乡（镇）166个行政村改造农村危旧土坯房，中央、省、市下拨改造补助资金6803.35万元，下达改造任务3949户；实施危房改造3923户，竣工3923户，农户档案管理信息录入率为100%。按改造对象类别分，完成“两红”人员（在乡退伍红军战士和红军失散人员）及革命烈士遗孀11户、“两红”人员及革命烈士子女143户、分散供养五保户167户、低保户506户、贫困残疾人家庭67户、一般贫困户3029户；按改建方式分，完成房屋置换1户、乡村统建50户、修缮加固528户、异地非集中新建647户、异地相对集中新建167户、原址翻建2032户、原址集中新建498户。

2013年，寻乌县14个乡（镇）167个行政村改造农村危旧土坯房，中央、省、市下拨改造补助资金10675.2万元，下达改造任务3000户；实施危房改造7470户，竣工7470户，农户档案管理信息录入率达100%。按改造对象类别分，完成“两红”人员遗孀2户、“两红”人员及革命烈士子女117户、分散供养五保户154户、低保户1185户、贫困残疾人家庭87户、一般贫困户5924户、重点优抚对象1户；按改建方式分，完成房屋置换9户、无房户新建7户、乡村统建20户、修缮加固1127户、异地非集中新建1841户、异地相对集中新建127户、原址翻建4024户、原址集中新建315户。

2014年，寻乌县14个乡（镇）167个行政村改造农村危旧土坯房，中央、省、市下拨改造补助资金12386.75万元，下达改造任务5261户；实施危房改造9214户，竣工9214户，农户档案管理信息录入率达100%。按改造对象类别分，完成烈士遗孀1户、“两红”人员及革命烈士子女84户、分散供养五保户112户、低保户990户、贫困残疾人家庭179户、一般贫困户7845户、重点优抚对象3户；按改建方式分，完成房屋置换7户、无房户新建2户、修缮加固2810户、异地非集中新建775户、异地相对集中新建73户、原址翻建5307户、原址集中新建240户。

2015年，寻乌县14个乡（镇）167个行政村改造农村危旧土坯房，中央、省、市下拨改造补助资金11907.2万元，下达改造任务9960户；实施危房改造2326户，竣工2326户，农户档案管理信息录入率达100%。按改造对象类别分，完成“两红”人员及革命烈士子女21户、分散供养五保户28户、低保户260户、贫困残疾人家庭38户、一般贫困户1978户、重点优抚对象1户；按改建方式分，完成联户公寓6户、乡村统建15户、修缮加固542户、异地非集中新建187户、异地相对集中新建19户、原址翻建1547户、原址集中新建10户。

2016年，寻乌县14个乡（镇）114个行政村改造农村危房，省、市下拨改造补助资金2989万元，下达改造任务524户；实施危房改造524户，竣工524户，农户档案管理信息录入率达100%。按改造对象类别分，完成建档立卡贫困户112户、分散供养五保户90户、低保户147户、贫困残疾人家庭1户、其他贫困户174户；按改建方式分，完成房屋置换22户、无房户新建73户、修缮加固112户、异地非集中新建36户、异地相对集中新建215户、原址翻建66户。

2017年，寻乌县14个乡（镇）144个行政村改造农村危房，省、市下拨改造补助资金2871万元，下达改造任务1250户；实施危房改造1250户，竣工1250户，农户档案管理信息录入率达100%。按改造对象类别分，完成建档立卡贫困户1173户、分散供养五保户1户、低保户26户、贫困残疾人家庭38户、其他贫困户12户；按改建方式分，完成拆旧建新397户、修缮加固615户、保障房分散安置115户、保障房集中安置123户。

2018年，寻乌县14个乡（镇）142个行政村改造农村危房，省、市下拨改造补助资金1786.6万元，下达改造任务994户；实施危房改造994户，竣工994户，农户档案管理信息录入率达100%。按改造对象类别分，完成建档立卡贫困户928户、低保户44户、贫困残疾人家庭22户；按改建方式分，完成拆旧建新215户、修缮加固779户。

第二节　易地搬迁扶贫

一、补助标准

自2013年至2019年12月，全县搬迁1951户8468人。其中，2013年，搬迁242户1165人，移民建房按0.35万元/人的标准给予补助；2014—2015年，搬迁366户1610人，建档立卡搬迁户按0.5万元/人的标准给予补助，非贫困户按0.4万元/人的标准给予补助；2016—2018年，搬迁1343户5693人，建档立卡贫困户按不低于2万元/人的标准给予补助，同步搬迁的非贫困户按0.8万元/人的标准给予补助。移民搬迁累计投资6.1亿元，搬迁建档立卡贫困户745户3286人。

二、精准安置

在对象识别上，以“一方水土养不好一方人”为“界线”，根据“先定地域后定人”的原则确定搬迁对象，对符合政策条件的对象确保“应搬尽搬”。在住房面积上，执行易地扶贫搬迁安置住房建设面积人均不超过25平方米的国家“标线”，做到较大规模集中统规统建、中等规模集中统规共建、小规模集中分散自建，实行标准化设计、施工、建设和监管。在自筹资金上，严守不因搬迁举债的“底线”，坚持建档立卡搬迁户户均自筹不超过 1 万元的标准。在项目资金管理上，遵守项目基建程序和财务管理规定“红线”，强化对项目施工单位和监理单位的履职管理，及时办理规划、环评、用地审批及施工许可等建设手续。

易地搬迁以集中建房安置为主，分散建房安置、自主购房安置相结合，将搬迁对象一次性安置到县城、工业园和有条件的乡（镇）圩镇中心区域。2013—2015 年，易地搬迁主要以分散建房为主。“十三五”期间，易地搬迁以集中建房安置为主，采取统规统建。建立集中安置点 6 个。其中，新建安置点 5 个（分别是进城二期、三期、四期、五期和进园三期），空置安置房 1 个。进城二期、三期、四期、五期安置点毗邻电商产业园、物流园和杨梅工业园区，有小学、幼儿园和汽车站等公共设施，为贫困户就业、创业和生活提供便利条件，落实帮扶干部一对一跟进贫困户后续帮扶措施，每个安置点安排物业管理公司，实行规范化、社区化管理，实现“搬得出、稳得住、能致富”。

三、建房标准

建房安置执行“四制”（项目法人制、项目招投标制、项目监理制和资金报账制）要求，所有安置点均落实先勘察、后设计、再施工的管理程序。按照 25 的倍数设计房屋面积，设计有 50 平方米、75 平方米、100 平方米、125 平方米、150 平方米 5 种面积的安置房，根据贫困家庭人口数确定摇号户型。

四、就业扶持

易地搬迁扶贫开展搬迁对象技能培训和劳动力转移培训。免费提供职业介绍服务，为自主创业者提供创业担保贷款，优先扶助其子女免学杂费就读职业高中、求职创业，优先帮扶搬迁对象在工业园区、物流园、产业园、扶贫车间、农业产业龙头企业、产业基地和公益性岗位就近就业，有就业需求家庭至少有一人实现就业。2015—2018 年，有 502 户 1040 人通过务工实现稳定收入。对有发展产业意愿的移民搬迁对象，采取奖补方式，鼓励其就近发展产业。2016—2018 年，发展产业的移民搬迁对象有 311 户，每户享受 300 ~ 6000 元不等的产业奖补。坚持依法、自愿、有偿原则，引导鼓励搬迁对象入股或流转承包土地经营权和山林经营权，发展产业，增加收入。依法保障搬迁对象原自留山和承包山林的生态补偿收益权。光伏电站收入采取 120 ～ 1450 元的差别化分红方式给 745 户分红，其中 300 元以内 163 户，300 ～ 800 元 531 户，800 ～ 1450 元 51 户。将无劳动能力搬迁对象纳入兜底保障范围，全县有保障收入移民搬迁对象 357 户。

五、社区管理

安置区做到“五通、五化、七有一落实”。“五通”即通水、通电、通公路、通有线电视、通网络；“五化”即硬化、绿化、美化、亮化、净化；“七有一落实”即有网格化服务管理、有综合便民服务中心、有卫生室、有义务制学校、有文化活动场所、有就业服务站、有环卫设施，落实好 10 户以上集中安置点物业管理。

安置区开展党建、物业管理、治安维稳、卫生整治、矛盾纠纷调解、心理辅导、文化宣传等工作，促进搬迁群众融入新社区。进城二期、三期、四期、五期集中安置点建立综合便民服务中心、扶贫车间、卫生室、幼儿园、文化活动室、文化广场等配套设施，探索商业门面招租、安排公益性岗位、就业技能培训、企业落户用工、自主创业就业、资产性收益等后续帮扶，实现设施好、服务好、管理好、生活好的“四好”工作目标。

第三节　保障房建设

2015 年，寻乌县开始实施农村保障房建设，为特困人群（无房户或危房户）提供保障房。2015—2018 年，利用省级资金实施农村危房改造 5094 户。其中，2015 年 2326 户，2016 年 524 户，2017 年 1250 户，2018 年 994 户。

2017 年，县本级财政安排资金 7.23 亿元，扩大农村住房安全保障实施范围。至 2018 年年底，完成保障房建设 15633 户（含 2017 年度 1250 户和 2018 年度 994 户省级农村危房改造对象）。

一、实施范围

全县 173 个行政村，其中城镇规划建设用地范围内的农村保障房建设必须符合城镇规划及土地利用总体规划要求。实施对象为建档立卡贫困户中的无房户或危房户，且确实需要政府兜底解决住房保障的特困人群。采取 4 种安置方式：

中心村集中新建保障房；村小组相对集中新建保障房；通过购买闲置安全农房或对闲置校舍、厂房、村部等房屋进行修缮改造实现安置；符合五保条件的，动员其进入敬老院居住。

二、建设模式

保障房建设采取移民搬迁、拆旧建新、维修加固、交钥匙保障和整治老人住危房5种模式。农村区域长期居住的土坯房且符合“一户一宅”的C级危房，进行维修加固；农村区域长期居住的土坯房且符合“一户一宅”的D级危房，进行拆旧建新；建档立卡贫困户中的无房户或危房户，且确实需要政府兜底解决住房保障的特困人群，集中建设保障房。

三、建设标准

保障房建设保证农村住房基本功能齐全，严格控制建房面积和标准，家庭人口在2人及以下的，每户住房建筑面积35平方米，家庭成员结构代数多的适当放宽标准；家庭人口在3～4人的，每户住房建筑面积不超过50平方米；家庭人口在5人以上的，每户住房建筑面积原则按人均15平方米建房。统一农村保障房外立面装饰，体现客家特色风格，做到经济、简洁、美观。室内简单装修，铺好水泥地面，内墙面粉白，户内安装木制门，入户安装普通防盗门，安装符合国家标准的铝合金窗、照明灯、洁具，水表、电表分户计量。配置柴气两用灶，统一采购配套桌椅、床。农村保障房建房质量高于一般农户自建房标准。房屋地基扎实，承重墙厚度为240毫米，门窗有过梁，非框架结构农村保障房有构造柱。水泥、钢筋、砂浆、砌砖和抗震设防符合国家有关规范要求。

四、资金筹措

寻乌县在享受中央、省农村危房改造、移民扶贫搬迁补助资金外，剩余不足资金由市、县财政按照4∶6的比例解决。此外，寻乌县整合新农村建设、农村饮水安全、农村电网改造、农村公路建设、农村环境综合整治等涉农资金，用于农村保障房建房点基础设施建设。

五、奖补标准

寻乌县对拆旧建新农户给予补助，标准为“四类重点对象”（建档立卡贫困户、分散供养五保户、低保户、贫困残疾人家庭）4万元/户（省补2万元、县补2

万元）、农村军队退役人员 3 万元 / 户（省补 1.5 万元、县补 1.5 万元）、其余一般户 2 万元 / 户（省补 0.5 万元、县补 1.5 万元）；对维修加固农户给予奖励，对唯一住宅农户（含贫困户和非贫困户），实施兜底维修加固；对非唯一住宅农户，奖励标准为 1 万元 / 户，更换琉璃瓦，奖励标准为 40 元 / 平方米。

第十章

社会保障扶贫

寻乌县实施的社会保障体系主要由城乡居民最低生活保障、特困人员(五保)供养、残疾人“两项补贴”、孤儿基本生活保障和临时救助等构成，主要内容是对贫困人员实施社会保障，对“无业可扶、无力脱贫”的贫困人口，通过低保和社会救助等方式“兜好底”，稳定解决贫困人口基本的生计问题。

第一节　城乡居民最低生活保障

寻乌县实行的城乡居民最低生活保障制度将家庭人均收入低于当地保障标准的居民都纳入保障范围，最低生活保障实现应保尽保，落实低保户享受每月优惠用电 10 千瓦时的政策，与传统的社会救济相比，在救济范围、标准、资金、程序和管理体制等方面都有根本性的不同。

一、农村居民最低生活保障

2013 年，寻乌县将人均月收入低于 200 元的农村贫困人口全部纳入低保范围。

2014 年，将人均月收入低于 220 元的农村贫困人口全部纳入低保范围。

2015 年，将人均月收入低于 240 元的农村贫困人口全部纳入低保范围。

2016 年，将人均月收入低于 270 元的农村贫困人口全部纳入低保范围。

2017 年，将人均月收入低于 305 元的农村贫困人口全部纳入低保范围。

2018 年，将人均月收入低于 340 元的农村贫困人口全部纳入低保范围。

2019 年，将人均月收入低于 385 元的农村贫困人口全部纳入低保范围。2019 年 3 月，启动困难群众物价补贴，建立社会救助和保障标准与物价上涨挂钩联动机制。2019 年 3—12 月，向城乡低保对象、城乡特困人员发放价格临时补贴 150.91 万元。

2020 年，将人均月收入低于 470 元的农村贫困人口全部纳入低保范围。2020 年 1 月，启动困难群众物价补贴，实行社会救助和保障标准与物价上涨挂钩联动机制。2020 年 1—9 月，向农村低保对象发放价格临时补贴 401.29 万元。

2013—2020年寻乌县农村居民最低生活保障情况表

表10-1

年份	保障标准［元/（人·月）］	月人均补差标准（元）	全县农村低保对象（户/人）	发放农村低保资金（万元）
2013	200	125	7910/12953	2189.26
2014	220	145	8137/12958	2174.24
2015	240	165	9015/13025	2571
2016	270	195	9723/13917	3213.92
2017	305	225	7020/16744	4552.16
2018	340	255	7036/15743	5172.45
2019	385	285	6901/13260	4981.13
2020	470	325	7327/13963	5753.75

二、城镇居民最低生活保障

2013年，寻乌县将人均月收入低于400元的城镇贫困人口全部纳入低保范围。

2014年，将人均月收入低于430元的城镇贫困人口全部纳入低保范围。

2015年，将人均月收入低于450元的城镇贫困人口全部纳入低保范围。

2016年，将人均月收入低于480元的城镇贫困人口全部纳入低保范围。

2017年，将人均月收入低于530元的城镇贫困人口全部纳入低保范围。

2018年，将人均月收入低于580元的城镇贫困人口全部纳入低保范围。

2019年，将人均月收入低于640元的城镇贫困人口全部纳入低保范围。是年3月，启动困难群众物价补贴，建立社会救助和保障标准与物价上涨挂钩联动机制；至年末，向城镇低保对象发放价格临时补贴22.97万元。

2020年，将人均月收入低于705元的城镇贫困人口全部纳入低保范围。1月，启动困难群众物价补贴，实行社会救助和保障标准与物价上涨挂钩联动机制，1—9 月，向城镇低保对象发放价格临时补贴 64.95 万元。

2013—2020 年寻乌县城镇居民最低生活保障情况表

表 10-2

年份	保障标准［元/（人·月）］	月人均补差标准（元）	全县城镇低保对象（户/人）	发放城镇低保资金（万元）
2013	400	240	1628/2528	843.44
2014	430	270	1646/2383	780.66
2015	450	290	1618/2261	812.02
2016	480	320	1622/2191	872.59
2017	530	350	1512/2052	924.73
2018	580	380	1359/1855	913.94
2019	640	410	1053/1409	769.11
2020	705	450	1035/1403	1568.70

第二节　特困人员及五保供养

一、特困人员供养

2018 年，寻乌县按照《寻乌县特困人员救助供养实施细则》完成特困人员排查认定和自理状况评估工作，将符合特困人员供养条件的贫困群众纳入特困人员供养范围。根据失能半失能集中供养特困人员失能程度，发放护理补贴 17.72 万元；为 84 名特困人员发放丧葬费用 37.4 万元（其中城镇 1 人、0.91 万元，农村 83 人、36.49 万元）。

2019 年，为 57 名特困人员发放丧葬费用 28.25 万元（其中城镇 2 人、1.74 万元，农村 55 人、26.51 万元）；落实失能护理补贴制度，发放农村特困人员集中照料护理费 40.22 万元。2019 年 3 月，启动困难群众物价补贴，建立社会救助和保障标准与物价上涨挂钩联动机制。至年末，为城乡特困人员发放价格临时补贴 23.13 万元。

2020 年，集中、分散供养特困自理人员供养标准为每人每月 615 元，失能半失能人员供养标准为每人每月 915 元，为 44 名特困人员发放丧葬费用 33.19 万元（其中城镇 1 人、1.1 万元，农村 43 人、32.09 万元）。落实护理补贴制度，发放城乡特困人员护理补贴 164.87 万元。2020 年 1 月，启动困难群众物价补贴，实行社会救助和保障标准与物价上涨挂钩联动机制。2020 年 1—9 月，为城乡特困人员发放价格临时补贴 24.32 万元。

2013—2020 年寻乌县农村特困人员供养情况表

表 10-3

年份	特困人员（五保）（人）	其中		集中供养率	集中供养标准（元/月）	分散供养标准（元/月）	发放特困供养资金（万元）
		集中供养人员（人）	分散供养人员（人）				
2013	1571	387	1184	25%	245	220	454.6
2014	1529	378	1151	24.7%	275	260	517.27
2015	1498	386	1112	25.7%	305	260	497.69
2016	1481	346	1135	24.4%	365	290	557.15
2017	1036	300	736	29%	425	320	543.43
2018	846	273	573	32.3%	455	350	461.83
2019	782	254	528	32.4%	505	400	487.05
2020	756	237	519	31.35%	615	615	650.47

2018—2020 年寻乌县城镇特困人员供养情况表

表 10-4

年份	特困人员（人）	其中		集中供养率	集中供养标准（元/月）	分散供养标准（元/月）	发放特困供养资金（万元）
		集中供养人员（人）	分散供养人员（人）				
2018	11	0	11	0	755	755	8.3
2019	12	1	11	8.3%	835	835	12.42
2020	27	13	14	48.1%	915	915	24.43

注：2018 年数据统计时间为 6—12 月。

二、供电优惠

落实“五保户”“低保户”享受每月优惠用电 10 千瓦时的政策。

2013—2020 年寻乌县落实供电优惠情况表

表 10-5

年份	优惠农户（户）	优惠电量（千瓦时）	折算优惠金额（元）
2013	4672	503021	294358.63
2014	5040	557711	324701.75
2015	5184	583697	340469.54
2016	5386	600793	363021.46
2017	7987	667029	402261.46
2018	8108	944870	570106.39
2019	8369	989144	598195.95
2020	8746	953626	572932.06
合计	53492	5799891	3466047.24

三、残疾人“两项补贴”

2016 年 2 月，县政府出台《寻乌县困难残疾人生活补贴和重度残疾人护理补贴制度实施方案》，从 2016 年 1 月 1 日起，符合条件的残疾人全部纳入补贴范围。有寻乌户籍并持有二代残疾证，已纳入低保范围的残疾人享受50元/（人·月）的困难残疾人生活补贴；有寻乌户籍并持有二代残疾证，残疾等级为一级、二级，需长期照护的残疾人享受50元/（人·月）的重度残疾人护理补贴；有寻乌户籍并持有二代残疾证，残疾等级为一级、二级且已纳入低保范围的残疾人享受100元/（人·月）的残疾人“两项补贴”（困难残疾人生活补贴、重度残疾人护理补贴）。2018年起，困难残疾人生活补贴标准为农村50元/（人·月），城镇60元/（人·月）；重度残疾人护理补贴标准为农村50元/（人·月），城镇70元/（人·月）；残疾人“两项补贴”标准为农村100元/（人·月），城镇130元/（人·月）。2020年起，困难残疾人生活补贴标准城乡统一为60元/（人·月）；重度残疾人护理补贴标准城乡统一为70元/（人·月）；残疾人“两项补贴”标准城乡统一为130元/（人·月）。

2016—2020年寻乌县残疾人“两项补贴”一览表

表10-6

年份	补贴总人数（人）	补贴总金额（万元）	其中		
			困难残疾人生活补贴（万元）	重度残疾人护理补贴（万元）	“两项补贴”（万元）
2016	3327	268.17	78.78	37.14	152.25
2017	3371	280.08	74.88	49.11	156.09
2018	4044	339.84	89.91	73.26	176.67
2019	4920	406.82	113.89	89.47	203.46
2020	5228	529.142	152.409	119.311	257.422

注：补贴总金额 = 生活补贴 + 护理补贴 + “两项补贴”。

四、补贴核查

2019年2月，县政府残疾人工作委员会下发《关于建档立卡贫困残疾人两项补贴政策落实情况开展再排查工作的紧急通知》，实施残疾人“两项补贴”发放情况大数据对比和核查漏发工作。2018—2019年，为1049人补发“两项补贴”42.31万元。

五、孤儿基本生活保障

寻乌县坚持“儿童优先”“儿童利益最大化”的原则，对父母因重大困难无法履行抚养和监护义务的无人抚养儿童，采取政府补助的方式，增强儿童家庭养育能力，最大限度地维系儿童原有家庭环境，保障其生存、发展权益。

2013年，社会散居孤儿基本生活费标准为700元/（人·月），福利机构养育孤儿基本生活费标准为1100元/（人·月）。全县有孤儿146人（其中福利机构养育孤儿35人，社会散居孤儿111人），发放孤儿基本生活费108.924万元。

2014年，全县有孤儿109人（社会散居孤儿107人，福利机构养育孤儿2人），基本生活费发放标准为社会散居孤儿700元/（人·月），福利机构养育孤儿1100元/（人·月），社会散居残疾孤儿800元/（人·月）。全年发放孤儿基本生活费95.58万元。

2015年，全县有孤儿92人（社会散居孤儿90人，福利机构养育孤儿2人）。孤儿基本生活费发放标准为社会散居孤儿700元/（人·月），福利机构养育孤儿1100元/（人·月），社会散居残疾孤儿800元/（人·月）。全年发放孤儿基本生活费82.71万元。

2016年，落实孤儿保障政策，全县有孤儿89人（社会散居孤儿85人，福利机构养育孤儿4人）。孤儿基本生活费发放标准为社会散居孤儿700元/（人·月），福利机构养育孤儿1100元/（人·月），社会散居残疾孤儿800元/（人·月）。全年发放孤儿基本生活费74.63万元。

2017年，全县有孤儿80人（社会散居孤儿76人，福利机构养育孤儿4人）。孤儿基本生活费发放标准为社会散居孤儿700元/（人·月），福利机构养育孤儿1100元/（人·月），社会散居残疾孤儿800元/（人·月），全年发放孤儿基本生活费70.67万元。

2018年，落实孤儿保障政策，全县有孤儿19人（社会散居孤儿15人，福利机构养育孤儿4人）。孤儿基本生活费发放标准为农村社会散居孤儿730元/（人·月），城镇社会散居孤儿800元/（人·月），福利机构养育孤儿1200元/（人·月）。全年发放孤儿基本生活费42.41万元。

2019年，全县有孤儿19人（社会散居孤儿15人，福利机构养育孤儿4人）。孤儿基本生活费发放标准为社会散居孤儿950元/（人·月），福利机构养育孤儿 1350 元 /（人·月）。全年发放孤儿基本生活费 24.53 万元。

2020 年，全县有孤儿 13 人（社会散居孤儿 11 人，福利机构养育孤儿 2 人）。孤儿基本生活费发放标准为社会散居孤儿 950 元 /（人·月），福利机构养育孤儿基本生活费发放标准于 11 月提至 1600 元 /（人·月）。全年发放孤儿基本生活费 16.69 万元。

六、临时救助

2015 年开始设立“12349”救助热线，在各乡（镇）建立统一“社会救助受理窗口”的基础上，规范“一门受理、协同处理”工作流程，确保突遇不测、因病因灾陷入生存困境的群众得到有效救助。下拨乡（镇）临时救助资金 46.53 万元，全县发放临时救助款 110 人次 23.71 万元；完善“救急难”转介制度，转介慈善机构向贫困大病患者捐款 5 人次 14 万元。

2016 年，下拨乡（镇）临时救助资金 93.06 万元，全县发放临时救助款 776 人次 97.46 万元。

2017 年，下拨乡（镇）临时救助资金 93.06 万元，全县发放临时救助款 909 人次 101.67 万元。

2018 年，突出临时救助功能，完善乡（镇）临时救助备用金制度，加强临时救助时效性，提高贫困群众抵御突发风险的能力。下拨乡（镇）临时救助资金 175.68 万元，全县发放临时救助款 1296 人次 128.47 万元。

2019 年，健全临时（“救急难”、特别）救助制度，完善对临时贫困群众的“救急难”功能，提高农村贫困群众抵御突发风险的能力，下拨乡（镇）临时救助资金 132.08 万元，发放临时救助款 1861 人次 197.01 万元。

2020 年，改进临时救助工作实施细则，发挥临时救助兜底保障、救急解难作用，提高临时救助资金使用效率，下拨乡（镇）临时救助资金 179.61 万元，发放临时救助款 1474 人次 242.05 万元。

第三节　农村社会养老及高龄津贴

一、农村居民养老保险（新农保）

年满 60 周岁农村老人，由国家发给养老金，标准为 2010 年 10 月—2014 年 6 月，55 元 /（人·月）；2014 年 7—12 月，70 元 /（人·月），2015 年 1 月—

2017年12月，80元/（人·月）；2018年1—9月，98元/（人·月），10月开始，105元/（人·月）。

二、农村高龄津贴

2013年，全年发放5421650元。补贴标准为80～84周岁、85～89周岁、90～94周岁、95～99周岁、100周岁以上老人每人每月分别补贴50元、100元、200元、300元、500元。第三季度，100周岁以上老人补贴标准改为每人每月1000元。此后，80～84周岁、85～89周岁、90～94周岁、95～99周岁、100周岁以上老人补贴标准为每人每月分别补贴50元、100元、200元、300元、1000元。

2014年，全年发放5568900元。补贴标准为80～84周岁、85～89周岁、90～94周岁、95～99周岁、100周岁以上老人每人每月分别补贴50元、100元、200元、300元、1000元。

2015年，全年发放5839300元。补贴标准为80～84周岁、85～89周岁、90～94周岁、95～99周岁、100周岁以上老人每人每月分别补贴50元、100元、200元、300元、1000元。

2016年，全年发放6149000元。补贴标准为80～84周岁、85～89周岁、90～94周岁、95～99周岁、100周岁以上老人每人每月分别补贴50元、100元、200元、300元、1000元。

2017年，全年发放6635350元。补贴标准为80～84周岁、85～89周岁、90～94周岁、95～99周岁、100周岁以上老人每人每月分别补贴50元、100元、200元、300元、1000元。

2018年，全年发放6888600元。补贴标准为80～84周岁、85～89周岁、90～94周岁、95～99周岁、100周岁以上老人每人每月分别补贴50元、100元、200元、300元、1000元。

2019年，全年发放7281350元。补贴标准为80～84周岁、85～89周岁、90～94周岁、95～99周岁、100周岁以上老人每人每月分别补贴50元、100元、200元、300元、1000元。

2020年，全年发放7792140元。补贴标准为80～84周岁、85～89周岁、90～94周岁、95～99周岁、100周岁以上老人每人每月分别补贴50元、100元、200元、300元、1000元。

2013—2020 年寻乌县 80 周岁（含）以上高龄老人补贴一览表

表 10-7

年份	季度	80 ~ 84 周岁		85 ~ 89 周岁		90 ~ 94 周岁		95 ~ 99 周岁		100 周岁（含）以上		小计	
		人数（人）	补贴金额（元）	人数（人）	补贴金额（元）	人数（人）	补贴金额（元）	人数（人）	补贴金额（元）	人数（人）	补贴金额（元）	人数（人）	补贴金额（元）
2013	一季度	2615	389950	1492	446400	515	308400	152	136500	15	20000	4789	1301250
	二季度	2728	404700	1486	444600	489	292800	135	120300	12	18000	4850	1280400
	三季度	2820	420700	1507	540900	507	303600	152	135600	12	70500	4998	1471300
	四季度	2725	406400	1682	504600	535	321000	106	95400	14	41300	5062	1368700
2014	一季度	2705	397450	1663	498900	531	318600	126	113400	15	42900	5040	1371250
	二季度	2759	396000	1675	502500	531	318600	123	110700	15	42200	5103	1370000
	三季度	2839	409700	1692	507900	538	322200	134	120600	17	48900	5220	1409300
	四季度	2919	420250	1674	502500	536	321000	133	119700	19	54900	5281	1418350
2015	一季度	2923	415600	1674	502500	536	321000	133	119700	21	62300	5287	1421100
	二季度	3104	433700	1674	502500	536	321000	133	119700	21	61600	5468	1438500
	三季度	3132	464650	1675	499000	551	327700	132	117400	23	67600	5513	1476350
	四季度	3146	472100	1689	503350	578	343800	134	119500	22	64600	5569	1503350
2016	一季度	3165	472300	1693	501100	603	356300	131	116500	22	63200	5614	1509400
	二季度	3292	504850	1628	482100	582	342700	121	106700	18	54000	5641	1490350
	三季度	3484	526900	1652	491400	609	361100	121	107400	19	55600	5885	1542400
	四季度	3757	568700	1660	497650	626	373500	121	108400	20	58600	6184	1606850

续表 10-7

年份	季度	80 ~ 84 周岁		85 ~ 89 周岁		90 ~ 94 周岁		95 ~ 99 周岁		100 周岁（含）以上		小计	
		人数（人）	补贴金额（元）	人数（人）	补贴金额（元）	人数（人）	补贴金额（元）	人数（人）	补贴金额（元）	人数（人）	补贴金额（元）	人数（人）	补贴金额（元）
2017	一季度	3723	560600	1630	487150	652	384700	126	111800	24	65700	6155	1609950
	二季度	3904	596850	1574	474950	650	384900	125	112300	27	78900	6280	1647900
	三季度	3962	596900	1640	487200	660	391300	132	117300	28	81900	6422	1674600
	四季度	3876	607650	1640	486150	685	407700	136	120400	27	81000	6364	1702900
2018	一季度	4027	610900	1645	486950	686	410200	145	127900	24	70600	6527	1706550
	二季度	4065	611650	1691	495300	664	394400	140	123400	22	66000	6582	1690750
	三季度	4219	630700	1704	500750	692	406100	147	127700	21	63000	6783	1728250
	四季度	4301	645000	1728	511850	709	417300	145	129600	20	59300	6903	1763050
2019	一季度	4301	645000	1728	511850	709	417300	145	129600	20	59300	6903	1763050
	二季度	4307	660450	1830	541250	710	417900	140	129200	20	57900	7007	1806700
	三季度	4356	658150	1870	555050	726	424900	150	131600	24	69900	7126	1839600
	四季度	4426	671950	1897	569450	710	420100	154	136900	25	73600	7212	1872000
2020	一季度	4321	661500	1986	593550	742	439100	162	142500	24	71300	7235	1907950
	二季度	4470	735770	2015	607250	682	410000	159	142200	25	70100	7351	1965320
	三季度	4482	698070	2099	624400	695	417400	162	143100	26	78000	7464	1960970
	四季度	4487	684550	2134	635150	690	413400	167	148800	25	76000	7503	1957900

注：表中人数为季度末人数。2013 年第三季度 100 周岁以上人口补贴金额含一、二季度调整标准后补发金额。

第十一章

文化扶贫

寻乌县以丰富和活跃群众文化生活，满足群众日益增长的精神文化需求为目标，以面向基层、服务群众为宗旨，加强乡村文化建设、农村（社区）服务中心标准化建设、新时代文明实践中心建设力度，开展“赣南新妇女”运动和“激发内生动力，决胜脱贫攻坚战”系列先进典型评选表彰，以文化扶贫助推精神脱贫。

第一节　文化平台建设

一、乡村文化平台

2008—2020 年，寻乌县投入 393.41 万元，建设村图书室 173 个，实现所有行政村都有图书室。通过各单位、各界人士捐赠、购买，为村图书室配备各类图书 35 万册。2009—2020 年，投入 572.85 万元，建设乡（镇）文化站 15 个，全县 15 个乡（镇）都有文化站；投入 312.72 万元，建设农村文化宣传栏 343 个。2015—2020 年，投入 4888 万元，以“七个一”（一个文化活动广场、一个文化活动室、一个简易戏台、一个宣传栏、一套文化器材、一套广播器材、一套体育设施器材）标准建设综合文化服务中心 171 个。

农村（社区）服务中心标准化建设按照“八有”标准（有固定场所、有组织机构、有人员队伍、有统一标识、有工作制度、有活动菜单、有学习平台、有实际效果），因地制宜做好基层阵地资源整合，打造“党群服务 + 文明实践 + 社会治理”综合体。利用闲置校舍、民房、祠堂等场所改造成实践点，建立新时代文明实践中心（所、站）988 个，其中县级新时代文明实践中心 1 个、乡（镇）新时代文明实践所 16 个、村级新时代文明实践站 186 个、新时代文明实践点 785 个，形成“中心、所、站、点”四级阵地体系。

二、群众活动平台

因地制宜，运作好小舞台（文化广场）、小广播（村村通广播）、小课堂（四点半课堂）、小电商（村级电商服务站）、小视频室（留守儿童与外出务工父母视频聊天）、小食堂（孝老食堂）、小图书室、小村史馆（展示乡贤）等场所，发挥学习、服务、活动三大功能，满足不同群体需求。各新时代文明实践所、站成立理事会，负责日常事务、活动开展、场所开放等统一管理工作；县级成立促进中心（正科级），乡（镇）配备 2 名专职人员，村级聘用 1 名党建宣传员，负责新时代文明实践所、站工作的管理运行；整合寻乌县各部门、各社团志愿服务组织资源，积极动员党员干部、乡贤、退役军人、先进典型等加入志愿服务队，进一步带动群众广泛参与，形成以行政力量、社会力量、农村党员、广大群众为主体的“四类”志愿服务队伍，截至 2020 年年底，全县共成立 733 支各级各类志愿服务队。各级志愿服务队伍在县级新时代文明实践中心统筹下，开展各类志愿服务活动。在毛泽东寻乌调查纪念馆、圳下战斗旧址、罗福嶂会议旧址等红色旧址建设实践基地，各所站设立红色广场、红色 K 歌厅等。

第二节　新时代文明实践

一、新时代文明实践中心建设试点县

2017 年 7—8 月，中共中央宣传部派出调研组两次到寻乌县开展蹲点调研，撰写出《弘扬脱贫攻坚精神，推动农村物质文明和精神文明协调发展——寻乌扶贫调研报告》（简称《寻乌扶贫调研报告》）；12 月，中共中央总书记习近平在《寻乌扶贫调研报告》上作出重要批示。2018 年 1 月，寻乌县率先在全省创建一批覆盖城乡的新时代传习所，成为新时代贴近群众、面向基层的理论宣传阵地和实践课堂；5 月 21 日，寻乌县“新时代传习所”工作经验做法在中共中央宣传部第 24 期《宣传工作》上刊登；6 月 20 日，全省“新时代传习所”建设现场推进会在寻乌县召开。

2018 年 7 月，中共中央作出推进新时代文明实践中心建设的重大决策部署；10 月，寻乌县新时代文明实践中心被中共中央宣传部评为全国基层理论宣讲先进集体；11 月，在中共中央宣传部、国务院扶贫开发领导小组办公室举办的“习近平总书记关于扶贫工作的重要论述研讨会”上，寻乌县作“扶贫扶志”经验发言；12 月，寻乌县被列为新时代文明实践中心建设省级试点县。2019 年 5 月，全市宣传部长会议在寻乌县召开，研究部署全市新时代文明实践中心建设试点工作；

8月，寻乌县人民法院深度参与乡村治理案例入选《江西省建设新时代文明实践中心试点工作案例汇编》；10月，寻乌县新时代文明实践中心做法入选中共中央宣传部《宣传思想文化工作案例选编（2019）》，寻乌县被正式列为第二批新时代文明实践中心建设全国试点县。2020年3月，寻乌县被列为全省党的基层阵地资源整合试点县；5月，寻乌县被中共中央宣传部、中央精神文明建设指导委员会办公室确定为全国新时代文明实践中心建设试点工作10个重点联系县之一。

二、新时代文明实践活动

2018年，县委办公室印发《寻乌县建设新时代文明实践中心工作方案》《寻乌县新时代文明实践中心效能提升工程实施方案》等文件，结合“不忘初心、牢记使命”主题教育，对全县新时代文明实践中心建设开展专题调研，形成《寻乌县新时代文明实践中心试点工作现状与对策》调研报告。针对建设过程中存在的短板和问题，县委办公室印发《关于聚焦解决新时代文明实践成效提升突出问题的整改方案》《进一步丰富新时代文明实践活动内容的实施方案》《寻乌县深化拓展新时代文明实践中心建设试点工作实施方案》，多次召开工作调度会，理清思路，明确方向，确定工作重点。

县委宣传部门组建理论先导、党员先锋、技术专家等10支理论宣讲队深入各村组屋场、田间地头开展理论宣讲，截至2020年年底，开展理论宣讲2600多场次，受众10万余人次。采用客家山歌、舞蹈、诗歌等方式编制理论宣讲节目340多个，编印《习近平金句》等通俗易懂口袋书5期10万余册，制作印有党的创新理论的书签、拼图、魔方等文创产品。全县2068名党员干部以志愿者身份参与文明实践，开展“志愿服务进万家”活动。开展“阵地建在哪、设置哪些功能、开展什么活动”等文明实践20问活动，使试点工作聚焦群众需求。建成省级示范点7个，增设县级示范点16个，打造乡村振兴示范村4个。

寻乌县建立“两中心一平台”（新时代文明实践中心、融媒体中心、“学习强国”学习平台）交叉互动、相互促动、有机联动工作机制，融合“学习强国”学习平台内容优势、文明实践中心阵地优势和融媒体中心宣传产品加工优势，形成信息共享、成果共用的立体化宣传格局，实现文明实践中心资源效能、融媒体中心宣传效能和“学习强国”学习平台学习效能“三提升”。在“寻乌融媒”平台开设“学习强国”专栏，定制打造“智慧寻乌”（电视端）互动云平台，升级强化传统电视媒体，植入学习资源，群众通过电视可以点播自己喜欢的内容。在新时代文明实践站设立“学习强国”线下学习室，利用播放器、投屏器、投影仪等多媒体设备，经常性地组织开展集体学习活动。利用村村通广播，在早、中、晚设立3个专栏，用普通话和寻乌话播报“学习强国”学习平台的内容。

至2019年年底，全县184个村级实践站实现线上到线下集中学习280余次，参与群众24000余人次。“寻乌宣传”微信公众号刊播新时代文明实践中心《为你诵读》156期。

三、“赣南新妇女”运动

2018年，寻乌县妇女联合会（简称“县妇联”）印发《关于开展“五净一规范”创评活动》《关于深入推进“赣南新妇女”运动的通知》，在全县范围内开展“五净一规范”示范户、示范小组、示范村评比活动。其中，示范户评比由村支部书记、第一书记牵头，对评出的“五净一规范”示范户悬挂“清洁家庭”红牌，前30名示范户给予20元的物质奖励（资金由帮扶单位解决），一年中累计获3次以上“清洁家庭”红牌的示范户，由乡（镇）给予100元的物质奖励，对家庭环境“脏、乱、差”较为严重的农户，则悬挂“不清洁家庭”黄牌；示范小组评比由乡（镇）挂村班子成员牵头，“清洁家庭”覆盖率在80%以上的小组评为示范小组，给予该小组妇女小组长100元奖励，奖励资金由县妇联按考核结果发放，示范户占比低于30%的村小组评为“五净一规范”清洁家园落后小组；示范村评比由乡（镇）党委、政府牵头，对工作靠前的，达到“两百两一”（百户“清洁家庭”，百场“屋场会”“户长会”，一个“清洁家庭”全覆盖小组，一支妇联工作队伍）要求的村评为示范村，给予1000元的资金奖励。

各乡（镇）开展工作情况通报，做到每周一统计，掌握基层动态，通报发到微信工作群，每月排名通报评选“清洁家庭”“较清洁家庭”“不清洁家庭”的情况；将清洁家园、夫妻和睦、孝敬老人、厚养薄葬、婚事俭办、科学教子、勤劳致富、勤俭持家、团结邻里、热心公益先进家庭典型事迹材料、工作进展和特色做法上报县妇联。县妇联下发《关于印发寻乌县“赣南新妇女”运动考核方案的通知》，对照考核明细逐项过滤打分排名，整理出问题清单，反馈乡（镇）

整改。对考核排位在前三名的乡（镇），下拨10000元、8000元、6000元活动经费；对考核排位在倒数三名的乡（镇），要求提出整改措施，限期整改到位。

做好入户宣传工作，发放宣传单、宣传扇、宣传袋，每天定时播放广播；“屋场会”“户长会”由各村妇女小组长召集，村“两委”干部分组分片到各村小组开好“屋场会”“户长会”。村干部包片，村妇女小组长包组，帮扶干部包户，做好“五净一规范”清洁家园工作；采取清洁家园你评我比“五个一”（宣传动员说一说、妇女动手扫一扫、微信群里晒一晒、清洁家庭评一评、红黑榜上亮一亮）的方式，由村妇联组织，村第一书记、村书记、工作队长、村妇女小组长、部分妇女群众参与，每月开展一次“清洁家庭”“先进典型家庭”的评选；召开县、乡（镇）、村、组“流动现场会”，观摩学习先进示范家庭典型，在开展较好的村中设立村级示范点，每个村设立1 ~ 2个组级示范点。对每个村小组评选的“清洁家园”“孝敬老人”“勤劳致富”典型给予奖励。定期举办颁奖晚会，宣传先进典型，发挥典型示范带头作用。设立“赣南新妇女”生活超市、“爱心超市”、“积分超市”。对不清洁家庭、不赡养老人、厚葬薄养、天价彩礼等负面的人和事，采取媒体曝光、广播通报、上黑榜、入户劝导教育，并发出限制令，规定其不得参与道德模范、“身边好人”和“最美家庭”等先进典型推荐评选。

四、文明新风尚培育

文化活动 以“寻源、寻福、寻味、寻梦”为抓手，开展“我到实践站打个卡”活动，引导广大干部群众参与志愿服务，推广“孝老食堂”建设，开展“我为孝老尽份心”志愿服务，引导青年孝老爱亲；开展“我向国旗报个到”活动，通过每周一举行升旗仪式，激发广大群众集体荣誉感和爱国情怀；开展“品美食话传承”“亮家训传家风”活动，用家乡味道留住乡愁，用传统文化润养乡风，激发群众热爱家乡之情。开展送戏下乡、“草根”书画培训、“客家老表”春晚等文化惠民活动156场次，乡村各新时代文明实践所（站）组织13500多户家庭开展“亮家风、诵家训、践新风”活动，定期发布道德“红黑榜”。创设志愿服务项目115个，开展活动4.5万场次，服务时长突破60万小时。寻乌县组织开展文化活动560多场次。采取走访式和菜单式培训，开展农技志愿者“技术走基层”技术培训130多场次。县、乡、村各级组织开展“六星”创评和“身边好人”“清洁家庭”等先进典型评选表彰活动300余次，评选出“身边好人”653人、“六星文明家庭”4832户、“赣南新妇女”1631人。

“清洁家园”活动 村妇女小组长带头，动员妇女动手搞好家庭“五净一规范”，整治“脏、乱、差”，确保每户家庭“五净一规范”达标。开展传承“孝道好家风”宣讲活动，传承中华传统美德，加强感恩教育，引导贫困妇女树立自尊、自信、自立、自强理念，实现“扶德”成效。加强电子商务、种植、养殖技术培训，提高增收创收能力，实现“志智双扶”。

文明生活习惯活动 破除铺张浪费、炫富攀比、天价彩礼、不赡养老人、厚葬薄养、封建迷信、赌博败家、不讲卫生、不讲团结、大操大办等各种陈规陋习和不良风气。组建巾帼宣传队，宣传文明新风和先进事迹，传播正能量，形成清洁家园、夫妻和睦、孝敬老人、厚养薄葬、婚事俭办、科学教子、勤劳致富、勤俭持家、团结邻里、热心公益的良好风尚。县、乡成立巾帼志愿服务队，帮助重病、重残、孤寡老人，关爱贫困妇女和留守儿童，倡导卫生文明生活习惯，共建整洁美丽家园。

第三节 文化扶贫宣传

一、媒体宣传

2016—2020年，寻乌县充分发挥中共中央宣传部对口支援优势，采取灵活多样的形式，积极组织邀请中央、省、市主流媒体到寻乌县开展“走转改”（走基层，转作风，改文风）活动，深入基层、深入群众，采写鲜活的脱贫故事，挖掘脱贫攻坚的成功经验和好做法，并利用主流媒体的权威性和影响力，全面宣传文化扶贫工作，营造氛围、团结鼓劲，加强扶贫扶志，激发贫困群众内生动力，持续深入地推进文化扶贫工作。

2016年，中央级主流媒体刊发寻乌县文化扶贫稿件18篇；省级主流媒体刊发寻乌县文化扶贫稿件8篇；市级主流媒体刊发寻乌县文化扶贫稿件26篇；县级媒体刊发文化扶贫稿件57篇。

2016年中央级主流媒体发表寻乌县文化扶贫宣传稿件一览表

表 11-1

时间	媒体	版次、位置	标题	作者
1月1日	《人民日报》	第4版	江西寻乌：文化扶贫倍添精气神	刘士安 吴齐强
1月25日	《人民日报》（海外版）	第5版	文化雨露润红土　惠民工程暖人心	刘珊伊
2月19日	《经济日报》	A16版	江西寻乌推广“文化＋电商”模式，打造文化惠民升级版——农家书屋聚才亦聚财	刘兴
4月18日	《人民日报》（海外版）	第5版	客家摇篮：民族迁徙的千年印记	刘效江 王玮
5月16日	《光明日报》	第3版	抓好党建促脱贫——江西寻乌发展纪实（上）	胡晓军 谢运胜 吴迪
5月17日	《光明日报》	第4版	文化惠民奔小康——江西寻乌发展纪实（下）	胡晓军 谢运胜 吴迪
5月18日	《人民日报》	第6版	江西寻乌探索贫困地区公共文化建设新路村里有了文化味	吴齐强
5月29日	《光明日报》	第4版	江西省寻乌县桂竹帽镇中排社区：活跃群众文化　培育良好风尚	胡晓军 杨晓安
6月12日	《人民日报》	第11版版面头条综合	“农家书屋＋电商”，加出了啥?	吴齐强 张惠婷
8月18日	《光明日报》	第4版综合	“加”出融合发展新效益——江西赣州推进“农家书屋＋电商”建设工作纪实	胡晓军 张惠婷
10月9日	CCTV-2	《第一时间》	江西寻乌：国庆假期销售忙，果农网上闯市场	谢春生
11月25日	《人民日报》	第6版综合	我国已建成村综合文化服务中心约五千个以文化扶贫助推全面小康	张贺
11月25日	《光明日报》	第10版版面头条综合	贫困地区百县万村综合文化服务中心工程以文化扶贫助推文化小康	韩业庭
11月25日	《经济日报》	第3版综合	以文化扶贫助推全面小康——我国大力推进村综合文化服务中心建设	李哲
11月25日	《新华每日电讯》	第2版综合	百县万村文化扶贫助推全面小康	周玮

续表 11-1

时间	媒体	版次、位置	标题	作者
11 月 25 日	《人民日报》	第 6 版综合	文化扶贫升级快　基层群众获利多——基层综合文化服务中心建设述评	张贺 宋梁缘
12 月 4 日	《光明日报》	第 3 版	全面小康　文化不能掉队——记江西寻乌村级综合文化服务中心	胡晓军
12 月 4 日	《经济日报》	第 3 版	江西寻乌创新农村综合文化服务——文化站成了“聚财屋”	李哲

2017 年，中央级主流媒体刊发寻乌县文化扶贫稿件 5 篇；省级主流媒体刊发寻乌县文化扶贫稿件 5 篇；市级主流媒体刊发寻乌县文化扶贫稿件 15 篇；县级媒体刊发文化扶贫稿件 63 篇。

2017 年中央级主流媒体发表寻乌县文化扶贫宣传稿件一览表

表 11-2

时间	媒体	版次、位置	标题	作者
1 月 23 日	《光明日报》	第 4 版	文明乡风遍寻乌　建设美丽新家园	胡晓军
1 月 23 日	《人民日报》	第 4 版	江西寻乌治赌：带彩麻将下岗　多彩文化上线	魏本貌 蓝玉林
5 月 9 日	《光明日报》	第 4 版综合	让“互联网＋”更好造福人民	胡晓军
5 月 18 日	《人民日报》	第 4 版综合	精准脱贫的中国故事（砥砺奋进的五年·驻村蹲点话脱贫）——本报记者驻村调研综述	于洋 谢雨
8 月 23 日	《人民日报》	第 15 版头条综合	让井冈山精神放射时代光芒　200 万党员活跃在这片红土地	魏本貌

2018 年，中央级主流媒体刊发寻乌县文化扶贫稿件 3 篇；省级主流媒体刊发寻乌县文化扶贫稿件 3 篇；市级主流媒体刊发寻乌县文化扶贫稿件 10 篇；县级媒体刊发文化扶贫稿件 118 篇。

2018 年中央级主流媒体发表寻乌县文化扶贫稿件一览表

表 11-3

时间	媒体	版次、位置	标题	作者
1 月 15 日	CCTV-2	《生财有道》	江西寻乌：电商助力小康路	裴庆通
1 月 16 日	CCTV-2	《第一时间》	江西寻乌：改变脐橙销售模式　电商助力种植户脱贫致富	肖薇
2 月 2 日	《光明日报》	第 9 版综合	赣南劲吹民俗风——江西赣州文化惠民周活动侧记	胡晓军 马荣瑞

2019 年，中央级主流媒体刊发寻乌县文化扶贫稿件 10 篇；省级主流媒体刊发寻乌县文化扶贫稿件 8 篇；市级主流媒体刊发寻乌县文化扶贫稿件 20 篇；县级媒体刊发文化扶贫稿件 120 篇。

2019 年中央级主流媒体发表寻乌县文化扶贫稿件一览表

表 11-4

时间	媒体	版次、位置	标题	作者
1 月 28 日	CCTV-1 综合频道	《新闻联播》	中宣部中央文明办向深度贫困地区赠送电视机	于涛、周相吉、程楠、肖艳、柳王敏、袁慧晶、李亚楠
1 月 29 日	《人民日报》	第 4 版	满屏新喜暖万家　中宣部、中央文明办春节前向贫困地区赠送八万台电视机	于涛、周相吉、程楠、肖艳、柳王敏、袁慧晶、李亚楠
1 月 29 日	《新华每日电讯》	第 3 版	拓宽致富渠道，满屏新喜暖万家——中宣部、中央文明办春节前向贫困地区赠送 8 万台电视机	于涛、周相吉、程楠、肖艳、柳王敏、袁慧晶、李亚楠
1 月 29 日	《光明日报》	第 3 版	拓宽致富渠道，满屏新喜暖万家——中宣部、中央文明办春节前向贫困地区赠送 8 万台电视机	于涛、周相吉、程楠、肖艳、柳王敏、袁慧晶、李亚楠
1 月 29 日	《经济日报》	第 2 版	满屏新喜暖万家——中宣部、中央文明办春节前向贫困地区赠送 8 万台电视机	于涛、周相吉、程楠、肖艳、柳王敏、袁慧晶、李亚楠

续表 11-4

时间	媒体	版次、位置	标题	作者
7月14日	CCTV-1	《新闻联播》	江西寻乌：创新乡村治理 树立良好村风	郭一淳、王舒畅、曹子啸
8月8日	《人民日报》	第6版	倾心尽力，用知识帮助更多人	喻思南
8月10日	CCTV-2	《经济信息联播》	走一线　看亮点　江西寻乌：上学　就业“一条龙”实现造血式扶贫	白玥、谷艳东、石鹏、周森
8月11日	《光明日报》	第1版	2019年“最美科技工作者”先进事迹发布	詹媛
12月2日	《经济日报》	第15版	为山里孩子架起通往科学殿堂的桥梁——记2019全国“最美科技工作者”、寻乌中学教师黄才发	郭静原

2020年，中央级主流媒体刊发寻乌县文化扶贫稿件37篇；省级主流媒体刊发寻乌县文化扶贫稿件44篇；市级主流媒体刊发寻乌县文化扶贫稿件51篇；县级媒体刊发文化扶贫稿件249篇。

2020年中央级主流媒体发表寻乌县文化扶贫稿件一览表

表 11-5

时间	媒体	版次、位置	标题	作者
6月12日	《人民日报》	第12版	古坑村这个书屋不简单	郑少忠 戴林峰
9月25日	《人民日报》	第7版	江西赣州寻乌县留车村——产业转型升级　增添发展活力	朱磊
6月1日	《新华每日电讯》	第8版	当“荷花”遇见红薯	孙楠 袁慧晶
9月13日	《新华每日电讯》	第2版	培养未来科学家，从守护好奇心开始	温竞华 张泉
9月25日	《新华每日电讯》	第3版	大项目落户小村庄　留车村迎来新机遇	郭杰文

续表 11-5

时间	媒体	版次、位置	标题	作者
9 月 25 日	《光明日报》	第 6 版	弘扬寻乌调查唯实求真精神　建设革命老区高质量发展示范区	李炳军
9 月 25 日	《光明日报》	第 4 版	从脐橙独秀到多元发展——江西寻乌留车村的乡村产业振兴之路	胡晓军
3 月 5 日	中国经济网		县长携 130 万网友助农卖果　寻乌农民拼多多新店日涨 10 万粉	李康
4 月 3 日	《经济日报》	第 5 版	县长直播当网红　农民网店卖断货	乔金亮
8 月 3 日	《经济日报》	第 9 版	江西省寻乌县紧盯群众需求、强化效果导向——成风化俗树新风　文明实践入人心	赖永峰 刘兴 丁伟斌
8 月 3 日	《经济日报》	第 9 版	山歌唱出新风尚	刘兴
9 月 25 日	《经济日报》	第 4 版	产业多元农家富	刘兴
3 月 4 日	央广央视	新闻直播间	[战疫情特别报道]江西　战疫情·复工复产　抓防控促生产　解决用工难技术难	王林
9 月 25 日	央广央视	《新闻和报纸摘要》	[全面建成小康社会“百城千县万村调研行”]留车村的丰收喜讯	范存宝 李兴满
9 月 29 日	央广央视	新闻联播	[全面建成小康社会“百城千县万村调研行”]从单一到多元　留车村的两次产业升级	郭一淳 王舒畅 曹子啸
10 月 14 日	央广央视	经济频道	“脱贫特派员”扎根县域助力脱贫获国家扶贫大奖	刘一
12 月 7 日	央广央视	新闻直播间	江西寻乌　央视新闻走进高布村　第一书记说脱贫	郭一淳 裴奔 庆胜春 杜曦晨
2 月 6 日	人民网		“疫情严峻，见字如面”	何湘
2 月 27 日	人民网		江西寻乌县：“党组织引领、党员帮扶”促进贫困劳动力返岗就业	县委组织部
4 月 24 日	《人民日报》	第 18 版	电商助农，“一时火”还要“一直火”（危中寻机·农业迈向高质量）	常钦

续表 11-5

时间	媒体	版次、位置	标题	作者
5 月 14 日	人民网		勠力同心拔穷根　信心满怀奔小康	唐燕
6 月 11 日	人民网		税务促成蜂蜜产品“滞销”转“畅销”	凌亦康 黄旭丽
8 月 20 日	人民网		寻乌县羊角园果蔬有限公司：小辣椒，大文章	县扶贫办
9 月 2 日	人民网		青春“逆行”江西山村振兴路上“新农人”	罗娜
9 月 3 日	人民网		江西寻乌：小小辣椒酱　打开百姓致富门	张志斌
1 月 16 日	新华网		国盛证券帮扶赣南中坑村　历经三年千余人脱贫摘帽	国盛证券有限责任公司
5 月 9 日	新华社		进城选新房“村民变市民”	李美娟
6 月 20 日	新华网		“鸡司令”的小康路	李芳
9 月 28 日	新华网		江西寻乌：文化惠民展新风“送戏下乡”乐开颜	王凯丰
9 月 29 日	新华网		赣南山村唱响乡风文明“好声音”	王凯丰
2 月 6 日	光明网		［新春走基层］贫困户变致富先锋	童梦宁
7 月 20 日	光明网		江西寻乌：让党的理论“飞入寻常百姓家”	胡晓军 邱士冰
9 月 7 日	光明网		江西寻乌：乡村文明实践让农民生活更有温度	张静
9 月 10 日	光明网		致富路上“法宝”多　江西寻乌开启现代农业“百宝箱”	张静
9 月 10 日	光明网		小辣椒映红寻乌脱贫路　辣椒酱“酿”出红火好日子	张静
9 月 3 日	中国经济网		贫困户当上宣讲员　赣南遗珠成网红打卡地——高排村的新时代文明实践	张雪
9 月 7 日	中国新闻网		江西寻乌扶贫见闻：发展“两业”助脱贫　文化建设固成果	刘力鑫

二、社会宣传

寻乌县把加强社会宣传作为脱贫攻坚文化扶贫工作的重要抓手，结合县情实际，突出工作重点，不断创新宣传形式、丰富宣传内容、拓宽宣传阵地，营造全社会共同关注、支持和参与文化扶贫的良好氛围。帮助困难群众树立脱贫信心，激发内生动力，培育良好乡风民风，凝聚人心，推动群众脱贫和经济发展。

宣传内容 文化扶贫宣传做到“三个围绕”（围绕上级的中心工作思路，宣传寻乌县工作动态；围绕工作任务，宣传新措施、新经验和新做法；围绕群众关心的热点、难点问题，宣传寻乌县工作应对措施），准确宣传解读中央、省、市、县关于文化扶贫的重大政策，使各项政策法规进入基层、惠及群众。准确反映关注民生、服务民生、改善民生所做努力和突出成绩，营造脱贫攻坚浓厚氛围。挖掘和树立脱贫攻坚工作中涌现的“六星文明家庭”“身边好人”“优秀第一书记”“脱贫红旗村”等先进典型。

宣传措施 寻乌县加强对干部、职工的教育引导，树立质量意识、精品意识和时效意识，提高文化宣传信息工作质量。采取“走出去、请进来”的办法，安排文化扶贫宣传人员参加各级组织的宣传培训活动，邀请专业人员到寻乌举办讲座，提升文化扶贫宣传工作人员业务能力和水平。根据不同时期文化扶贫的工作重点和推进情况，选定有特色、有影响的工作，拟定宣传策划方案，组织收集素材、研究定位、总结提炼，进行专题采访。抓住中共中央宣传部对口支援寻乌重大机遇，加强与新华社、《人民日报》、《经济日报》、《光明日报》、中央电视台等中央、省、市级主流媒体的密切联系和协调沟通，邀请媒体记者到寻乌采访调研，借助更高平台宣传推介寻乌，提升寻乌知名度。

第十二章

支援帮扶

2013 年 8 月，国务院办公厅印发《中央国家机关及有关单位对口支援赣南等原中央苏区实施方案》，确定中共中央宣传部、国家统计局对口支援寻乌县。2016 年，安排中华全国供销合作总社定点帮扶寻乌县。2016 年 7 月，江西省赣南等原中央苏区振兴发展工作领导小组印发《江西省高等院校及科研机构对口支援赣南等原中央苏区实施方案》，确定南昌工程学院对口支援寻乌县。2019 年 1 月，深圳市制定印发《深圳市与寻乌县支援合作工作方案》，安排深圳市委组织部、深圳市委宣传部、深圳市人民政府国有资产监督管理委员会等 20 余个单位在产业发展、社会事业、脱贫攻坚等方面支持帮扶寻乌，同时安排龙岗区对口帮扶；4 月，龙岗区委、区政府印发《龙岗区与寻乌县支援合作工作方案》，安排龙岗区委宣传部结对帮扶寻乌县，龙岗区 11 个街道与寻乌县 11 个行政村建立结对帮扶，次月，增加 4 个单位对寻乌县 4 个没有落实结对帮扶的乡（镇）开展支援帮扶，实现对寻乌乡（镇）帮扶全覆盖，协调深圳医院、职业技术学院对口支援寻乌县医院和职业技术学校。对口支援、定点帮扶单位及支援城市对寻乌形成多层次、多形式、多渠道的扶贫帮扶协作模式，有力支持寻乌脱贫攻坚工作。

2013—2020 年，3 个中直单位、9 个省直单位、10 个市直单位定点帮扶寻乌县 28 个行政村，直接投入帮扶资金达 1.3 亿元，捐款捐物折款 70 多万元。中共中央政治局委员、中央书记处书记、中共中央宣传部部长刘奇葆、黄坤明先后多次到寻乌调研指导脱贫攻坚工作；中共中央宣传部、国家统计局、中华全国供销合作总社、南昌工程学院选派干部到寻乌蹲点挂职帮扶。

第一节　国家部委支援帮扶

一、中共中央宣传部对口支援

中共中央宣传部领导始终高度重视对口支援工作。2016 年 10 月，中共中央政治局委员、中央书记处书记、中央宣传部部长刘奇葆到寻乌县调研指导脱贫攻坚工作，强调要树立物质文明和精神文明两手抓、两手都要硬的思想，把文化扶贫纳入扶贫攻坚总体规划，把发展文化作为发展经济脱贫攻坚的重要抓手，把文化充分融入经济、旅游、金融、制造等领域。2017 年 8 月，中共中央宣传部常务副部长、中央文明办主任黄坤明到寻乌县调研指导对口支援工作。2019 年 6 月，中共中央政治局委员、中央书记处书记、中央宣传部部长黄坤明到寻乌县调研指导脱贫攻坚、乡村振兴、高质量发展等工作，指导寻乌县贯彻落实中共中央总书记习近平在江西省和赣州市视察重要讲话精神，并多次在不同场合作出指示、批示，协调推进落实对口支援重大事项。中共中央宣传部先后 22 次组织调研组到寻乌县开展调研，选派 10 名干部到寻乌县挂职，主动担责，定点帮扶项山乡卢屋村、南桥镇南龙村、留车镇留车村 3 个贫困村，重点帮扶事项 91 项，直接投入帮扶资金和物资价值 6400 多万元。

扶贫调研　2013 年 3 月 20 日，中共中央宣传部“贫困地区（革命老区）公共文化服务体系建设”课题调研组到寻乌县调研。2013 年 10 月 28—29 日，中共中央宣传部、国家统计局专题调研组到寻乌县调研。调研组先后到吉潭镇圳下村、鹰瑞梅铁路寻乌火车站选址地等实地调研，听取省、市有关部门和寻乌县就对口支援工作提出的意见、建议，并于 11 月在北京举行对口支援对接会，拟定对口帮扶寻乌具体事项。

2017 年 7 月，中共中央宣传部专门成立课题组，赴寻乌开展扶贫调研。课题组于 7 月、8 月两次赴寻乌，深入南桥镇南龙村、项山乡卢屋村、澄江镇周田村、菖蒲乡菖蒲村、晨光镇黄坑村实地调研，入户访谈 19 家，邀请县、乡、村各级代表座谈 16 场、107 人次，面向全县农村发放调查问卷 1000 份，形成《弘扬脱贫攻坚精神，推动农村物质文明和精神文明协调发展——寻乌扶贫调研报告》。12 月 15 日，中共中央总书记习近平在该调研报告上作出重要批示，号召全党大兴调查研究之风。

开展系列活动　2014—2020 年，中共中央宣传部组织 44 批次 400 多名中央主流媒体、省级媒体的编辑、记者到寻乌县集中采访调研，相继开展“走转改”、新春走基层、“精准扶贫驻村调研江西行”蹲点采访、《国务院关于支持赣南等原中央苏区振兴发展若干意见》出台实施 5 周年采访调研等活动，以及以“走进我们的小康生活”“人权事业发展——决战决胜脱贫攻坚”“生态环境建设保护”“新时代文明实践”“全面建成小康社会‘百城千县万村’”等为主题的调研采访。组织清华大学、北京大学等国内知名大学的58名大学生、研究生及国内主流媒体记者，到寻乌开展以接受革命传统教育和与农户同吃同住同劳动为主要内容的暑期实践体验活动。组织中央电视台“心连心”艺术团到寻乌县开展“强国战旗红”寻乌分会场慰问演出活动。组织举办2015年全国文化科技卫生“三下乡”活动。组织国家话剧院《三湾，那一夜》剧组到寻乌县慰问演出。由中共中央宣传部理论局、光明日报社等单位共同举办的纪念毛泽东寻乌调查90周年理论研讨会在寻乌县举行。邀请中国文联“影像见证新时代　聚焦扶贫决胜期2018—2020大型影像跨界驻点调研创作工程”到寻乌县开展调研创作活动。邀请中国社会科学院马克思主义研究院课题组到寻乌县开展生态建设课题调研活动。协调第七届、第八届全国高校数字艺术设计大赛助力扶贫，设置“走进寻乌”命题比赛活动，涉及村落公共空间导视系统、农产品包装、手绘旅游地图、民宿包装及开发设计等项目。协调组织大芬油画村（大芬村）油画家到寻乌县采风，举办“结伴同行·红色寻乌油画写生作品展”，筹集50万元捐赠路灯。

组织宣传寻乌　2014—2020年，中共中央宣传部协调《人民日报》、新华社、《光明日报》、中央电视台等中央主流媒体刊播寻乌相关稿件124篇，全国各大媒体转载1800多次；在“学习强国”学习平台刊发与寻乌县相关的报道130多条；在寻乌县建立《人民日报》、中央电视台基层联系点。组织中央电视台《地理·中国》栏目摄制组到寻乌县拍摄自然风光片和摄制《寻乌调查85周年》特别节目，并在中央电视台《新闻联播》中播出。协调中央电视台《焦点访谈》栏目摄制组到寻乌县为纪念长征胜利80周年系列特别节目取景拍摄。组织“寻访小平小道　见证改革巨变　开启新的征程”纪念改革开放40周年网络主题活动采访团走进寻乌，“改革开放江西印记”专题专栏推出一批报道作品，在人民网、光明网、新华网、中国青年网等中央、省、市级网站刊发宣传寻乌的原创文章22篇，转载400余篇，阅读点击量超1500万次。协调中央电视台《新闻联播》播出以“江西寻乌：创新乡村治理，树立良好村风”为题的“三治”乡村社会治理工作专题报道。协调新华社、《人民日报》、《光明日报》记者深入基层采访，帮助寻乌县宣传脱贫攻坚成效、农特产品、旅游资源等。

帮扶产业发展 2014年，中共中央宣传部组织《人民日报》、中央电视台、《农民日报》等中央主流媒体记者到寻乌县采访报道果业产业发展，央视7套《全国农产品免费展播》栏目持续4个月播出寻乌蜜桔、赣南脐橙扶贫公益广告，《每日农经》栏目播出寻乌脐橙产业发展专题片。通过省委宣传部组织举办果业电商营销培训班，培训320人，发展电子商务60多家，当年脐橙销售价格突破10元/千克。

2016年，中共中央宣传部协调央视CCTV-2《第一时间》栏目播出《江西寻乌：国庆假期销售忙，果农网上闯市场》，通过宣传推介，当年蜜桔销售价格比2015年高出15%。

2019年，协调中央电视台《中国影像方志》《每日农经》《生财有道》等栏目专题推介寻乌县地方文化及农特产品。中央广播电视总台为寻乌县免费制作及全频道刊播“寻乌蜜桔”扶贫公益广告近1个月，广告市值2000万元。寻乌夏橙、脐橙、百香果、猕猴桃、茶叶、辣椒酱等农特产品先后上线“学习强国”学习平台商城，打通寻乌县农特产品通过“学习强国”学习平台推向全国的销售渠道。

中共中央宣传部协调阿里巴巴集团帮扶寻乌县发展电子商务，拓宽农产品销售渠道。从2020年3月起，寻乌县开展“县长来了”、淘宝直播盛典、赣品网上行电商助农直播、《赣南日报》电商扶贫直播节、淘宝全国贫困县农副产品公益直播、“强国实播　扶贫助农”公益推介、2020年丰收节暨“95”公益直播盛典、中国农民丰收节寻乌县直播专场等各类电商直播（实播）销售活动14场，在线观看累计1800多万人次，扶贫产品销售金额150万元，服务建档立卡贫困人口5000人次。

帮扶文化建设 中共中央宣传部支持寻乌县创建国家欠发达地区基本公共文化服务标准化、均等化示范县。2014—2020年，中共中央宣传部共拨付1770万元用于寻乌“百县万村”综合文化服务中心示范工程建设，建成村综合文化服务中心146个；赠送图书16000余册，为县图书馆协调捐赠图书、期刊62000余册；组织国家七部委（局）向寻乌县赠送资金和物资折款3063.2万元、期刊6种、图书55386册；协调出版《山水林田湖草生命共同体建设——寻乌县生态文明试验区建设的实践与探索》，向全国介绍典型经验；协调中国电影集团公司捐赠价值15.5万元的电影放映设备，由中国电影集团公司帮建的寻乌红色教育影院建成并投入使用；协调《党建》杂志社向毛泽东寻乌调查纪念馆赠送于成松中国画作品《叩醒中国》，丰富展陈；协调河岭高山无线发射电台项目。

2014年，中共中央宣传部帮助寻乌县争取广播电视"户户通"项目及设备20090套。2015年，批复毛泽东寻乌调查纪念馆列入全国爱国主义教育示范基地。2016年，投入1430万元，扶持基层文化队伍建设，推动专业文化队伍定期"送戏下乡"，发掘乡村特色文化，培养农民文化队伍，帮助农民提高文艺表演和民间文艺创作能力；协调资金1200万元，支持寻乌县按国家二级馆标准新建图书馆，提升文化馆，改造完善东江源文化艺术中心，完成毛泽东寻乌调查纪念馆展陈提升工程。2017年，下拨1500万元支持帮扶项山乡卢屋村、南桥镇南龙村脱贫攻坚。2018年，在寻乌建立"学习强国"学习平台客服中心。2019年1月，"学习强国"学习平台用户服务中心（寻乌）正式上线启用。

协调推进项目 2014—2020年，中共中央宣传部帮助寻乌县探索出一条"工作摆位突出、责任落实有力、帮扶措施精准、主体作用明显"的契合寻乌实际的脱贫攻坚路子，协调推进政策落实、项目立项和支援合作。积极争取太湖水库建设项目资金，扶持东江源环境保护项目建设，协调青龙岩旅游景区入列省政府重点调度项目。推动北京德青源金鸡项目立项，完成项目可研、环评、用地报批审批、林地报批和"三通一平"（通电、通路、通水、平整土地），项目分两期实施，一期建设于2019年11月进场施工，建设规模由原定的240万羽扩大到300万羽，到位资金5000万元。协调平安集团到寻乌县试点实施"三村工程"（村官工程、村医工程、村教工程），开展致富创业带头人培训及乡村流动医疗检测，为困难企业提供免息扶贫贷款。协调全国社区医疗服务志愿团18名专家开展医疗援助，免费为1900余名患者提供医疗服务。协调广东省尽快批复立项寻乌至广东龙川高速公路项目，推进寻乌至广东龙川高速公路建设，帮助瑞梅铁路项目的立项和建设。促成深圳市帮扶寻乌县，形成《深圳市与寻乌县支援合作工作方案》，协调深圳市援助4500万元支持寻乌县党建工作和学校、道路、产业等项目建设，促成教育、医疗、文化领域"一对一"结对交流。协调推动阿里巴巴集团委派人员到寻乌县挂职，制定《阿里巴巴助力寻乌县脱贫攻坚与乡村振兴实施方案》，组织实施乡村寄宿学校、客服产业经济、淘宝村、养育未来等六大重点项目。2020年7月22日，阿里巴巴集团与寻乌县签订阿里巴巴（寻乌）客户体验中心、养育未来、乡村寄宿学校项目协议，捐赠资金3500万元。阿里巴巴在寻乌县设立全国第一个县级客服中心，并于2020年10月22日正式启动运营。

干部培训和教育帮扶 2014—2020年，中共中央宣传部共安排13期46名寻乌县宣传文化系统干部到全国宣传干部学院参加新任县委宣传部部长跟班学习培训，或参加全国宣传思想理论研修班、基层思想政治工作创典型经验交流研修班等学习培训；协调选派年轻干部到江苏、浙江挂职锻炼和考察学习；协调中共中央党校经济学部教授到寻乌县举办学习贯彻中共十八届五中全会精神专题研讨班，解读中共中央治国理政新理念新思想新战略；协调中国社会科学院马克思主义研究院研究员和中共中央党校马克思主义学院教授到寻乌县宣讲中共中央总书记习近平“7·26”重要讲话和中共十九大精神；协调中共中央党校教授为寻乌县400多名干部作题为“加强基层党建，助力精准扶贫”的宣讲报告。

2014—2020年，中共中央宣传部先后组织安排寻乌县115名校长、教师到北京、江苏、山东、湖北、河北（石家庄）、河南（郑州、开封）学习交流；协调启动全国健康教育示范点、“教育云”试点县建设，协调解决边远山区教师特殊津贴补贴提标扩面，设立国家幼儿教育巡回支教点，实施教师培训项目（指定1所名校对接），实施7所乡村学校少年宫建设项目，协调落实15所乡村学校少年宫项目、28套健身器材；安排11名知名教师、学者到寻乌县为400余名校长、教师开展专题培训；为乡（镇）中小学协调援建10个“百社千校”图书馆，并向每个图书馆赠送图书90册；协调玉芳教育基金派出专家到寻乌培训教师600人次；组织全国教育专家到寻乌县培训教师600余人；协调中国科技馆发展基金会为乡（镇）中学捐赠5个科技馆（每个科技馆配备价值20万～30万元的设备）。

二、国家统计局对口支援

2014—2020年，国家统计局先后36次组织调研组到寻乌县调研指导工作，选派9名干部到寻乌县挂职锻炼，下拨县统计局各类经费1000多万元，赠送电脑设备50台（套）、电脑服务器2台，按“六有”（有编制、有人员、有经费、有场所、有设备、有制度）、“六化”（统计人员主职化、基层统计规范化、报表台账标准化、统计管理制度化、统计调查法治化、统计手段现代化）标准在15个乡（镇）设立乡（镇）统计站，开展村级、“四上企业”（规模以上工业企业、资质等级建筑业企业、限额以上批零住餐企业、国家重点服务业企业）统计工作室（试点）建设，帮助指导开展经济普查工作；完成帮扶事项56项；大力支持寻乌县研究开发寻乌县经济普查项目管理和经济决策分析平台，寻乌县率先在全省实现统计数据平台化管理。2017—2020年，寻乌县统计局被省统计局评为全省统计业务综合先进，寻乌县统计局被市统计局评为全市统计业务综合先进。

调查研究　2014年7月，国家统计局局长马建堂在《中国信息报》发表文章《统计之魂在寻乌》《探寻中国统计之魂》《大力弘扬苏区调查精神，坚定不移改进统计工作》，在全国统计系统向纵深开展学习弘扬苏区调查精神活动。2016年9月，国家发展改革委副主任兼国家统计局局长、党组书记宁吉喆到寻乌县调研时强调，寻乌调查是统计之魂，要发扬老区统计事业优良传统，从中汲取红色精神力量，把新时期统计改革发展推向深入。2018年，国家统计局邀请景德镇陶瓷大学专家组、相关高校专家到寻乌县开展调研活动，指导新型建材产业发展工作，并与寻乌县签订战略合作框架协议，在人才、资源、技术等方面给予帮扶。

成立调查队　2017年8月，国家统计局正式批复同意设立国家统计局寻乌调查队。2018年9月，印发《国家统计局江西调查总队关于设立国家统计局寻乌、瑞金调查队的通知》，正式成立国家统计局寻乌调查队。

干部培训　2014—2020年，国家统计局组织寻乌县100多人次分别参加国家统计局在湖南、北戴河、西安、成都、深圳等地举办的业务培训班；安排40名干部参加国家统计局定点扶贫县青年干部培训会；邀请国家统计局中国经济景气监测中心、中共中央党校、中国人民大学、广西农业科学院等单位的专家学者到寻乌县开展调研和举办相关讲座；组织寻乌（赣州）领导干部和统计系统业务骨干参加国家统计局举办的经济和统计业务培训班，邀请中共中央党校、中国人民大学、国家部委和国家统计局江西调查总队的专家学者为培训班授课并开展调研；协调中共中央党校教授罗平汉到寻乌县做题为“毛泽东调查研究的理论与实践及其当代启示”的报告。

产业帮扶 2014—2020 年，国家统计局帮助寻乌县向国家能源局申请光伏扶贫指标，争取光伏扶贫补贴资金 300 万元。协调阿里巴巴集团在寻乌开展“千县万村”百亿大计划先锋之寻乌“看橙团”活动和首届寻乌脐橙网销会，帮助寻乌成功争取到国家电子商务进农村综合示范项目，与浙江遂网电子商务有限公司成功签订项目建设合同，完善寻乌县、乡、村三级电商服务体系建设，果品通过电商销售到全国各地。国家统计局通过阿里巴巴旗下“1688”平台与北京、上海、广州、深圳等地网络采购商建立稳定购销渠道，邀请北京、杭州等地大型水果经销商到寻乌县考察并与果农面对面洽谈；组建江西寻乌“梦想橙真”电子商务有限公司。长宁镇被评为中国淘宝镇，寻乌县入选江西省电子商务进农村综合示范县。国家统计局协调联系北京物美等大型商超，打通寻乌果品进入北京市场便捷通道。

帮扶项目建设 2014—2020 年，国家统计局联系协调寻乌太湖水库项目列入《全国中型水库建设安排意见》和江西省首批 PPP（政府和社会资本合作）试点项目，国家按照西南五省重点水源工程投资补助政策扶持建设（争取中央资金支持 2 亿元）。太湖水库工程于 2015 年 10 月 25 日开工，2019 年 4 月 15 日竣工并投入使用。国家统计局协调国家发展和改革委员会、环境保护部和科技部等对寻乌城北污水管网、东江源区垃圾转运站、东江源区生态保护和农业科技扶贫等项目提供中央资金支持；协助编制《国土江河综合整治东江流域试点总体方案（2014—2017 年）》，寻乌县若干项目获批，中央补助资金 2 亿元；邀请中化石油江西有限公司到寻乌县投资项目和产业扶贫，并推进后续合作；协调国家部委推进寻乌至龙川高速公路建设；协调工业和信息化部、中国科学院、中国工程院和中国铸造协会帮助寻乌县莫可精密铸造有限公司铸造项目建设，成立顾国彪院士科研中心，为寻乌县铸造产业发展提供技术指导和人才支持。

三、中华全国供销合作总社定点帮扶

2016—2020 年，中华全国供销合作总社党组书记、理事会主任王侠先后 3

次到寻乌县调研指导定点扶贫工作；总社党组成员、理事会副主任杨建平、邹天放，总社党组成员、经济发展和改革部部长侯顺利多次到寻乌调研定点帮扶工作。总社成立定点扶贫工作领导小组，印发《中华全国供销合作总社行业扶贫三年行动计划》，选派3名干部到寻乌县挂职，派出1名干部驻点晨光镇高布村担任第一书记。中国农业生产资料集团公司（简称“中农集团”）、中国供销农产品批发市场控股有限公司（简称“中农批公司”）、中国再生资源开发有限公司（简称“中再生公司”）、新供销产业基金管理有限公司等供销集团企业领导深入基层调研指导，商讨扶贫对策。

基层供销组织建设帮扶 2016—2020年，中华全国供销合作总社加强和推进基层供销组织建设，组织成立农民合作社联合社，领办54家专业合作社，吸纳153户贫困户加入，使贫困户获得稳定资产收益和工资收入。从2017年起，中华全国供销合作总社每年安排250万元供销发展基金，借给寻乌县用于基层社恢复；安排社会服务化项目资金500万元，帮助寻乌县发展供销事业。

项目建设帮扶 2016—2020年，中华全国供销合作总社支持援助农发项目、惠农项目、基层建设项目20多个，项目总投资9000余万元，帮助寻乌县改善公共服务和产业发展。通过农业综合开发等项目资金，扶持寻乌县发展果蔬、脐橙等特色农业，推动打造特色农业产业体系；通过电子商务惠农工程项目，投资610万元，支持寻乌县发展县、乡、村电商服务体系，建立县级电子商务运营中心，在全县15个乡（镇）设立“供销e家”综合服务站，在136个村设立村级电商服务点；协调中农集团现代农业服务有限公司在寻乌县投资2000万元建设惠农服务中心，投资1000万元建设农产品加工果蔬流通项目，创办3个农民专业合作社，降低农业产业风险，提高农业增值效益；划拨500万元支持寻乌县果蔬流通产业融合扩建项目，建立果蔬流通批发仓库。

电商产业培训 2016—2020年，中华全国供销合作总社协调中国供销电子商务有限公司每年邀请专家学者到寻乌县举办农产品电商营销策略培训班和贫困地区农副产品网络销售平台（扶贫“832”）培训会。

产业帮扶 2016—2020年，中华全国供销合作总社组织系统内15家大型商贸流通企业与寻乌县签订脐橙、蔬菜等20多种农副产品产销对接协议，直接采购和帮助销售农产品，惠及建档立卡贫困人口4020人；中华全国供销合作总社及直属企业消费扶贫采购寻乌脐橙、百香果等农产品总值77.6万元；中农批公司在深圳、赣州设点，建立寻乌农产品消费扶贫展销中心；2018年，帮助贫困户销售脐橙150多万千克，直接带动132户建档立卡贫困户实现就业和增收；以高布村为帮扶重点，建立蔬菜、猕猴桃、光伏、稻虾养殖四大产业基地，打造高布村果蔬品牌，直接带动贫困群众每年户均增收3650元；通过直属企业结对帮扶、专项资金支持等方式，支持土地托管及蜜蜂养殖、龙脑樟种植、蔬菜种植、柑橘苗木假植、小龙虾养殖、光伏发电和基础设施建设帮扶，设立扶贫车间1个，帮扶贫困户就业；组建专业合作社，每户贫困户以500元的标准入股中农批蔬菜基地，贫困户从2017年起，每年可以从中获得分红500～1000元；投资100万元，租赁土地15.5亩，搭建脐橙假植大棚9600平方米，首期为204户农户每户免费提供1.5年假植脐橙苗150株。中农集团投资100万元，在高布村建立中国农资·高布现代农业服务中心。

教育帮扶　2016—2020年，中华全国供销合作总社直属企业中农批公司和中农集团在晨光中学为高布村贫困学生设立“优教优学基金”，每学年资助1万元；中合联投资有限公司（简称“中合联公司”）向高布村小学捐赠价值3万元的图书。总社还协调江西旅游商贸学院减免寻乌籍建档立卡贫困户子女学费6万元。

帮扶贫困村发展　2016—2020年，中华全国供销合作总社明确中农集团、中农批公司、中合联公司、中再生公司每年出资50万～100万元，对建档立卡贫困村实施整村推进，支持贫困村发展扶贫产业和改善生产生活条件。高布村有贫困户88户341人，该村于2019年实现整村脱贫摘帽，村级经济收入由零增长至年收入约40万元。

第二节　省市直单位支援帮扶

一、南昌工程学院对口支援

2017年1月，南昌工程学院组织科研处副处长彭聪等8名专家、博士到寻乌县开展前期调研；5月，印发《南昌工程学院对口支援寻乌县工作方案》，成立由校长金志农为组长的南昌工程学院对口支援寻乌县工作领导小组，明确加强人才技术支援、发挥智库作用、推进共赢发展3项主要任务；7月，南昌工程学院党委副书记、校长金志农到寻乌县调研，与寻乌县县长杨永飞签订《寻乌县人民政府　南昌工程学院战略合作框架协议》。2018年8月至2020年12月，南昌工程学院选派博士鲁向晖到寻乌县挂职，鲁向晖先后任县科技局副局长、水利局副局长；选派江俊飞到寻乌县挂职，任寻乌县工信局副局长。2019年11月，南昌工程学院党委书记徐兰宾到寻乌县调研，并出席南昌工程学院、县政府、江西德新达智能机械有限公司校地企三方"博士科研工作站"签约及捐赠仪式。

帮扶企业发展　2017—2020年，南昌工程学院每年出台对口支援寻乌县工作计划，落实44个对口支援事项。校机械与电气工程学院院长黄志开带领博士团队组成编写组，邀请哈尔滨工业大学教授、中国工程院院士邓宗金，西安交通大学教授梅雪松担任顾问，免费帮助寻乌县编制《寻乌县通用设备制造产业发展规划》。南昌工程学院在江西德新达智能机械制造有限公司挂牌创建"博士科研工作站"；多次派专家、博士到寻乌县各重点企业调研指导，了解首位产业发展现状和前景，帮助寻乌县企业发展。

培训企业人才　2017—2020年，南昌工程学院协调南昌水利职业技术学院接收寻乌县11名技术人员参加为期10天的培训；派出朱仁淼、胡瑞两名博士在寻乌县举办"产品的创新设计""产品的专利申请"专题讲座，派出科研处副处长彭聪在德新达商学院举办"人才引进与培养"专题讲座，派出江俊飞博士在德新达商学院举办"寻乌县'十四五'规划解读及企业发展思考"专题讲座，定期为寻乌县企业推荐优秀毕业生，为工业园区企业提供科技咨询。

教育帮扶　2017—2020年，南昌工程学院派出专业团队为寻乌县167所中小学提供个性化校园文化设计方案，为寻乌县通过国家九年义务教育均衡发展督导评估验收提供强力支持；选派涂振宇、曾瑄两名教授到寻乌中等职业技术学校以专业讲座、说课示范、互动分享等形式开展现场送教活动；分3批次为寻乌县捐赠电热水器706台，解决63所学校热水不足问题；帮扶寻乌县与江西水利职业学院建立人才培训机制和开展合作办学等事项，提升县中等职业技术学校办学层次。

二、其他省市部门及部队定点帮扶

帮扶单位 2013—2019年，按照中央、省、市脱贫攻坚工作部署，省市有关部门、单位和市军供站主动参与寻乌县脱贫攻坚工作。省派定点扶贫单位有省农业综合开发办公室、省地震局、赣南师范学院、江西赣能股份有限公司、中国铁塔股份有限公司江西省分公司、江西广播电视台、中江国际信托股份有限公司、江西省建工集团有限责任公司、江西现代职业技术学院；市直定点扶贫单位有市国土局、省农村信用联社赣州办事处、市新闻出版局、市军供站、市矿管局、市工商局、市邮政局、市环保局、市住房保障管理中心、赣州航空发展服务有限公司。

帮扶资金 2013年，省定点扶贫单位3个，定点帮扶3个村。省委常委、省纪委书记周泽民率江西广播电视台、中江国际信托股份有限公司、省建工集团有限责任公司定点联系吉潭镇黎坑村；市委副书记王少玄协同市国土局、省农村信用联社赣州办事处定点联系吉潭镇圳下村。全年投入定点扶贫资金297万元，争取各类扶贫资金1109.53万元，捐款捐物折款14万元。

2014年，省定点扶贫单位3个，定点帮扶3个村；市直定点帮扶单位7个，定点帮扶6个村；定点扶贫单位全年筹集帮扶资金221.25万元，争取资金734.2万元，捐款捐物折款33.4万元，帮助寻乌县发展扶贫项目30个。

2015年，寻乌有扶贫工作重点乡（镇）15个、重点村65个；省派定点扶贫单位6个，定点帮扶6个村；市直定点帮扶单位5个，定点帮扶5个村；全年筹集帮扶资金2113.46万元。

2016—2019年，省派定点扶贫单位6个，定点帮扶6个村；市直定点扶贫单位9个，定点帮扶9个村；累计筹集帮扶资金1.06亿元。

第三节 深圳市支援合作帮扶

在中共中央宣传部的积极协调下，深圳市支援合作帮扶寻乌县。2018年6月起，深圳市人民政府、深圳市委宣传部、深圳市经济贸易和信息化委员会、深圳市关爱行动组委会办公室等单位和部门分别到寻乌县调研经济社会发展和脱贫攻坚工作等情况。2019 年 1 月，深圳市印发《深圳市与寻乌县支援合作工作方案》，明确 20 余个单位在产业发展、社会事业、脱贫攻坚等方面支援帮扶寻乌县，并将帮扶责任落实到中国共产党龙岗区委员会、龙岗区人民政府；2 月，深圳市委常委、市委宣传部部长李小甘到寻乌县调研，推进支援帮扶事项；4 月，广东省委副书记、深圳市委书记王伟中率深圳市考察团到寻乌县调研考察，并在寻乌县召开座谈会；中共深圳市委员会、深圳市人民政府印发《关于做好 2019 年支援合作寻乌工作重点的通知》；同月，龙岗区委、区政府印发《龙岗区与寻乌县支援合作工作方案》，明确龙岗区结对帮扶寻乌县，龙岗区委宣传部负责牵头协调工作，深圳市 11 个街道与寻乌县 11 个行政村建立结对帮扶关系；6 月，龙岗区出台《关于印发龙岗区与寻乌县增补乡（镇）支援合作工作方案》，增加 4 个单位结对帮扶寻乌县 4 个没有落实结对帮扶的乡（镇），对寻乌县乡（镇）帮扶实现全覆盖；协调深圳医院、深圳市第一职业技术学校对口支援寻乌县医院和寻乌县中等职业技术学校。寻乌县成立寻乌县对接深圳市支援合作工作领导小组，由县委主要领导任组长，下设办公室。

一、项目建设

依照《深圳市与寻乌县支援合作工作方案》要求，2019 年，深圳市政府安排合作项目 36 个，其中财政援建项目 6 个、重大项目 2 个；安排帮扶资金 5400 万元，其中深圳市财政帮扶 3500 万元，龙岗区财政帮扶 1000 万元，龙岗区 15 个街道（或国企）帮扶 900 万元（每个街道或国企 60 万元）。深圳市龙岗区吉华街道办事处、布吉街道办事处、平湖街道办事处、龙城街道办事处各拨付援建资金 120 万元，实施援建村级基础设施和产业发展等项目。

深圳市恒大集团无偿出资 5000 万元援建幸福小镇项目，打造有产业支撑、美丽宜居、生态发展的乡村振兴示范点。深圳市安排 5000 万元资金用于支持中共中央宣传部协调引进的德青源金鸡产业项目（总投资 6.06 亿元）落户寻乌县。腾讯公益慈善基金会发起“益”路同行护东江公益活动，通过微信“捐步”形式，调动数千万群众参与活动，配捐 2000 万元用于实施东江源生态保护项目，为寻乌县生态修复提供资金支持；腾讯公益慈善基金会通过“腾讯为村”平台发起“人人为村出份力、点亮寻乌回家路”公益活动，捐款1560万元，为寻乌县安装路灯7800盏。深圳市百合集团承诺为寻乌罗福嶂会议旧址升级改造项目提供不低于1000万元的资金援助，2019年下拨330万元的前期征地费用。

二、人才支援

南方医科大学深圳医院、广州中医药大学深圳医院（福田）、深圳市宝安区妇幼保健院对口帮扶寻乌县人民医院、寻乌县中医院、寻乌县妇幼保健院，深圳3家医院共派出7名专家到寻乌县开展长期驻点诊疗，派25名医师到寻乌县开展义诊、学术交流等合作；深圳市宝安区妇幼保健院为寻乌县妇幼保健院捐赠价值36万元的医疗设备，并接收12名医师到该院跟班学习。

寻乌县中等职业技术学校与深圳市第一职业技术学校探索推进“2+1”（2年寻乌培训、1年深圳培训）联合办学模式，邀请教育专家和一线优秀教师到寻乌县举办中学政治课教师、中小学（幼儿园）校长（园长）、教导主任培训班，培训人数233人；组织寻乌1000名新教师参加由深圳市龙岗区组织的岗前培训；寻乌县幼儿园、寻乌县城关小学、寻乌中学选派85名教师分别到深圳市第二幼儿园、深圳市仙桐实验小学、深圳市实验学校高中部跟班学习。

三、产业帮扶

2019年3月，深圳市本来生活网与寻乌县签订农特产品供应战略合作协议，推动寻乌脐橙与鹰嘴桃果品销售，组织寻乌合作社参加深圳慈善展览会扶贫农产品展销会，为寻乌县安排200平方米展位，签订购销协议和旅游开发协议各1份，协议销售金额7500万元。2020年2月29日至3月1日，深圳市出资18.06万元，安排19辆专车到寻乌县接602名外出务工人员（贫困人口101人）返岗上班。

四、文化帮扶

深圳市委宣传部在第十五届中国（深圳）国际文化产业博览交易会上免费为寻乌县安排价值2000万元的独立展厅，并协调专业设计公司帮助寻乌县策划、设计。深圳广播电影电视集团与寻乌县签订战略合作协议，加强与寻乌县在宣传文化、人才培训、产业开发、媒体融合等方面的帮扶合作，为寻乌县制作《情系东江　梦萦寻乌》宣传片并在媒介上播放，并帮扶寻乌县级融媒体中心建设。

深圳市文化广电旅游体育局与寻乌县建立框架合作意向，举办 2019 年南粤古驿道（寻乌古坑赛区）定向大赛。龙岗区委宣传部将寻乌县黄沙村一闲置粮站改造成电影放映点，并捐赠数字电影放映设备 1 套。龙岗区文化广电旅游体育局在寻乌县举办“益行红色圣地，重温寻乌调查”红色公益徒步活动，深圳 400 名爱心人士与寻乌县千名干部群众一起参与活动。组织 20 多名大芬油画村画家到寻乌县采风，举办为期一周的公益画展，并捐赠 10 幅油画。龙岗区舞台剧作品《浮流》与寻乌县舞台剧作品《寻路》在深圳、寻乌两地交互上演。

五、爱心捐助

龙岗区深圳侨报社发动爱心人士，为寻乌县 300 个贫困家庭实现每户价值不低于 300 元的“微心愿”。

深圳市委宣传部为寻乌县图书馆和罗珊等 5 所中心小学捐赠图书 33379 册。深圳市关爱行动组委会办公室为寻乌县实施“鹏城小书屋”捐赠计划，募集图书 7000 册。

画家周桂云举办公益画展，将拍卖所得 50 万元捐赠给项山乡书坪村、菖蒲乡徐溪村用于安装路灯。

深圳市关爱行动组委会办公室协调“华林证券”、深圳敬泽医养科技有限公司、深圳华安财产保险股份有限公司、深圳平安保险有限公司等爱心企业，为寻乌县筹集总值 109.89 万元的物品、保险和善款，用于帮扶乡村孤寡老人。

第四节　县直部门单位定点帮扶

一、帮扶机制

从 2015 年开始，寻乌县实行包村帮户脱贫制度，把脱贫攻坚确立为“书记工程”，即精准扶贫工作县、乡（镇）、村三级党组织书记负总责。县乡村各级干部包村帮户，结对帮扶，编制 10 名以下的单位帮扶 1 个村，编制 10 ~ 20 名的单位帮扶 2 个村，编制 30 名以上的单位帮扶 3 个村；实现“县级领导包村、单位对口帮扶、干部结对帮扶”全覆盖，每个贫困村都有驻村工作队，每户贫困户都有干部帮助脱贫。2013—2014 年，有 82 个县直部门单位对 82 个扶贫工作重点村定点扶贫。2015—2016 年，有 65 个县直部门单位对 65 个扶贫工作重点村定点帮扶。2017—2020 年，有 110 个县直部门单位对 173 个行政村实施定点帮扶。

二、帮扶措施

落实“2+10864”扶贫机制，即每位现职县级领导包 2 个贫困村，每个贫困村至少有 1 个县直、驻县单位帮扶，每位县级领导、正科级干部、副科级干部、一般干部分别结对 10 户、8 户、6 户、4 户贫困户。2015—2020 年，从县直、乡（镇）机关选派 173 名党员干部到 173 个村担任党组织第一书记，为各村配备“大村长”；选派 506 名干部常年驻村扶贫，驻村干部要求驻村时间不少于 20 天 / 月，其他帮扶干部驻村时间不少于 4 天 / 月。全县正科级以上干部实行“六包”责任，机关干部全员上阵，每月分 AB 岗住村帮扶。

三、资金与项目

2013—2020 年，筹集扶贫资金 5095.98 万元，争取扶贫资金 481.13 万元，为基层群众送上帮扶慰问资金 60.82 万元，实施扶贫项目 1481 个。资金主要用于村组道路建设、农田水利和饮水工程建设等项目。

2013—2020 年寻乌县直部门单位定点帮扶情况表

表 12-1

年份	定点帮扶单位（个）	帮扶行政村（个）	筹措资金（万元）	实施扶贫项目（个）
2013	82	82	418.48	185
2014	82	82	410	82
2015	65	65	201.5	190
2016	65	65	455	195
2017	110	173	672	251
2018	110	173	987	260
2019	110	173	980	160
2020	110	173	972	158
合计			5095.98	1481

2013—2020 年国家部委下派寻乌县挂职干部一览表

表 12-2

挂职干部姓名	所派单位及原任职务	挂职单位及职务	级别	挂职时间
刘玉春	中共中央宣传部机关服务中心会务接待处处长	寻乌县委副书记、副县长	正处级	2013 年 12 月—2015 年 12 月
王全众	国家统计局统计设计管理司制度管理处处长	寻乌县委副书记、副县长	正处级	2013 年 12 月—2015 年 12 月
吴祖平	中国政研会、思政研究所调研二部主任	寻乌县委副书记、副县长	正处级	2016 年 3 月—2018 年 3 月
侯守国	国家统计局服务业调查中心服务业一处副处长	寻乌县委常委、副县长	副处级	2016 年 3 月—2018 年 3 月
温琦	北京商业管理干部合作经济研究中心副主任	寻乌县委常委、副县长	副处级	2016 年 3 月—2017 年 3 月
赵岩	中华全国供销合作总社济南果品研究院加工研究所常务副所长	寻乌县委常委、副县长	副处级	2017 年 4 月—2018 年 3 月
米雅娜	中华合作时报社新闻中心主任（正处级）	寻乌县委常委、副县长	正处级	2018 年 2 月—2021 年 4 月
张海	中共中央宣传部机关服务中心技术保障处处长	寻乌县委副书记、副县长	正处级	2018 年 4 月—2020 年 4 月
汪传敬	国家统计局农村社会经济调查司平衡分析处处长	寻乌县委副书记、副县长	正处级	2018 年 4 月—2020 年 4 月
王冬	国家统计局国民经济综合统计司综合处处长、一级调研员	寻乌县委副书记、副县长	正处级	2020 年 6 月—2022 年 6 月
高远	中共中央宣传部出版局（古籍整理出版规划办公室）网络出版处副处长、二级调研员	寻乌县委副书记、副县长	正处级	2020 年 6 月—2022 年 6 月
丁一	国家统计局投资司投资处主任科员	寻乌县发展和改革委员会副主任，中共寻乌县文峰乡委员会委员、副书记	正科级	2015 年 1 月—2016 年 1 月
马龙锋	中共中央宣传部办公厅秘书处主任科员	寻乌县委宣传部副部长	正科级	2015 年 11 月—2016 年 11 月

续表 12-2

挂职干部姓名	所派单位及原任职务	挂职单位及职务	级别	挂职时间
武淳	《党建》杂志社总编室助理编辑	寻乌县文广新局副局长	副科级	2015 年 11 月—2016 年 11 月
张亮	中共中央宣传部《时事报告》杂志社总编室编辑	寻乌县长宁镇副镇长、长宁镇城北村总支部第一书记	副科级	2015 年 11 月—2016 年 11 月
吉志雄	中华全国供销合作总社主任科员	寻乌县晨光镇党委副书记、晨光镇副镇长、晨光镇高布村党支部第一书记	正科级	2016 年 3 月—2021 年 4 月
王仁锋	《党建》杂志社三编室助理编辑	寻乌县委宣传部副部长	副科级	2017 年 5 月—2018 年 5 月
彭绍骏	中共中央宣传部学习出版社编辑部助理编辑	寻乌县南桥镇副镇长、南桥镇南龙村第一书记	副科级	2017 年 5 月—2019 年 5 月
王璐	国家统计局城市社会经济调查司服务业价格处主任科员	寻乌县扶贫和移民办公室副主任	正科级	2017 年 8 月—2018 年 8 月
寇迪	国家统计局城市社会经济调查司生产投资价格处副主任科员	寻乌县扶贫和移民办公室副主任	副科级	2017 年 8 月—2018 年 8 月
贾俊霞	国家统计局国民经济核算司副主任科员	寻乌县统计局副局长	副科级	2018 年 8 月—2020 年 8 月
尚梦琦	国家统计局住户调查办公室主任科员	寻乌县扶贫和移民办公室副主任	正科级	2018 年 8 月—2019 年 8 月
毛欣桐	国家统计局国民经济核算司投入产出核算处四级主任科员	寻乌县扶贫办综合股股长	副科级	2019 年 8 月—2020 年 8 月
雍鑫	中共中央宣传部政策法规研究室四级主任科员	寻乌县留车镇留车村第一书记	副科级	2019 年 9 月—2021 年 9 月
张聪	国家统计局能源司四级主任科员	寻乌县统计局综合股股长	副科级	2020 年 8 月—2021 年 8 月
李珏滢	国家统计局人口和就业统计司工资社会保障处四级主任科员	寻乌县发展和改革委员会副主任	副科级	2020 年 8 月—2021 年 8 月

2015—2020年中央、省、市相关单位到寻乌县驻村帮扶情况表

表 12-3

序号	单位名称	驻村工作队员	帮扶村	帮扶年度	帮扶资金（万元）	帮扶项目
1	中共中央宣传部	彭绍骏	南桥镇南龙村	2017	200	基础设施项目、村级集体经济
		彭绍骏		2018	41	党建经费
	小计				241	
2	中华全国供销合作总社	吉志雄、彭晨	晨光镇高布村	2016	1000	高标准大棚蔬菜基地
		吉志雄、彭晨		2017	50	光伏基地前期
		吉志雄、彭晨		2018	733	脐橙育苗基地、大棚蔬菜2期等
		吉志雄、彭晨		2019	1300	大棚蔬菜3期、现代农资农服中心、扶贫车间等
	小计				3083	
3	江西赣能股份有限公司	章平、吕亚翔、万长余	南桥镇古坑村	2015	73	自来水引水、排污、太阳能路灯
		李玉华、吕亚翔、万长余		2016	59.8	果园示范基地、小学捐赠
		李玉华、吕亚翔、万长余		2017	204.6	农户屋顶光伏电站奖补、村集体光伏扶贫电站
		吕亚翔、万长余、章凯、张永泉、何可		2018	178.3	“惠民楼”周转房、党员活动室、池塘清淤和围栏、产业发展
		章凯、张永泉、何可		2019	34	产业帮扶、村庄道路以及饮水管道等
	小计				549.7	
4	江西现代职业技术学院	赖玮、郑启鸿、肖承钱	南桥镇团红村	2018	28	扶贫专项资金8万元，村庄风貌打造墙绘项目投资20万元
		赖玮、郑启鸿、肖承钱		2019	30.5	路灯安装项目投资21万元，春节灯笼、春联大礼包价值2万元，百香果种植基地项目投资7.5万元
	小计				58.5	

续表 12-3

序号	单位名称	驻村工作队员	帮扶村	帮扶年度	帮扶资金（万元）	帮扶项目
5	中国铁塔江西分公司	陈勇城	南桥镇南龙村	2015	5	产业扶贫项目（百香果苗木）
		陈勇城		2016	5	援建南龙村扶贫工作室
		陈勇城		2017	15	光伏电站征地项目
		邓子平、严嘉炜		2018	15	张天塘大桥公路项目
	小计				40	
6	省地震局	刘宽	南桥镇冠洲村	2016	22	产业发展大红李种植苗木补助和村级卫生室建设
		刘宽		2017	72	村民活动中心建设和产业发展贫困户入股绿之源合作社
		邓辉		2018	28	贫困户产业发展建设柑橘假植苗基地，党建工作置办电脑、打印机等办公设备
	小计				122	
7	中江国际信托股份有限公司	—	澄江镇汶口村	2016	800	兴建汶口村文化广场、硬化移民新村基础设施道路、松山排至村委会主干道安装太阳能路灯、硬化仙人桥至蓝荣寨旅游扶贫示范点道路、汶口畲族村商业街新建排水沟、汶口畲族村商业街门前道路硬化、汶口畲族村商业街安装太阳能路灯30盏、汶口畲族村商业街种树426株、兴建汶口畲族村民活动室110平方米、硬化汶口村桥头小组等道路、松山排至三桥亮化工程安装太阳能路灯60盏、硬化新屋下牛角坑千亩猕猴桃产业示范基地道路、花岗寨村组道路硬化工程、硬化下屋至唇咀头村组道路、硬化倒角窝村组道路
	小计				800	

续表 12-3

序号	单位名称	驻村工作队员	帮扶村	帮扶年度	帮扶资金（万元）	帮扶项目
8	江西广播电视台	徐炳栋、刘凯	吉潭镇古丰村	2015 年 7 月—2017 年 3 月	1016.2	村文化广场建设、硬化村组道路、亮化村组道路、实施安全饮水工程、村小文化体育设施建设、村委办公设施等
		赵师恩、方曜		2017 年 3 月—2018 年 6 月	13.8	基层党组织建设
		薛云熙、戴欢		2018 年 6 月至今	4	村扶贫办办公用品及活动室书籍
	小计				1034	
9	国盛证券有限责任公司	—	项山乡中坑村	2017	224.1	硬化果园路 7 条、5.45 千米，安装太阳能路灯 100 盏
		—		2018	99.3	产业发展（养蜂），建设国盛星火广场
		—		2019	35	产业发展（菌菇）
	小计				358.4	
10	省扶贫办公室	无	晨光镇溪尾村	2016	200	村庄整治一期工程（帮建资金 102.62 万元），施工内容包括村口农田水渠工程、小康村排水沟、河堤工程一期、学校门前小广场、沿河机耕道硬化工程。溪尾村小学周边环境整治项目（帮建资金 7.38 万元），施工内容包括溪尾村小学周边水沟、涵管、环境修整。罗汉果产业项目（帮建资金 90 万元），实施内容包括建设 120 亩种植基地（40 万元）、20 亩育苗基地（50 万元）
	小计				200	

续表 12-3

序号	单位名称	驻村工作队员	帮扶村	帮扶年度	帮扶资金（万元）	帮扶项目
11	省环保厅	叶军南、林文	晨光镇金龙村	2016	150	金龙村环境整治项目
	小计				150	
12	省投资集团公司	无	岭背村	2016	50	2016 年投资 20 万元用于文化广场建设，2017 年投资 30 万元用于便民服务设施建设
	小计				50	
13	省建工集团有限责任公司	—	—	2013	600	县级整合
		—	—	2014	600	县级整合
		—	—	2015	600	县级整合
		杨乾长、胡文龙、吴印良	澄江镇周田村	2016	600	安装上村小组至新屋小组、东山下小组至村主干道的太阳能路灯。社光下小组至岌下小组自来水厂村组道路硬化。周田小学门口至长坑子小组村组道路硬化。东山桥桥梁建设。兴建文化广场至松树下桥防洪堤。兴建田塘桥至东山下桥防洪堤。硬化上村至仙人桥、吊子石道路。左排至椅子树下道路硬化。加宽上村桥梁。兴建松树下桥梁。上下田塘古围屋民房屋顶改造工程。绿化田塘至中桥村道两侧，种植香樟树。周田村风貌打造工程、墙壁粉刷。田塘护栏
		杨乾长、胡文龙、吴印良	澄江镇周田村	2017	613	600 万元（县级整合）。周转房征地费 5 万元。党费扶持 5 万元。贫困户“微心愿”项目 3 万元
		杨乾长、胡文龙、吴印良	澄江镇周田村、桂丰村	2018	146.5	128 万元用于澄江镇桂丰村村庄整治。8.5 万元用于周田村周转房附属设施（围墙、门坪硬化、排水沟等）。添置周田村文化活动设备，经费 1 万元。周田村硬化入户小道经费 7 万元。周田村走访慰问贫困户经费 2 万元
	小计				3159.5	

续表 12-3

序号	单位名称	驻村工作队员	帮扶村	帮扶年度	帮扶资金（万元）	帮扶项目
14	赣州市邮政分公司	刘启华、刘子香、刘辉	南桥镇高排村	2016	3	村委会维修办公用房
				2017	3	卫生室高压线整改
				2018	20	产业发展
	小计				26	
15	省农信联社赣州辖区党组	方晓	吉潭镇榜溪村	2015	35	村组道路硬化
		赖建平	吉潭镇上车村	2016	20	黄金潭至河背村组道路硬化
		钟建洲		2017	38	蔬菜基地，红薯基地，购甜柿苗，购棉被、毛毯
		钟建洲		2018	100	柑橘苗木基地、村庄整治、村主要路口安装监控、小组道路安装路灯、六星创评
	小计				193	
16	市矿产资源管理局	邓检发、李舒椿、马益胜、曾令生	吉潭镇滋溪村	2016	36.12	村民文化广场、便民服务中心建设，支持贫困户养殖家禽（鸡、鸭）
		潘检平、王兴贱、马益胜		2017	52.79	屋顶光伏发电产业、综治平安建设视频监控项目、环境整治经费、道路建设征地费用
		潘检平、马益胜、谢金城		2018	100	百香果种植、红薯产业、柑橘假植苗木大棚基地、环境整治经费
		—	晨光镇竹背村	2018	100	产业基地道路硬化、环境整治提升、百香果产业发展、小龙虾产业发展、大棚蔬菜基地
	小计				288.91	

续表 12-3

序号	单位名称	驻村工作队员	帮扶村	帮扶年度	帮扶资金（万元）	帮扶项目
17	市自然资源局（原名市国土资源局）	谢成贤、邬岳萍、李斌	圳下村	2015	4	产业发展、村庄环境整治、光伏发电产业、安全饮水工程、村小学和幼儿园标准化建设、连心桥等
		韩启尖、李斌、谢一福	团船村 圳下村	2016	138.6	
		韩启尖、李斌、钟金呈、丁振俞	团船村 圳下村	2017	115.5	
		丁振俞、刘九福、谢应祥	团船村 圳下村 桂花村	2018	213.6	
	小计				471.7	
18	赣州航空发展服务有限责任公司	毛晋辉、石自海	菖蒲乡黄砂村	2016	15.2	农家书屋，六户结对帮扶，养殖合作社建设，购买鸡苗、鸭苗
		朱俊辉、钟熠明		2017	4.4	帮扶贫困户修房屋、龙脑樟种植
		温帆、钟熠明、朱波		2018	20.083	玉米基地、周转房送电视、村庄环境大整治、百香果购苗款及大棚蔬菜种植产业、维修村委会办公用房、幼儿园征地款、修缮村红色传习所、脐橙育苗基地征地款、村庄环境整治
		温帆、钟熠明、朱波		2019	4.5	买电暖气送全村农户、村小食堂添置设备
	小计				44.183	
19	赣南科学院	李建军	晨光镇金龙村	2017—2018	11.6	基础设施项目和养殖业项目（鸡苗）
		无	晨光镇龙图村	2017—2018	4	2017 年红薯试验基地、2018 年扶贫工作
		无	晨光镇湖岽村	2017—2018	5	240 亩低效油茶林改造项目
	小计				20.6	

续表 12-3

序号	单位名称	驻村工作队员	帮扶村	帮扶年度	帮扶资金（万元）	帮扶项目
20	市水利局	无	公平村	2018	100	水生态文明建设（50万元）、公平村农饮项目（30万元）、公平村环境整治项目（20万元）
	小计				100	
21	赣州市工商行政管理局	陈运明、张绍平、汪上旋	桂竹帽镇华星村	2015	47.34	秀美乡村建设工程、桥梁建设工程
		郭英剑、黄玮（事业）、许贻青	桂竹帽镇高头村	2016	36.2	高头村养兔基地、“送鸡苗、促增收”工程、太阳能路灯工程、贫困户入户道路工程、便民服务中心和党员活动室改造工程、高头村文化广场工程(投资30万元)、高头村居家养老服务中心建设工程、传统节日及“七一”慰问
		郭英剑、黄玮（行政）、许贻青	桂竹帽镇高头村、桂竹帽镇龙归村(县处级领导挂点村)、三标乡基田村（县处级领导挂点村）	2017	85.6（其中龙归村、基田村各6万元）	高头村中心村水渠工程（争取市水利局定点拨付资金），启明星眼科医院体检工程，传统节日及“七一”慰问，争取企业帮扶资金50000元
		郭英剑、陈慧、曾葳	桂竹帽镇高头村、桂竹帽镇龙归村(县处级领导挂点村)、三标乡基田村（县处级领导挂点村）	2018	41（其中龙归村、基田村各5万元）	村委会边等三条通组路工程，楼下小组池塘及河边护栏工程，部分贫困户家庭场景提升工程等，传统节日及“六一”、“七一”、教师节慰问

续表 12-3

序号	单位名称	驻村工作队员	帮扶村	帮扶年度	帮扶资金（万元）	帮扶项目
21	赣州市工商行政管理局	郭英剑、陈慧、曾葳	桂竹帽镇高头村、桂竹帽镇龙归村（县处级领导挂点村）、三标乡基田村（县处级领导挂点村）	2019	30（其中龙归村、基田村各5万元）	高头村邦农辣椒专业合作社、传统节日慰问
	小计				240.14	
22	赣州市生态环境局	钟先斌、刘国权、林山	留车村	2016	10	扶贫资金
		郭光阳、彭山、邱腾		2017	60	扶贫资金10万元，项目资金50万元（农村综合环境整治）
		郭光阳、林鹏、邱腾		2018	20	扶贫资金
	小计				90	
23	市住房保障管理中心	喻盛、廖鹏	雁洋村	2016	9.2839	扶贫资金
		喻盛、廖鹏		2017	7.365	扶贫资金
		谢达荣、周逸臣		2018	12.2538	扶贫资金
		谢达荣、周逸臣		2019	2	扶贫资金
	小计				30.9027	

续表 12-3

序号	单位名称	驻村工作队员	帮扶村	帮扶年度	帮扶资金（万元）	帮扶项目
24	国家统计局赣州调查队	谢慧、钟伟洪	文峰乡杨梅村	2015	5	现金
		谢慧、赖宣霖	文峰乡上甲村	2016	9	现金
		谢慧、赖宣霖		2017	34	争取上甲村深坳背至高桥头道路建设项目
		戴曦（11 月调整，10 月前为韩伟）、袁智文		2018	20	现金
		戴曦、袁智文		2019	20	现金
	小计				88	
25	市交通局	—	项山乡中坑村	2018	30	产业发展（柑橘苗假植棚）
	小计				30	

第十三章

社会帮扶

扶贫过程中，企业、社团、个人及社会各界力量都热心参与，发挥中国社会热心公益、扶贫济困的良好传统，通过“百社解千难”、“百企帮百村”、“扶贫超市”项目认领、“扶贫一日捐”和消费扶贫等多种形式，为贫困户脱贫贡献力量。

第一节　企业帮扶

一、县外企业帮扶

2018 年 5 月，江西省社会组织管理局组织江西省福建总商会、江西省潮汕商会、江西省江苏总商会、江西省浙江总商会等 22 个商会和爱心协会筹资 169.9137 万元，江西省福建总商会等商会和爱心协会认领寻乌留车镇水背村等 21 个贫困村的 21 个扶贫帮建项目。10 月 7 日，江西省老区建设促进会协同四川成都盛元阳光环保科技有限公司到寻乌启动“健康饮水、点亮乡村”扶贫捐赠捐助活动，四川成都盛元阳光环保科技有限公司为寻乌捐赠价值 83.15 万元的高科技净水器 61 台和太阳能路灯 173 盏；江西省老区建设促进会为寻乌三标乡富寨村、澄江镇黄岗村、留车镇水背村捐赠帮扶资金 29 万元。2016—2019 年，寻乌组织广东省江西寻乌商会等 6 个外埠商会开展“百名学子爱心助学”捐赠活动，为寻乌学子筹集善款 61 万元。

2020 年，民营企业、外埠商会、行业商会参与新冠肺炎疫情防控工作，捐款 240 万余元，捐赠口罩 18 万余个、消毒液 1.5 万升及防护器、食品等；长三角寻乌商会捐款 10.6 万元，资助 106 名贫困学生，每名贫困学生 0.1 万元；广东省江西寻乌商会向中坑村贫困学子捐资 6.6 万元。

二、县内企业帮扶

2016—2020 年，按照寻乌县“百企帮百村”精准扶贫要求，县内 180 家非公企业、4 个行业协会、120 个协会（专业合作社）主动参与“百企帮百村”精准扶贫，筹集资金 3300 万元，帮扶贫困村 65 个。寻乌县石崆寨旅游景区建立

“1+3+N”旅游扶贫工作机制，吸纳景区周边雁洋村、黄姜村、新村村3个贫困村的123户贫困户入股、就业，农户最高年收入在5万元以上，新华网、人民网等媒体对此进行报道；寻乌县岑峰酒业有限公司采用“公司+合作社+贫困户”的模式，通过土地流转、资金入股、务工就业、订单农业等方式帮助贫困群众增加收入；寻乌县羊角园果蔬有限公司在“企业+合作社+农户”帮扶模式的基础上，采取“二免费一回收”（免费种苗供应、免费技术指导，产品保底回收）的订单带动形式，为贫困户免费发放辣椒种苗935万株，价值467.5万元，辐射带动寻乌县、会昌县农户3568户，其中贫困户813户（寻乌县687户）。

2016年，建立寻乌县教育基金，组织民营企业、非公人士捐资助学，捐赠200余万元，捐助贫困学子200余人。

2016—2020年，寻乌长利果业出资30万元，聘请果业种植技术人员为果业协会会员和贫困户现场免费提供果树剪枝抹梢、土肥管理、病虫害防治、黄龙病防控等脐橙、蜜桔种植技术培训30余次，培训贫困人口1000余人。

2017年，赣州高布生态发展有限公司组织高布村88户贫困户成立蔬菜专业合作社，40名农户长期在合作社务工。

2020年12月5日，聘请专业人士在中央电视台为村民直播带货售卖农产品，对农户进行直播带货培训。

第二节　消费扶贫

一、“扶贫一日捐”与“扶贫超市”项目认领

从2016年开始，由寻乌县红十字会、县扶贫办牵头，全县开展“扶贫一日捐”活动，倡议干部职工和社会爱心人士每年捐助一天工资，用于扶贫。

2016年10月17日，举行“扶贫超市”启动暨第一批帮建项目认领仪式。当日，认领扶贫项目17个，筹措帮扶资金36万元。

2017年10月17日，在县城举办寻乌县“扶贫一日捐”集中募捐暨“扶贫超市”项目认领活动。当日，全县各单位干部职工和110家爱心企业捐款捐物价值105.1673万元。

2018 年 10 月 17 日是全国第 5 个扶贫日，也是第 26 个国际消除贫困日，寻乌举行“扶贫一日捐”集中捐赠活动。当日，社会各界共捐款捐物价值逾 138.7296 万元。

2019 年，社会各界共捐款捐物价值逾 419.84 万元。

2020 年，社会各界共捐款捐物价值逾 1411.66686 万元。

二、农产品销售

发动社会各界参与消费扶贫工作，采取线上、线下相结合方式，帮助建档立卡贫困户和扶贫产业基地、合作社销售农产品。动员党政机关、企事业单位、民营企业、社会组织购买贫困村、贫困户农特产品。促进农产品、畜产品、旅游产品、劳务服务与市场需求有效对接，实现食堂、超市直销。动员县直机关单位、企业、学校、医院食堂、餐厅与各行政村对接，签订合作协议，建立长期定向采购机制，让农户的蔬菜、鱼肉直接进食堂，减少中间环节，帮助销售农副产品；协调县内农贸市场、超市设立扶贫农产品销售专区、专柜，组织超市与贫困户对接，让农产品直接进入超市销售。

帮扶单位助销 组织驻村第一书记、工作队长、工作队员和帮扶干部通过微信朋友圈发布、分享、代言扶贫产品，向朋友圈、亲朋好友推荐扶贫产品，拓展销售渠道。鼓励帮扶干部带头购买贫困户、帮扶村、产业基地的农产品。

社会带销 发挥行业协会、骨干企业、专业合作社作用，通过企业自身营销渠道，实现农产品与市场需求直接对接，形成长期合作关系，实现互利共赢。

电子商务营销 发挥寻乌电商产业园和基层电商站点作用，整合农村 E 邮、供销 E 家等站点资源，完善农村快递物流网络，创新“电商 + 消费扶贫”模式，组织企业（合作社）开拓农产品线上销售市场，对电商从业人员进行业务培训，利用电商平台帮助销售农产品。借助阿里巴巴村播平台和平安银行帮扶寻乌县的机会，开展网络直播活动，配合平安银行实施“平安橙”消费扶贫活动。

乡村旅游促销 在县内旅游景区内、旅游线路旁、游客集散地设立农特产品销售点，销售农特产品。鼓励各乡村、企业单位开发土特产品、旅游纪念品、特色食品，让农副产品变成品牌食品、特色旅游商品。

推广营销 借助旅游旺季或传统节日，举办全县性扶贫农特产品展销会，推动扶贫农产品宣传和销售。积极组织和鼓励县内农产品生产、加工企业（合作社）选择特色农产品参加省内外举办的各类产品展销会、博览会，推介特色农产品，提高知名度，开拓销售市场。在深圳消费扶贫中心设立寻乌专馆，在龙岗区扶贫产品展销中心设立寻乌县产品专区，组织扶贫企业7次赴深圳、广州、北京、南昌参加扶贫产品展销会，推广和销售寻乌县扶贫产品。2020年10月5—7日，在县城北广场举办扶贫产品展销会，现场销售扶贫产品20余万元。

渠道营销　推进扶贫产品认定和消费扶贫“三专”（专区、专馆、专柜）建设。2020年度认定扶贫产品365个；累计有供应商72个；录入消费帮扶工作系统扶贫产品365个，总价值25000万元；扶贫产品累计销售金额10800万元，其中机关事业单位采购扶贫产品价值606.33万元；在县内机关、学校等场所安装消费扶贫专柜50个，建立江西消费扶贫寻乌专馆和扶贫“832”平台，已开馆，采取线上线下一体化销售的运营模式，助力各乡（镇）扶贫产品进一步走向市场。

第十四章

整村推进

精准扶贫聚焦贫困户，围绕“两不愁三保障”，确保所有贫困户脱贫。2014 年以来，安排资金、项目提升贫困村基础设施，开展村庄环境整治，建设美丽宜居村庄，增加集体经济收入，提高农村管理水平。

第一节　村级项目建设

一、村庄建设资金

2014 年以来，统筹安排资金，整村推进扶贫开发资金项目立项编制和建设，围绕“两不愁三保障”优先保障“户脱贫”，统筹考虑退出指标体系新要求，确保“村退出”，合理安排使用项目资金，整体推进村容村貌整治和平衡村与村之间项目资金安排，资金安排覆盖全县 173 个行政村。

2014 年，投入整村推进项目资金 3819 万元，其中财政专项资金 1389 万元，“四个一”（每个县有一个省级领导定点扶贫、一个有实力的部门帮助扶贫、一个重点企业参与扶贫、每年省财政拨付 1000 万元资金专项扶贫）帮扶资金 2430 万元。

2015 年，投入整村推进项目资金 7518.4156 万元，其中财政专项资金 6034.4156 万元，“四个一”帮扶资金 1484 万元。

2016 年，投入整村推进项目资金 5776 万元，其中县级财政投入资金 915 万元。

2017—2020 年，落实《国务院办公厅关于支持贫困县开展统筹整合使用财政涉农资金试点的意见》《江西省统筹整合财政涉农扶贫资金实施方案》《赣州市统筹整合财政涉农扶贫资金实施方案》，统筹整合涉农扶贫资金用于扶贫项目，切块用于贫困村整村推进项目资金 150347.56 万元。其中，2017 年，用于整村推进项目资金 65836.04 万元（整合财政涉农扶贫资金切块 6275.94 万元，财政统筹解决资金 59560.1 万元）；2018 年，用于整村推进项目资金 58964.3945 万元（整合财政涉农扶贫资金切块 2534.2 万元，财政统筹解决资金 48968.1625

万元，地方债券 7462.032 万元）；2019 年，用于整村推进项目资金 16572.8 万元（整合财政涉农扶贫资金切块 14372.8 万元，地方债券资金 1800 万元，市领导挂点资金 400 万元）；2020 年，用于整村推进资金 8974.33 万元（整合财政涉农扶贫资金切块 8774.33 万元，市领导挂点资金 200 万元）。

2014—2020 年寻乌县整村推进项目资金情况表

表 14-1　　　　单位：万元

年份	资金来源								小计
	财政专款（非整合涉农扶贫资金）				“四个一”帮扶资金	整合财政涉农扶贫资金	融资		
	中央	省	市	县			财政统筹解决资金	地方债券资金	
2014	1155	128	106	—	2430	—	—	—	3819
2015	1640	1766.4156	—	2628	1484	—	—	—	7518.4156
2016	3857	804	200	915	—	—	—	—	5776
2017	—	—	—	—	—	6275.94	59560.1	—	65836.04
2018	—	—	—	—	—	2534.2	48968.1625	7462.032	58964.3945
2019	—	—	400	—	—	14372.8	—	1800	16572.8
2020	—	—	200	—	—	8774.33	—	—	8974.33
合计									167460.9801

二、村内项目建设

2014 年，实施整村推进项目 232 个。修建村内道路 132.9 千米，桥梁 17 座、421.4 延米，河堤 987 米，水圳水渠 11610 米及其他项目。

2015 年，实施整村推进项目 407 个。修建村内道路 250.96 千米、桥梁 287

延米，以及覆盖15900人的安全饮水改造工程及其他项目。

2016年，实施项目734个。硬化通组公路223条、171.66千米，新修简易公路13条、18.05千米，新建桥梁12座、256延米，铺设饮水管道28412米，新修水利工程4568.84米及其他项目。

2017年，实施整村推进项目2373个。修建村内道路387.07千米、入户小道315197米、桥梁1406延米，铺设饮水管道485726米，建设河堤4812米及其他项目。

2018年，实施整村推进项目2130个。修建村内道路12.07千米，铺设饮水管道564492米，改造危旧房28015户、排水（污）沟68557米，建河堤2970米，建水池、水塔126座及其他项目。

2019年，重点将资金安排用于农业生产发展、农村基础设施建设和有助于贫困人口持续增收的产业项目，适当用于农村人居环境整治项目，以巩固脱贫攻坚成果。其中切块用于贫困村整村推进项目232个，修建村内道路176.63千米，新建排水（污）沟75393米，修建桥梁22座、372.9延米，修建设施农业蔬菜大棚1910亩，水利设施建设及改造水圳、水渠80795米，铺设饮水管道7920米及其他项目。

2020年，完成新农村建设点改水824户、改厕520户，全县农户100%完成改厕、改水；改建村内道路192.2千米，25户以上自然村组道路全部硬化；改造水沟523.6千米、鱼塘154口。村内环境新增绿地面积68.8平方千米，供电、通信网络入户率为100%，行政村绿化覆盖率、亮化覆盖率分别为88.2%、96.5%。

三、农村人居环境整治暨美丽宜居示范县创建

农村人居环境整治暨美丽宜居示范县创建按照“全域干净整洁、全面提档升级、重点美丽宜居”三档推进工作思路，坚持全域推进，开展农村人居环境整治三年行动和美丽宜居示范县创建，成功创建全省第一批美丽宜居示范县；开展农村人居环境整治“百日攻坚”行动，实现农村人居环境干净、整洁、规范、有序。坚持贫困村优先，兼顾连线连片，实施贫困村整治和新农村建设，2005—2020年，建成1566个（村组）新农村建设点，覆盖173个行政村。

四、村庄环境管护

2019—2020年，寻乌县投入村庄环境管护资金3682万元（其中财政配套资金2682万元，乡贤捐资1000万元），“试点先行、全域推进”，建立“六定包干”（定管护范围、定管护标准、定管护责任、定管护模式、定管护经费、定考核奖惩）的管护模式，基本建成“五有”标准管护机制，实现村庄环境由重建轻管向建管并重、常态长效管护转变，村庄面貌由“一时美”转向“持久美”。2020年，寻乌县被评为全省第一批美丽宜居示范县之一、全省农村人居环境整治（新农村建设）工作先进集体，受到省委、省政府表彰。

第二节 村集体收入

一、村级收入项目

2017年以来，寻乌县开展“清空壳、稳增长、提质量”专项行动，探索出“阳光普照”（光伏产业）、“绿水青山”（小水电管理和天保林、天然林、公益林）、“遍地开花”（大棚蔬菜、百香果、柑橘苗木、猕猴桃等种养产业）、“飞地抱团”（购买店铺）、“大地回春”（实施土地增减挂）多业态模式，破解村集体经济发展难题，全县村级集体经济收入从“清零”跨越到“递增”，除光伏发电产业外，每个村均有两个以上发展项目。

二、管理制度

2017年8月，寻乌县出台《关于发展壮大农村集体经济的实施意见》，明确盘活闲置资产、实施土地整治项目、发展乡村旅游、实行多种合作经营、实施“产业扶贫信贷通”、安装光伏电站、孵化电商平台、发动企业和社会捐助帮扶等8种发展途径，要求乡（镇）立足资源禀赋、人才状况和区位特点，逐村制定村级集体经济发展“施工图”，实施挂图作战。

2018年7月，寻乌县出台《关于促进村级集体经济增收工作的指导意见》，重点明确从用好天保林公益林政策、规范农村小水电站管理、发展大棚蔬菜、实施土地增减挂钩4个方面盘活村有资产，挖掘村有资源，找准发展路径，力促村级集体经济实现稳定增长。8月，制定《明确村级集体经济有关工作纪律》，对村级集体经济发展推进不力的乡（镇）党委书记、分管领导、村党组织书记问责，未完成任务的，取消党建工作评先评优资格。9月，寻乌县出台《村级集体经济收益分配管理暂行办法》，明确村级集体经济管理和使用办法，防止出现村级集体收入一分了之、分光用光的现象，实现村级集体收益红利共享。

2018 年寻乌县村级集体经济收入情况表

表 14-2

村总数（个）	总收入（万元）	土地征地拆迁及增减挂钩项目收入（万元）	3 万元以下的村（个）	3 万 ~ 5 万元的村（个）	5 万元以上的村（个）
173	3923.59	1676.8	0	0	173

2019 年 2 月，寻乌县出台《寻乌县村集体经济发展巩固提升三年行动计划（2018—2020 年）的指导意见》，明确培育一支经营队伍、村集体领办发展农林产业、用足用活土地资源、安装光伏增组扩容、发展乡村旅游、推进“异地置业”、规范“三资”（农村集体资金、农村集体资产、农村集体资源）管理，进一步优化村级集体经济增收结构，规范收支管理，确保 2018—2020 年每个村级集体经济实现“三有”［有可靠的经营项目（每村有 3 个以上前景好、风险小的产业项目）、有较好经营性收益（2018 年村级集体经济经营性收入 5 万元以上、2019 年增长 10% 以上、2020 年增长 5% 以上）、有稳定的发展空间（拓宽集体经济收入渠道，集体经济持续实现保值增值）］。11 月，制定《关于鼓励村级购买商铺促进村集体经济增收的指导意见》《村级集体经济经营性收入奖惩工作方案》，鼓励村级集体资产购买商业店铺，增加村级集体经济经营性收入，促进村级集体经济巩固提升。将村干部待遇报酬与村级集体经济收入增幅、增量挂钩，明确新增经营性收入在 2 万元以下（含 2 万元）的，列支新增部分 10% 作为奖励资金；新增经营性收入在 2 万 ~ 5 万元（含 5 万元）的，列支新增部分的 15% 作为奖励资金；新增经营性收入在 5 万元以上的，列支新增部分

的 20% 作为奖励资金，激发村（社区）干部干事创业热情，推动村级集体经济高质量发展。

三、村级收入

2017 年，寻乌县投入 2.3 亿元，在 173 个村建设村级光伏扶贫电站，全面消除村级集体经济“空壳村”，仅此一项，实现村均集体收入超过 5 万元。

2019 年，全县村级集体经济总收入达 2962.81 万元，平均每村 17.13 万元，其中经营性收入 2212.11 万元，平均每村 12.79 万元。经营性收入在 10 万元以上的村达到近 50%，提前一年完成市委目标任务。

2019 年寻乌县村级集体经济收入情况表

表 14-3

总收入（万元）	经营性收入（万元）	村均收入（万元）	村均经营性收入（万元）	经营性收入在 5 万元以上的村（个）	经营性收入在 5 万～10 万元（不含 10 万元）的村（个）	经营性收入在 10 万～50 万元（不含 50 万元）的村（个）	经营性收入在 50 万～100 万元（不含 100 万元）的村（个）	经营性收入在 100 万～500 万元（不含 500 万元）的村（个）	经营性收入在 500 万元以上的村（个）
2962.81	2212.11	17.13	12.79	173	87	83	3	—	—

2020 年，寻乌县出台《进一步推动村集体经济发展壮大若干措施》，提出预留地政策、落实增减挂钩政策、落实土地流转政策、创新征地补偿分配方式、鼓励盘活闲置资产、鼓励村级发展建筑施工企业、引导偏远村异地置业、鼓励用好金融扶持政策、鼓励村集体领办发展农林产业、鼓励发展乡村旅游共 10 项具体措施，督促各乡（镇）结合实际，帮助村级找准新的发展路径，实现村级集体经济高质量发展。2020 年，全县村级集体经济总收入 4212.16 万元，平均每村 24.35 万元，其中经营性收入 3400.99 万元，平均每村 19.66 万元，各村经

营性收入均在10万元以上，为乡村振兴打下坚实基础。

2020年寻乌县村级集体经济收入情况表

表14-4

总收入（万元）	经营性收入（万元）	村均收入（万元）	村均经营性收入（万元）	经营性收入在5万元以上的村（个）	经营性收入在5万～10万元（不含10万元）的村（个）	经营性收入在10万～30万元（不含30万元）的村（个）	经营性收入在30万～50万元（不含50万元）的村（个）	经营性收入在50万～100万元（不含100万元）的村（个）	经营性收入在100万元以上的村（个）
4212.16	3400.99	24.35	19.66	0	0	161	10	2	0

第十五章

脱贫攻坚典型

在脱贫攻坚工作中，各级机关、广大干部勤奋敬业，为贫困户早日脱贫，为农村社会发展呕心沥血，涌现出许多典型。贫困农户克服困难，在干部帮助下勤劳上进，通过努力摆脱贫困，迈进小康。

第一节　典型单位、村庄

一、典型单位

寻乌县中等职业技术学校　该校是1998年在寻乌县柑橘学校基础上组建的中等职业技术学校。2017年8月，位于文峰乡大路村东坑小组的新校址开工建设，总投资2.4亿元，用地面积169.3亩，校园总占地面积240亩，建筑面积64000多平方米，总规模3600人，每年可招收学生1200人。2018年9月，新校区建成并开始招生。

在全县12167户在册贫困户中，缺技术的有1234户。从2018年春季开始，县中等职业技术学校根据各类劳动力掌握技能的情况，有针对性地开展对农村转移劳动力、新型农村劳动者的培训，并对贫困人口实施各类免费培训。2019年6月，中共中央政治局委员、中共中央宣传部部长黄坤明到该校调研并作出指示："要重点锻炼学生的实操能力。"该校对标对表指示精神，以服务脱贫为导向，以技能培养为重点，大力培养技能实用型人才，先后开设办公自动化、电子商务、建筑工匠、特色小吃制作、月嫂、工艺品制作、保育员、安全生产技能等形式多样、内容丰富的培训课程，满足不同群体就业技能需求。针对偏远贫困村和出行较为困难的贫困人口现状，该校把培训课堂延伸至乡（镇）、村，做到技能培训广覆盖。2018—2020年，该校组织各类专业技能培训156班次，"订单式"培训劳动力1万多人次，3218户贫困户实现高质量脱贫，参加培训的贫困户户均增收1.6万元。有劳动能力人口实现产业、就业全覆盖，农村居民人均可支配收入达11872元。围绕"职教一人，就业一个，脱贫一家"的目标，在招生工作中，学校持续强化对建档立卡贫困户子女的招生力度，并优先让贫困生选择专业和优先安排贫困生在园区企业就业，为解决建档立卡贫困户子女因学历低、技能差导致贫困代际传递问题打下基础。2020年下学期，在校1660多名学生中，有建档立卡贫困户子女720人，占比为43.3%。

40多年间，寻乌县中等职业技术学校把推广柑橘产业作为学校的首要任务，一以贯之，先后培养2万余名“柑橘种植能手”，寻乌果业面积稳定在25万亩，产量超过25万吨，产值超过15亿元，人均果业收入在3000元以上，果业成为寻乌的支柱产业。寻乌脐橙被评为国家地理标志保护产品，“寻乌蜜桔”被认定为中国驰名商标，据2017年中国果品区域公用品牌价值榜显示，寻乌蜜桔品牌价值位居第30名（29.32亿元）。学校围绕通用设备制造首位产业布局，重点考察县工业园区企业人才需求，通过调研掌握实际情况，开设机电设备安装与维修、电气技术应用、计算机应用等7个专业，培养首位产业人才5000人，截至2020年年底，63家首位产业企业年主营业务收入达45亿元。电商培训作为精准扶贫切入点，培养一大批电商人才，涌现一批带货网红，寻乌“百香姐”潘秋霞和“扶贫哥”林瑞平采取网络直播带货、花式吃播百香果等方式，帮助4个乡（镇）30多个村销售百香果，每年帮贫困户销售百香果5万千克。2020年，寻乌县有电商企业599家、电商网店1000余家，电商从业人员3万多人，电商交易额10.28亿元，成为江西省贸易顺差县，在电商从业人员中有近1/4参加过职校电商培训。2021年2月25日，中共中央、国务院授予寻乌县中等职业技术学校“全国脱贫攻坚先进集体”称号。

二、典型村庄

留车镇飞龙村　飞龙村距留车镇政府10千米，辖区总面积1800公顷，其中山地1533.3公顷、耕地73.3公顷、旱地8公顷。2014年，全村有5个自然村、13个村民小组，总人口262户1067人，贫困户69户220人。全村人均纯收入3603元，为“十三五”省定扶贫开发重点贫困村。按照“党建＋扶贫”工作模式，夯实基层党建基础，建强党员队伍，强化党员干部引领作用，探索出一条“党建＋脱贫攻坚”特色之路，农业以种植柑橘、水稻和养殖业为主，辅助产业有药材、油茶、桃李等林果业。2016年，全村农民人均收入由3603元增长到9000元，所有贫困户达到“两不愁三保障”标准，村容村貌、村风民风发生翻天覆地的变化，实现整村脱贫退出，飞龙村被评为全县脱贫攻坚党建示范村。飞龙村按照长期发展与短平快相结合的发展模式，发展养殖业、种植业和光伏产业，通过基地示范、合作社运作，完善贫困户利益联结机制，增加贫困户收入。安装分散式光伏电站 96 户（其中贫困户 26 户），装机容量 480 千瓦；安装集中式光伏电站，装机容量 645 千瓦（其中贫困户装机容量 165 千瓦）。所得收益全部用于飞龙村 58 户贫困户。飞龙村发展种植蔬菜大棚 408 亩，其中莲塘尾小组大棚蔬菜种植基地 80 亩为村集体所有。发展三黄鸡养殖产业，吸纳农户 79 户（其中贫困户 54 户），带头人 5 户，养殖肉鸡 6 万羽，按照“226”分红模式（村级集体经济占 20%、合作社占 20%、贫困户占 60%），2016 年，每户贫困户实现利润分红 6000 元。兴建 45 亩 6 万株脐橙育苗基地，在全村建立示范果园 800 亩；安排扶贫贷款 30 多万元扶持致富带头人，发展铁皮石斛种植、鸭子养殖等新产业，带动贫困人口 6 户 19 人脱贫。成立飞龙村村民就业服务中心，打造集培训、中介、就业、增收和社会保障于一体的便民服务组织，使 28 名贫困人口在县内实现就业。分期分批组织贫困户劳动力到技能培训学校参加职业技能学习和培训，使外出务工人员至少掌握 1 ~ 2 门职业技能，并获得专业资格，提高务工人员劳务收入；利用农闲时节，邀请农技专家举办农业实用技术、科技培训班，并深入田间地头手把手传授种植、养殖技术。硬化村组道路 11.6 千米，实现 25 户以上村组入户道路硬化；为 276 户安装自来水（其中贫困户 54 户），水质均检测达标，实现农户饮水 100% 安全。全村所有农户均通生活用电，村委会所在地实现通 380 伏三相动力电；通信网、广电网、宽带网覆盖全村；推进农村环境整治，拆除“空心房”1.9 万平方米，改造厕所 30 户，新建公共厕所 1 座，建有村卫生室 1 所、居家养老服务中心 1 家和面积为 2200 平方米的文化活动广场。2015—2020 年，平均每年村级集体经济收入 92.4 万元。其中，村级光伏电站（645 千瓦）收益 75 万元，大棚蔬菜基地（45 亩）收入 9 万元，村集体山林（9000 亩）租金收入 5.4 万元，圩镇店面（价值 80 万元）店租收入 3 万元。

三标乡堆禾村　堆禾村是“三合一”（长排、堆禾、相形）合并村。辖区面积 21 平方千米。其中，耕地 100.3 公顷，林地 1200 公顷（其中生态公益林

286 公顷）。全村有 3 个自然村、22 个村民小组，总人口 349 户 1469 人，贫困人口 58 户 248 人，有小学、村卫生室各 1 所，为“十三五”省定扶贫开发重点贫困村，发展有百香果、猕猴桃、红薯、养蜂、鹰嘴桃、甜柿、辣椒等产业。2017 年，经赣州市精准扶贫攻坚战领导小组核查审定，堆禾村退出贫困村序列。2015 年，堆禾村调整充实脱贫攻坚工作领导小组，要求所有干部每季度开展一次以上的大走访、大排查，对发现的问题逐一建立销号台账，加强帮扶干部、村干部扶贫业务知识培训，做好贫困户宣传引导和思想疏导，做到“输血”和“造血”相结合，“扶智”与“扶贫”同推进。按照“选准一个产业、打造一个龙头、扶持一笔资金、建立一套利益联结机制、培育一套服务体系”的“五个一”产业发展模式，重点发展百香果、猕猴桃、红薯、养蜂等产业，建立猕猴桃种植基地 1 个（100 亩）。采取“合作社 + 基地 + 农户”的方式，有劳动力、有发展产业意愿的农户都参与产业发展。发放产业奖补资金 11.1 万元，农户 21 户（其中贫困户 20 户，边缘易致贫户 1 户）受益。培育致富带头人 3 人。开展扶贫产品“六进”活动，全面拓宽贫困户农产品销售渠道，帮助困难群众化解受新冠肺炎疫情影响造成的产品滞销问题。开发公路养护岗位 5 个、生态护林员岗位 9 个、村级公益性岗位 20 个；为符合条件外出务工的人员申请发放交通补贴 53 人次 21100 元，落实“雨露计划”补助 22 人次 8 万元，发放工业园区务工就业岗位补贴 2 人次 2100 元；为 33 户贫困户落实“产业扶贫信贷通”贴息贷款 124 万元，为 1 户贫困户申请“产业扶贫（振兴）信贷通”贴息贷款 3 万元；落实低保 44 户 106 人、“五保”3 户 4 人、分散特困供养人员 4 户 5 人，为 30 名残疾人落实“两项补贴”、临时救助 9 人次 1.62 万元。落实义务教育保学控辍政策，做好劝学返学、特殊教育和送教上门等工作，全村无一名义务教育阶段学生因贫辍学。为符合条件贫困家庭受教育子女发放各类教育补助 30 万元；为全村建档立卡贫困户全额代缴城乡居民基本医疗保险费、大病保险和疾病医疗补充保险费，46 人享受“四道医疗保障线”待遇 27.87 万元，贫困人口住院医疗费用报销比例均在 90% 以上，减轻贫困户医疗负担。全面实行贫困人口“一卡通”和“先诊疗后付费”“一站式”结算服务，为贫困户看病就医建立绿色通道。落实贫困户健康建档、家庭医生签约服务等政策，加强村卫生室管理，保障农村贫困人口看病就医服务，做到治疗小病不出村，为贫困户提供周到、细致的基本医疗卫生服务，为11人办理门诊特殊慢性病认证手续。实施通村通组道路建设13千米，落实安全饮水项目，解决堆禾村村民安全饮水问题；落实住房保障项目，拆除“空心房”202户，维修加固危旧土坯房117栋，建设保障房16套，全面解决堆禾村村民住房问题；安装太阳能路灯65盏。村集体经济收入从光伏电站、村级产业基地、天然林转包中获得，每年收入31.4万元。积极实施农村人居环境整治工作，堆禾村村容村貌发生翻天覆地的变化，群众满意度明显提升。

晨光镇高布村 高布村位于晨光镇东南部，距圩镇2千米，离县城40千米。全村有9个村民小组，农业人口460户1700人。辖区面积约7平方千米，耕地66.6公顷，山林140公顷，人均占有山林1.24亩，人均占有耕地0.58亩。高布村为“十三五”省定扶贫开发重点贫困村。2016年1月至2020年12月，在中华全国供销合作总社，县、镇党委政府和县供销社合作社帮助下，高布村发展蔬菜、脐橙复种、百香果、光伏发电等产业，村级经济收入由原来的“空壳村”增长至2020年的45万元，高布村党支部连续5年被晨光镇党委评为先进党支部，贫困户人均年收入从2016年的2800多元增加到2020年的9000多元。2019年12月，全村贫困人口88户344人全部脱贫。2016—2020年，投入各项建设资金超过3500万元。成立中农批驻村公司，全村产业发展进入快车道，农产品品牌得以迅速推广。建立寻乌县中和农民专业合作社联合社（简称“农合联”），将果蔬专业合作社、小龙虾养殖专业合作社、果业种植专业合作社纳入农合联，全村所有贫困户和相关产业发展的非贫困户加入农合联，形成贫困户生产“得现金”、务工“挣薪金”、入股“分红金”、土地流转“获租金”的农户利益联结。中农批驻村公司党支部和村党支部同步开展组织生活，一起过党日，实现一村“双轮驱动”“党建＋扶贫”模式。2019年，两个党支部被晨光镇党委评为先进党支部，村党支部对接共建党组织8个。中再生公司党委组织员工为村便民服务中心建设捐款87万元，建成集党群服务、新时代文明实践及直播基地于一体的800平方米的便民服务中心，实现全村路灯亮化，便民设施得到显著改善。高布村建立大学生爱村交流群、大学生志愿者服务队、乡村振兴青年服务站，8次组织全村在读大学生和青年开展“座谈会+扶贫”系列活动。回村发展的大学生刘日伟成为“挑起金扁担”的媒体焦点。江西新闻网站报道学子家长古长玉的脱贫致富经验。10余名青年陆续入党，10余名青年积极报名参军，10余名青年回乡发展。央视新闻两次直播高布村的发展变化。

吉潭镇圳下村 圳下村位于吉潭镇东南部，距寻乌县城16千米，辖区面积4.2平方千米，有9个村民小组，总人口367户1491人，其中贫困人口87户346人。山林面积413.33公顷，耕地面积105公顷，果业面积274公顷。村中有村级幼儿园1所、村卫生室2所；有脐橙、蜜桔、百香果、红薯等产业。2019年，全村所有贫困户退出贫困序列。其中，2015年脱贫24户102人，2016年脱贫15户57人，2017年脱贫16户82人，2018年脱贫29户97人，2019年脱贫3户8人。2018年，村级集体经济收入11.8万元。2013年，圳下村被评为赣州市文明村镇，2014年被评为全国文明村镇、省级民主法治示范村、全市十大美丽乡村，2015年被评为全县脱贫攻坚工作先进村。2016—2020年，按照中央、省、市、县脱贫攻坚工作要求，一名副县级领导担任“大村长”，组建帮扶工作队，41名帮扶干部与贫困户“一对一”结对帮扶；发展柑橘、百香果、紫薯、猕猴桃、红薯、辣椒等种植业，养蜂、养鸡、养鸭、养兔等养殖业，建立柑橘苗木培育基地（1个）和百香果种植基地（33亩），全村果业面积147公顷，其中复种面积100公顷，发放产业奖补资金3.927万元，受益农户42户，村内的柑橘假植网棚基地免费为农户提供苗木；组建圳下村丰收果业农村专业合作社，全村所有贫困户实现入股“分红金”、务工“挣薪金”、土地流转“获租金”；兴建光伏产业基地，年发电量150千瓦时，年收益5万元，2020年1—10月光伏产业为村集体经济增收16.3万元，百香果产业基地增加村集体分红收入3万元；落实就业帮扶，为贫困户安排卫生保洁员、生态护林员、图书管理员等公益性岗位24个；发放产业扶贫小额个人信用贷款32笔180万元，为45户84人发放低保金282210元，为五保户3户4人发放29520元，为36名残疾人落实“两项补贴”32580元，临时救助5户、15800元；为63人落实“四道医疗保障线”待遇19.53万元，报销比例超过90%，为110人办理门诊特殊慢性病手续；为32户贫困户申请“产业扶贫信贷通”贷款，贴息7.83万元；落实教育扶贫150人次9.3125万元；举办贫困户中式面点、保健员、电商技能培训班3期21人，为32人发放贫困户外出务工交通补贴1.64万元，发放工业园区务工就业岗位补贴6人次1.26万元、新冠肺炎疫情期间贫困户一次性就业补贴11人次1.1万元，为1人发放交通补贴220元；实施维修加固房屋142户、新建房屋40套、饮水项目1个，铺设自来水管2800米，改水160户，铺设排水（污）管道1650米，硬化村组道路3.5千米，安装太阳能路灯60盏，全村农户通生活用电，村委会所在地通380伏三箱动力电，80%左右的家庭使用宽带上网；组建一支村级垃圾保洁服务队，安装垃圾桶160个，建造公厕2座；依托感恩广场、村史馆、圳下战斗旧址（恭安围、文昌阁）等平台，承办全国文化科技卫生“三下乡”集中服务活动，组织开展红色革命传统教育、社会主义核心价值观教育、党员志愿者服务等一系列活动，引导群众弘扬苏区精神，传承红色基因。设立村级综治调解室，成立治安巡防队，及时调解处理各类矛盾纠纷，广泛开展法治宣传教育。妇女儿童之家、团支部组织开展身边好人榜评选活动，促进邻里和睦。村级组织健全、领导有力，村务公开、管理民主，营造“心齐、气顺、谋发展”的良好氛围。

项山乡卢屋村　卢屋村距项山圩镇0.2千米，辖区面积7.84平方千米，有耕地33.72公顷、林地565.13公顷，其中生态公益林514.49公顷。全村有3个自然村、7个村民小组，总人口233户825人。卢屋村为“十三五”省定扶贫开发重点贫困村，有建档立卡贫困户33户116人（缺资金致贫12户50人，占贫困户总数的36.36%；因病致贫3户20人，占贫困户总数的9.09%；缺劳力致贫9户14人，占贫困户总数的27.27%；因学致贫5户21人，占贫困户总数的15.15%；因残致贫2户6人，占贫困户总数的6.06%；缺技术1户3人，占贫困户总数的3.03%；自身发展动力不足1户2人，占贫困户总数的3.03%）。2016年，卢屋村实现脱贫退出。全村农民收入以种植业、养殖业及外出务工为主，特色产业有牛羊养殖、柑橘种植、蜜蜂养殖、林下经济、光伏产业等。2016—2020年，实施道路提升、文化广场建设、环境整治、排水沟清理、住房安全巩固提升、产业发展、村庄绿化亮化、饮水安全提升、排水排污设施建设、庭院治理、基础设施改造等扶贫项目114个，投入资金2643.3万元；改建卫生厕所50多个；拆除“空心房”1万多平方米，解决住房安全隐患；为建档立卡贫困户申报落实产业奖补 14.7 万元；22 户贫困户享受“产业扶贫信贷通”贷款 100 余万元，贴息 12.26 万元；4 户享受家庭屋顶光伏贷款 10.4 万元；协助 16 名贫困人口办理门诊特殊慢性病手续；全村没有义务教育阶段适龄儿童因贫辍学。培育 4 个专业合作社，推广“合作社 + 农户”模式，发展高山养殖牛羊、山腰种植柑橘、田间种植瓜豆、花中养蜂、林下经济、光伏发电、大棚种菌七大富民产业，实现贫困户产业发展全覆盖，产业收入占全村农户收入的比例为 55%。中共中央宣传部协调支持产业扶贫资金 200 万元，争取整合资金 100 万元，新开垦种植柑橘园 20 亩，新建光伏电站 300 千瓦，新增养蜂 185 箱，使贫困人口产业收入稳步提升。引导 33 名贫困人口务工就业，其中县内就业 18 人，县外就业 15 人。开发公益性岗位 8 个，培训贫困劳动力 108 人次。2018 年，引进制衣车间 1 个、食用菌种植基地 1 个，解决 45 人就业，吸纳贫困户就业 9 人，其中残疾人 3 人，实现贫困人口产业就业全覆盖。出台“村规民约”“星级文明家庭”“清洁家庭”等相关方案，建立赡养义务信用登记制度，弘扬尊老爱幼良好家风，曝光不尽赡养义务的反面典型；联合帮扶单位县发展改革委出台《帮扶扶贫挂点村发展特色农业工作方案》，自筹资金帮助无法从事重体力劳动的农户翻耕土地，种植短期作物，鼓励农户利用撂荒土地发展产业。卢屋村牵头组织村民成立卢氏奖学金基金会，激励学生勤奋学习、努力进取，阻断贫困代际传递。卢屋村依托建设新时代文明实践站，积极开展志愿服务、文明创评等活动，激发群众内生动力，营造互帮互助、争先创优的良好村风民风。2020 年，卢屋村被中央精神文明建设指导委员会办公室授予“全国文明村”称号。

第二节　典型人物

一、优秀扶贫干部

潘昌荷　男，汉族，1957 年 4 月出生，江西省寻乌县项山乡福中村人，初中学历，项山乡福中村卫生计生服务室医生。1974 年，潘昌荷参加寻乌县人民医院“赤脚医生”培训班。1975 年，他在吉潭镇中心卫生院实习 6 个月。之后，他回到项山乡福中村，在该村的农村合作医疗站开始他的从医生涯，行医治病，默默奉献，一干就是 46 年。46 年间，他始终坚守在农村，坚守着清贫的生活，走遍江西、福建、广东三省交界山区的10个村，以福中村为中心，8000多户村民都是他服务的对象，平均每天步行路程在10千米以上，总路程超过16万千米。何冠元家在福建省武平县东柳镇大阳村，离福中村35千米。1993年，何冠元的女儿癫痫病发作，他赶忙来请潘昌荷。一听说有急诊，潘昌荷二话不说，拎着药箱一路小跑往何家赶，跑了3个多小时才到何家，经详细询问病情，为孩子把脉开方，用药箱里带的中药配成药物。之后，潘昌荷又多次去何家为其女儿把脉调方。在连续服用30多剂中药后，小姑娘的病再未复发，潘昌荷每次到何家诊治只收几块钱的药费。“山里人生活艰难，贫困户多，能帮一把是一把”，潘昌荷如是说。为节约成本，潘昌荷经常进山采药，自己炮制饮片，实在采不到的药才去寻乌药材公司购买。每次给病人看病，他只收药材成本，出诊、扎针、做手法都从不收钱。46年间，潘昌荷诊治患者20余万人次。

随着国家扶贫政策的落实，山里老百姓的日子越过越好，福中村村民也陆陆续续盖起砖瓦房，而潘昌荷一家仍住着土坯房，一家人的日子过得紧巴巴的，简易茶几、木制沙发、小型电视柜、油漆脱落得所剩无几的小板凳就是客厅里的全部家当。2004年，潘昌荷家攒够4000块钱，其妻钟六妹原本想着修修老房子，潘昌荷却执意用这笔钱建一间30多平方米的诊室，让乡亲们有个看病的好环境。多年来，潘昌荷为贫困乡亲减免或垫付的药费已无法计数。“前些年还记账，就有好几万，后来干脆不记了。”潘昌荷妻子钟六妹曾为此而深深苦恼：“当大夫不挣钱，常年‘倒贴’，自家的日子咋办？”潘昌荷总是说，现在国家政策好，乡亲们又勤劳，只要不被病拖累，日子准能越来越好，能为乡亲们治好病，总觉得自己一辈子很值！潘昌荷还对建档立卡贫困户、65岁以上老人以及行动不便者定期随访。他帮助村里留守老人代缴医保300余人次，协助乡亲们办理慢性病手续200多人次，帮助贫困户报销医疗费、履行家庭签约服务，并建立居民健康档案。2015年，潘昌荷——这位“脚踏三省的乡村健康扶贫老兵”入选“中国好人榜”，被省政府授予“全省劳动模范”称号。2021年2月25日，中共中央、国务院授予其“全国脱贫攻坚先进个人”称号。

吉志雄　男，汉族，1978年5月出生，陕西省西安市人。1996年9月，考入解放军长沙炮兵学院并入伍，硕士研究生学历，1997年7月加入中国共产党，

2013 年 12 月转业到中华全国供销合作总社工作，2016 年 1 月至 2021 年 5 月在寻乌挂职，任晨光镇党委副书记、副镇长、高布村第一书记、驻村扶贫工作队队长、驻村帮扶公司党支部书记。作为赣州市挂职时间最长的国家机关选派干部，吉志雄曾参加过“九八抗洪”，对湘赣红土地情有独钟，他 3 次任职期满，3 次选择留下，在他的带领下，村党支部连续 5 年被评为先进党支部。吉志雄帮扶高布村建起高标准大棚蔬菜基地以及小龙虾、脐橙育苗、百香果、光伏等 5 个扶贫产业基地，村集体和村民通过“公司 + 村集体 + 合作社 + 基地 + 农户”模式，采取土地流转、项目参股、就业帮扶、技术帮带等方式，带动贫困户生产“得现金”、务工“挣薪金”、入股“分红金”、土地流转“获租金”，村集体经济收入由 0 元发展到 45 万元，全村 88 户 344 名贫困人口实现全部脱贫。他组织党员和青年无偿献血，并 6 次带头无偿献血；带领群团组织坚持开展 8 期由当地学子参加的寒、暑假大学生座谈会和志愿扶贫系列活动，引导大学生回乡发展，为部队输送优秀子弟 10 余名；协调成立驻村帮扶公司党支部，与村党支部一起实施“双轮驱动”“党建 + 扶贫”模式，两个党支部都被评为先进党支部，培养发展优秀青年党员 10 余名；协调建成镇中心供销大桥，解决“不忘初心、牢记使命”主题教育中排查出呼声最高的困扰全镇群众的烦心事。2020 年春节，新冠肺炎疫情突然袭来，他中断休假，辗转 2000 多千米，将个人购买的价值 2 万多元的口罩捐给全村村民和急救中心，并坚守乡村一线做好常态下疫情防控工作。2020 年 1 月到 2021 年 3 月的 400 天时间里，他只回过一次家，陪伴家人只有 14 天。在寻乌开展帮扶工作的 1900 多天里，他与自己的儿女相聚时间不到 100 天。吉志雄为武汉抗击新冠肺炎疫情捐款 6600 元，积极对接中华全国供销合作总社，主动协调其他中央、国家直属机关单位，为寻乌提供测温仪、消毒液、洗手液、洁厕剂等物资，总重量有 1 吨多。他被高布村村民称为“焦裕禄式的书记”，先后被赣州市、江西省和中央文明办评为“赣州好人”“江西好人”“中国好人”，被省委组织部、省委宣传部和省扶贫办公室联合评为“江西省最美扶贫干部”，被省委组织部评为“江西省新时代赣鄱先锋”，被省政府授予“江西省脱贫攻坚贡献奖”，被农业农村部评为“全国产业扶贫双百典型”，被中央和国家机关工委授予“中央和国家机关脱贫攻坚优秀个人”荣誉称号，2021 年

2月25日被中共中央、国务院授予“全国脱贫攻坚先进个人”称号。2020年3月，中华全国供销合作总社决定，在全国供销系统开展向吉志雄学习活动。《人民日报》、《江西日报》、央视新闻、《旗帜》杂志等媒体对其进行宣传报道。2021年春节，他响应“就地过年”号召，再次放弃回家团聚的机会，全身心陪伴村里报名参军和支援抗疫献血的返乡青年过新年，并在年后成功选送一对感恩奋进脱贫户亲兄弟参军，《中国国防报》以《脱贫感恩心向党　兄弟携手换戎装》为题报道这对寻乌的亲兄弟子弟兵。2021年3月5日学雷锋日当天，“学习强国”平台刊载对吉志雄“挥洒青春伴红土　不辞长作赣南人”的感人报道。

二、脱贫典型

陈佛海　男，南桥镇高排村大屋下小组村民，因母亲是多年糖尿病患者，父亲因一场意外导致身体残疾，家庭陷入贫困。积极向上的陈佛海没有被贫困吓倒，努力学习各种业务技能，积极尝试各种致富方法，南下广东拼搏并实现脱贫。2016年，他感恩政府帮扶，回到家乡，看到祖祠大夫第年久失修，破败不堪，遂发倡议召集族中青年捐资出力，为大夫第捐立太阳能路灯5盏，成立族群，讨论维修加固问题，在“寻乌宣传”微信公众号等寻乌当地媒体上发表文章，引发全县各界对这栋文化古建筑的兴趣与关注。2017年，县政府决定对云魁公祠大夫第进行全资打造，陈佛海担任修缮理事会主要负责人，上下沟通，组织协调，事无巨细，尽职尽力。为加强大夫第的对外宣传，陈佛海长期主动为前来参观的游客义务解说，并带领族中梓叔拍片写稿，自制大夫第宣传片，为大夫第的保护和利用做出贡献。当高排村新时代文明实践站落户大夫第后，陈佛海主动担任义务宣讲员，并通过考试应聘成为高排村党建宣传员，负责高排村新时代文明实践站的运作管理，江西电视台及中央电视台等多家媒体纷纷前来报道采访。他利用新时代文明实践站中设立的客家特色产品展示厅向农户传授产品包装、电商销售等知识，引导农户在网上售卖百香果、脐橙、炒米糖等当地特色农产品，利用党员帮办代办点帮高龄农民处理生活事务，在新时代文明实践站的百姓讲坛向群众宣讲党的创新理论和方针政策，成为一名“百姓名嘴”，参加寻乌县“决胜全面小康，决战脱贫攻坚”宣讲大赛并获三等奖，被选入寻乌宣讲团，到各个乡（镇）巡回宣讲。

何坚平 男，44岁，桂竹帽镇华星村窝里小组农民，由于家中缺少能干劳动力，且何坚平总幻想着一夜致富，大事干不了，小事不愿做，家庭经济日渐走上下坡道，生活异常贫困。多年来，何坚平一家靠200多株柑橘果树收入维持生计。2014年，因受柑橘黄龙病侵袭，果树皆被感染并被砍除。2015年，他筹钱养殖的1000多只鸡又因感染禽流感全部死掉。接连的失败磨灭了他对生活的信心，他还背负了20多万元债务，生活举步维艰。2016年，就在何坚平一筹莫展之时，镇村干部和驻村扶贫工作队到他家了解情况，并多次入户调查，将其识别为建档立卡贫困户；之后，又多次与他谈心、聊家常，讲述脱贫示范户、致富能手、产业发展带头人的创业故事，鼓励他自力更生，振奋精神，勤劳致富。经过三番五次地思想动员，何坚平终于鼓起勇气，试种100多棒香菇。因准备不充分，不久便遇到资金紧缺、技术不过关等问题。由于害怕又一次失败，他萌生退意。帮扶干部知悉后，想方设法帮助他到外地学习香菇种植技术。2018年，他在亲戚的资助下，搭起一个不足200平方米的菌棚，县农业农村局派专家蹲点指导，何坚平一改以往懒散作风，每天起早贪黑，精心管理。几个月下来，香菇长势喜人、品相上乘。产品有了，销售又成为关键。驻村帮扶干部主动安排，对其香菇进行检测，并极力向县城超市推荐，帮助他拿下第一笔订单。后来，何坚平在产业帮扶资金支持下，建立蘑菇种植基地，扩大菌棚规模，依靠立体菌架种植技艺，实现年产量5万千克左右，每千克卖10 ~ 12元，年产值50万元，产品供不应求。不仅如此，感恩奋进的何坚平还决定发挥所长，带领乡邻一起发展香菇产业。他牵头成立坚发果蔬合作社，购置冷藏库设备，联合14户周边群众建起面积达12亩的香菇菌棚，年收益在20万元以上。一有时间，他就到村新时代文明实践站，向当地群众传授香菇种植技术，分享自己的创业故事，帮助有发展意向的贫困户及更多的人实现共同致富。

邝小燕 女，菖蒲乡铜锣村贫困户。2016年，邝小燕日夜苦苦思索增收致富的办法，思来想去都一一落空。“一缺产业转型发展经验，二缺资金，咋办？”邝小燕一度陷入迷茫。当得知她想发展百香果种植产业，村干部、驻村工作队和帮扶干部多次入户了解情况，选送其参加县乡种植技术培训班，请百香果协会专家免费为其传授种植技术，并帮助其办理5万元的产业扶贫贷款。邝小燕带领家人早出晚归，修坡整地，浇水锄草，防病灭虫。当年百香果收益在3万元以上。有第一年的收益后，邝小燕又想着如何让百香果卖上好价钱，她一边学习互联网知识，一边销售，并请教电商从业人员，很快就掌握了电商销售渠道。2020年，邝小燕通过微信模式出售的百香果就超过2500千克，她的百香果一经采摘便被抢购一空。

2020年，邝小燕的百香果种植面积稳定在10亩以上，年收益5万元。邝小燕一家不但顺利脱贫，而且成当地贫困户脱贫致富的模范。邝小燕靠种植百香果脱贫致富的消息传开后，很多村民慕名找到她咨询种植方法和销售经验，邝小燕总是热情、细心地进行解答。在乡村举办的百香果种植经验交流培训会上，邝小燕将自己的种植技术毫无保留地分享给广大村民。在邝小燕的示范带动下，铜锣村越来越多的农民尝到种植百香果的甜头。

黄圣聪 男，汉族，1963年2月出生，三标乡三标村老屋小组人，家庭人口4人。2013年，黄圣聪儿子黄天宝新婚不久，不幸确诊白血病。为给儿子治病，他一边求医，一边向亲戚朋友借款，债台高筑。然而，病魔最终还是夺去其儿子年轻的生命。屋漏偏逢连阴雨，柑橘、脐橙又遭黄龙病侵袭，果树被砍光，唯一经济来源被切断，黄圣聪一度对生活失去希望。2014年，在他几乎万念俱灰之时，帮扶干部来到他家了解情况，安抚他，开导他，鼓励他；村“两委”通过村民代表大会评议将其家庭列为建档立卡贫困户，实施扶贫救助、精准帮扶。帮扶干部引导他加入三标村桃花源农民专业合作社，帮他申请到5万元“产业扶贫信贷通”贴息贷款，让他重新树立起生活的信心。黄圣聪拿着乡政府出资引进的鹰嘴桃树苗，在原种植柑橘的山头上重新忙碌起来。他经常到村合作社培训场所学习，并跟随村合作社人员到广东河源市连平县鹰嘴桃基地学习栽培管理技术，精心培育树苗，不断扩大鹰嘴桃种植面积。2020年，种植鹰嘴桃2000多株，挂果300株，鹰嘴桃以每千克2.4 ~ 2.5元的价格出售，实现产值28万余元。他种植的鹰嘴桃个大、甜度高、病虫害少，受到批发商的青睐，前来订货的客商络绎不绝，黄圣聪成为全县闻名的“桃王”。

黄圣聪自己富裕了，更想让大家一起富起来。他主动担任鹰嘴桃技术推广宣传员，并请有需要的村民到自己的果园现场观摩，分享鹰嘴桃种植技术。黄圣聪依靠鹰嘴桃从贫困户变成致富带头人的消息，一时在邻里乡村广为流传，很多村民慕名而来，向他学习取经，黄圣聪总是热情接待，详细讲解，毫无保留地把经验传授给村民，甚至还上门帮助村民剪枝、疏果、施肥、修园。

第三节　扶贫实践典型做法

在扶贫实践中，寻乌创造出一系列精彩纷呈的行业扶贫特色做法，现以专辑收录经验文章13篇，以期客观、真实、集中、生动地反映寻乌行业扶贫实践活动。

一、产业扶贫

“六个一批”做旺扶贫产业——农业产业扶贫特色做法

产业扶贫是贫困户脱贫致富的根本之策。落实赣州市委、市政府“五个一”产业发展要求，按照“一片果蔬、一份股权、一人就业”的模式，鼓励每个有劳动能力和发展意愿的贫困户参与2项以上产业扶贫项目，产业发展覆盖所有有劳动能力和发展意愿的贫困户，以产业“旺起来”带动群众腰包“鼓起来”。截至2019年，全县柑橘面积稳定在24.36万亩，猕猴桃、甜柿、百香果、蔬菜、养蜂等优势产业初具规模，特色产业种植面积达12.5万亩，农业产业扶贫基地覆盖全部行政村，产业覆盖率为100%。主要做法为“六个一批”。

示范带动引领一批

寻乌县将培育新型农业经营主体和推进产业扶贫相结合，充分发挥新型农业经营主体示范带动作用，采取“合作社+基地+贫困户”“基地+贫困户”“公司+基地+贫困户”“公司+合作社+贫困户”等模式，带动引领群众发展柑橘、蔬菜、猕猴桃、甜柿、百香果等产业，有效激活产业的“造血功能”，激发贫困户参与产业发展的内生动力。全县新培育创业致富带头人216人，建设产业扶贫基地184个，共带动贫困户4419人务工或直接参与基地产业的发展。

政策奖补扶持一批

为鼓励、引导、支持贫困户发展产业，寻乌县结合实际，专门为贫困户发展蔬菜、甜柿、百香果及养蜂等产业制定扶持政策，并对重点支持产业与鼓励发展产业实行差异化扶持，通过抓好产业奖补政策落实，不断激发贫困户发展产业的积极性和主动性。2018 年，全县有 9700 多户贫困户申请产业奖补，全年发放资金 2640 余万元。除此之外，寻乌非常重视主导产业在产业扶贫方面的主力军作用，作出大力实施柑橘专项扶贫的决策部署，专门出台免费向贫困户发放柑橘大苗、奖励扶持行政村建设假植扶贫基地以及建立柑橘扶贫“三个一”服务贫困户机制等惠民政策、措施，为贫困户发展柑橘产业提供资金、技术等要素保障。全县建立柑橘苗木假植扶贫基地 53 个，覆盖带动贫困户 6112 户。2018—2019 年，县政府下拨柑橘扶贫扶持资金 2477.5 万元，受益贫困户达 8304 户。同时，将建立“龙头企业（新型经营主体）+ 合作社 + 基地 + 贫困户”利益联结机制的合作社纳入财政奖补范围，提高新型经营主体带动贫困户发展产业的积极性。

金融贴息引导一批

为解决贫困户发展产业资金短缺的难题，寻乌县用好用活“产业扶贫信贷通”和“财政惠农信贷通”等金融扶贫政策，采取财政给予贷款贴息和担保的形式，解决贫困户产业发展启动资金不足的困难。2017—2020 年，寻乌县累计发放“产业扶贫信贷通”贷款 64800.22 万元，其中贫困户个人贷款 34658.47 万元，惠及贫困户 6661 户，带动发展猕猴桃、百香果、龙脑樟等种植产业 3.2 万亩。

利益联结带动一批

建立健全“五个一”产业扶贫工作机制，推广“示范引导型、农户参与发展型、托管型”等利益联结模式，采取订单农业的方式，为贫困户发展产业提供种苗、技术、管理等服务，并与贫困户签订产品回收协议，让产业基地与贫困户之间的利益联结更加灵活多元、更加真实有效。比如，晨光镇香山村华美猕猴桃专业合作社通过“示范引导型”利益联结模式，辐射带动香山、竹背、新群、高布 4 个行政村 666 户农户（其中贫困户 138 户）脱贫致富。

长短结合发展一批

在推进产业扶贫过程中，寻乌县十分注重长短结合、种养结合，既注重发展柑橘、甜柿、猕猴桃、油茶、茶叶等周期较长、长期受益的产业，又兼顾日常增收需要，培育投资少、见效快的蔬菜、百香果及蜜蜂养殖等产业项目，实现“长短结合，以短养长”，滚动发展，持续增收。比如，吉潭镇团船村坚持“长短结合、以短养长”的产业发展模式，推广种植蜜雪梨这一长期受益产业，并辅助发展紫薯、百香果、西瓜等“短平快”产业，取得良好成效。

发展电商支撑一批

把农村电商与产业发展有机结合起来，完善县、乡、村三级电商发展支撑体系，加强与淘宝、京东、供销 e 家、邮乐购等电商平台的对接，电商产业园投入使用，163 个行政村电商服务站投入运营，全县电商企业达到 526 家，微商 4000 多人，年交易额超 15 亿元，利用电商资源为群众提供产业信息、技术指导、产品销售等服务，帮助销售农副产品，促进农民增收。据初步统计，2018—2020 年通过电商销售脐橙 2500 万千克、橘子 150 万千克、百香果 300 万千克、鹰嘴桃 75 万千克、红薯 50 万千克左右。2016 年，寻乌县荣获“电商消贫十佳县”称号；在农业农村部和阿里研究院发布的“2017—2018 年全国贫困县农产品电商 50 强”名单上，寻乌排第五位。寻乌县长宁镇城北村被评选为 2018 年中国淘宝村。

把柑橘产业打造成贫困群众增收致富产业
——柑橘扶贫特色做法

柑橘是寻乌县的农业主导产业，也是群众的致富产业。寻乌县积极顺应群众发展柑橘产业的意愿，及时作出实施柑橘专项扶贫的决策部署，从培育苗木、栽种模式、技术指导、示范引导等方面入手，推动产业升级发展。截至 2018 年年底，全县发展柑橘产业的贫困户有 8304 户（全县贫困户 12274 户），贫困户柑橘产业覆盖率达 67.65%，户均种植果树 2.5 亩，柑橘扶贫在产业扶贫中起到主导和引擎作用，为助力寻乌县高质量脱贫提供坚实保障，柑橘真正成为全县贫困群众的“致富树”“脱贫果”。

引导生态化种植

为提升贫困户柑橘产业覆盖率，提高长效产业在产业扶贫中的比重，寻乌县围绕“绿色生态、高产高效、安全规范”发展主线，按照“山顶戴帽、山脊隔离、山腰种果、山脚穿鞋、园路绿化”的生态模式建园，科学有序地引导贫困户发展柑橘产业，对符合产业发展规划，严格按生态标准建园，经验收合格的，给予500元/亩的建园补助，激发贫困户参与发展柑橘产业的热情。2018—2019年，向符合种植条件的966户贫困户免费发放柑橘大苗14.49万株。

培育职业化果农

建立柑橘扶贫“三个一”服务贫困户机制，即发放一份技术资料，接受一次以上柑橘栽种技术培训，安排一名技术员联系指导，通过技术培训的方式，提高了果农的柑橘种植专业化水平。2018年，培训贫困户1968人次。同时，充分尊重贫困户意愿，对有发展意愿、有能力的贫困户，在建园、苗木、信贷等方面进行扶持，激发贫困户发展柑橘产业的内生动力，引导贫困户全身心地投入柑橘种植，成为职业果农。比如，澄江镇大墩村贫困户凌春茂，栽种约500株柑橘，采取专职管理，年产量1.5万千克左右，年收入在6万元以上，实现稳定脱贫。对无能力种植柑橘的贫困户，引导其以奖补资金，苗木、土地入股或托管的方式发展产业，让更多的贫困群众参与柑橘产业发展，分享柑橘产业发展带来的红利。2018—2019年，县政府下发柑橘扶贫扶持资金2477.5万元，为贫困户供应柑橘无病毒容器苗约134万株。

推行科学化管理

改变传统粗放式柑橘管理方式，积极推广“深翻改土、矮化密植、苗木假植、综合防控、水肥一体化”等先进管理方法，推行现代果园标准化建设。通过推行“假植大苗上山”的方式，贫困户柑橘复种的成功率大大提高。同时，结合贫困户实际，采取“党支部或村‘两委’+合作社+贫困户”的建设思路，按照“三统一分一托”（统一搭建网棚，统一调苗假植，统一抚育管理；大苗分户入园种植或托管种植）的运行模式，帮助贫困户进行科学管理。2018—2019年，全县建立柑橘苗木假植扶贫基地53个，覆盖带动贫困户6112户。

坚持品牌化营销

依托“赣南脐橙”“寻乌蜜桔”国家地理标志保护产品、中国驰名商标的品牌效应，通过农超对接、农批对接和电商销售等方式，帮助贫困户拓宽柑橘类产品销售渠道。2018 年，借助电商平台销售柑橘类产品 2650 万千克，比 2017 年同期多销售 500 万千克，并带动果品销售价格不断提升，据测算，2018 年柑橘销售价格比 2017 年提高 0.6 元 / 千克。同时，及时采集果品市场价格，以手机报、有线电视游字广告等方式及时为贫困户提供果品供求信息，引导贫困户抓住销售的最佳时机，顺价销售，确保贫困户果品收益最大化。

发挥“互联网 +”作用　提升电商扶贫成效
——电商扶贫特色做法

寻乌县紧紧围绕“助推农产品上行、助力贫困户增收”的思路，充分发挥“互联网 +”作用，把电商作为实施精准扶贫的新手段、新模式，提升电商扶贫成效。截至 2019 年，全县发展电商企业 526 家，年交易额超 10 亿元。2016 年，寻乌被阿里研究院评为“电商消贫十佳县”；2018 年，在农业农村部和阿里研究院发布的“2017—2018 年全国贫困县农产品电商 50 强”名单上，寻乌排第五位；寻乌县长宁镇城北村被评选为 2018 年中国淘宝村。寻乌县实施的电商扶贫线上线下销售活动和“百站（企）带千户”的模式得到商务部、国家标准化管理委员会和国务院扶贫开发领导小组办公室社会扶贫司的高度关注和肯定。

构建三级体系，强化基础支撑

以寻乌县电商产业园为核心、县级公共服务中心为天网、乡村服务站点为地网、遍布各个站点的物流线路为链条，织密覆盖县、乡、村三级的电商扶贫网络。

1. 建好一个核心。新建占地面积 65 亩，建筑面积 6 万多平方米的电商产业园，并整合电商企业进驻园区，在产业园开辟扶贫展示厅和扶贫商超。进驻产业园的所有企业（个人）可以享受两年免租金、免费电商培训等扶持政策。

2. 建设三级站点。截至 2020 年，建成并投入运营的县级电子商务公共服务中心 1 个、乡（镇）运营分中心 15 个、村级服务站点 163 个。同时，发动相关企业和站点销售贫困户农特产品，并免费为贫困户提供便民服务。

3. 补强一个链条。整合全县物流快递企业，构建以邮政、赶街、广寻物流为骨架的物流体系，补强物流链条，畅通双向流通渠道。

强化平台对接，拓宽销售渠道

1. 对接知名电商平台。为拓宽农产品销售渠道，让贫困户的优质产品卖上好价钱，寻乌县积极与知名平台对接。一是对接本来生活网平台。与本来生活网签订战略合作协议，达成合作意向；本来生活网选定寻乌县果品加工合作企业，派驻专职买手在寻乌县采购脐橙。二是对接京东商城平台。京东商城在寻乌举行招商采购活动，达成寻乌脐橙走进京东系列活动合作协议。三是对接拼多多平台。联合举办“多多扶贫，脐橙丰收节”活动，寻乌脐橙作为重点推介农特产品在平台销售，共成交订单10多万单，销售脐橙47.5万千克，销售总金额300多万元。

2. 巩固农村电商平台。一是巩固邮政平台。通过邮政“919”电商节，销售百香果近4万千克；通过中国邮政集团公司寄递事业部“极速鲜”平台销售寻乌县特色农产品脐橙、蜜桔，累计销售脐橙5万千克、蜜桔3万千克。二是巩固“供销e家”平台。中华全国供销合作总社下属企业新合作商贸连锁集团的10家企业与寻乌县“供销e家”形成脐橙、红薯、蜂蜜等农特产品购销合作关系。加强与田觅密、深圳点筹网、有食客网、今日优鲜等电商平台和大型超市的对接，线上线下拓宽农特产品销售渠道。

狠抓品质品牌，提升产品影响力

1. 抓品控溯源。由电商协会负责运作，企业参与共建，建设全县统一的农特产品品控及溯源系统，利用平台“生产有记录、信息可查询、流向可跟踪、质量可追溯、责任可追究、产品可召回”的功能，把企业的产品信息直接收录进系统并定做专用溯源标签，确保农产品质量。

2. 抓品牌推介。充分利用中共中央宣传部对口支援的契机，大力宣传寻乌县电商扶贫的新举措，寻乌县电商扶贫和电商创业的经验做法先后在CCTV-2《生财有道》、《经济日报》、中国经济网、人民网和江西电视台进行宣传报道，企业和产品的知名度得到提升。

3. 抓活动推广。推行“网货中心 + 电商企业（基地、合作社、电商站点）+ 贫困户”模式，发动社会各界积极参与电商扶贫线上销售活动，电商企业（基地、合作社、电商站点）从贫困户手中收购脐橙、百香果、蜂蜜、灵芝、薯类、笋干等农产品，网货中心采用“统一采购、统一包装、统一配送、统一价格”的方式对扶贫网货进行销售推广。2018—2019 年，寻乌县发动电商企业（微商）110 多家（名），对接贫困户 400 余户，累计销售农产品 15 万单以上，销售额超 500 万元。

二、基础设施建设及安居扶贫

以提高集中供水率为着力点推动安全饮水全保障
——安全饮水保障扶贫特色做法

安全饮水为“两不愁三保障”的重要内容，寻乌县紧紧围绕水量、水质、供水保证率及方便程度等要求，加大投入，多措并举，多管齐下，以提高集中供水率为着力点，确保实现所有群众安全饮水目标。2018—2020 年，全县投入安全饮水项目资金 6855.9 万元，实施农饮项目 215 个。截至 2020 年年底，全县共建成农村饮水安全工程 211 处，其中“千吨万人”农村集中供水工程 8 处、“百吨千人”农村集中供水工程 75 处、微小型农村集中供水工程 128 处。集中式供水覆盖农村居民 59829 户 24.43 万人（其中建档立卡贫困户 11449 户 48338 人），自来水集中普及率达到 92.9%。

排查全域化，做到户户过滤

为准确掌握农村居民安全饮水状况，一方面，开展全覆盖排查。先后多次组织乡、村两级对农村安全饮水情况开展逐村逐户逐人拉网式、地毯式排查，做到户户见面、户户确认、户户签字，确保排查不留死角、不留盲区，并重点关注独居老人户、残疾户、重病户、山区户、散区户、偏远户等群体。另一方面，项目精准化布局。按照“缺什么补什么”原则，针对农村饮水安全项目上报情况，从实施的必要性、可行性、可操作性，确保项目实施精准到户、扶贫资金物尽其用。为确保上报项目底数清、情况实，将抽检复核准确率与资金拨付和问责挂钩，对上报数据抽检合格率未达到95%的进行问责，并按比例核拨项目资金，涉及遗漏、不准、不实等问题，由各乡（镇）自筹资金解决，充分保障上报对象信息的真实性和准确性。

推进项目化，实现户户达标

围绕四大指标，实施饮水工程，对贫困村与非贫困村实行项目安排全覆盖，100%确保安全饮水。一是大手笔建设，投入7.56亿元高标准建设太湖水库，让沿线水源、吉潭、澄江等5个乡（镇）18.77万人喝上“干净水”“放心水”。同时，投资约6亿元实施饮用水水源地三标乡“两个半村”移民搬迁工程，对搬迁后的区域不允许进行任何工程建设，从源头上保障县城及沿线饮用水水源水质的长期稳定达标。二是全覆盖推进，针对影响饮水安全达标的各类问题，区别对待，全面整改，确保群众用上安全水。针对水厂供水问题，投入2914.08万元对已建水厂工程进行巩固提升，实现水厂供水覆盖范围最大化；针对供水水源不足问题，投入1325万元，为无法通过延伸水厂管网解决供水的村庄寻找其他安全水源点新建水厂，确保其用上安全水；对既无法通过管网延伸解决供水又找不到新水源点的村庄，采取打井取地下水方式确保饮水安全；针对特殊困难群体饮水问题，投入1032.82万元用于管网延伸，投入688万元用于解决全县2751户散居户、独居户、残疾户、重病户、边远户、山区户饮用水困难问题，新增自来水入户农户6039户。三是安全性保障，采取修围栏、过滤、净化等多种方式确保水质达标。6座供水工程增设慢滤池，20座供水工程增设加药池，49座供水工程增设管理房及厂区围栏，23座供水工程水池上漆，对“百吨千人”饮水工程及微型水厂实施饮用水水源地保护工程。

监测长效化，确保户户过关

加强水厂运行管理，出台《寻乌县农村饮水工程运行管理办法（试行）》，以县疾控中心为依托，建立和完善水质监测中心，对规模较大的集中式供水工程开展水源水、出厂水、管网末梢水水质检测，对较小的集中式供水工程和分散式供水工程进行水质抽检，切实提高水质检测能力，保障供水水质安全。加大对少部分散户水质的检测，各乡（镇）按要求对农户饮水情况进行全面摸排，按区位划分，对水样进行分方位采样，并由各乡（镇）统一送至县疾控中心进行水质检测。

五措并举，攻克“住房安全”堡垒
——农村住房安全保障扶贫特色做法

保障住房安全是“两不愁三保障”的基本任务之一。由于寻乌县农村地区危旧土坯房多，移民区域广，搬迁任务重，存在一些陈风陋习等，保障住房安全一度成为寻乌扶贫工作的难中之难、艰中之艰。2012—2018年，寻乌县落实“五个坚持”，综合采取“移民搬迁、拆旧建新、维修加固、交钥匙保障和整治老人住危房”5项措施攻坚推进，住房安全保障工作取得显著成效。至2018年年底，全县共完成保障房建设15633户（含2017年度1250户和2018年度994户省级农村危房改造对象），其中拆旧建新1747户、维修加固13648户、农村保障房兜底安置238户。完成建档立卡贫困人口3286人易地搬迁安置；完成918起老人住危旧房整治；完成19408户有人居住房屋质量安全鉴定，实现农村住房100%安全的目标。

坚持应保尽保，保障对象全覆盖

农村住房安全保障工作坚持“应保尽保、不漏一户、不落一人”的目标定位，并进行全面摸排、精准认定。经摸排认定，在全力推进2017年度1250户和2018年度994户省级农村危房改造的基础上，扩大至全县农村区域长期居住在土坯房内的贫困户及“唯一住宅”和“一户一宅”的非贫困户，覆盖全县所有有人居住的土木、砖木结构房和其他材质的疑似危房。

坚持应享尽享，到户举措真落实

坚持因户施策，符合危房改造条件，住房鉴定为D级的，实施拆旧建新，鉴定为C级的，实施维修加固；对“四类重点对象”中的无房户或危房户，且确实需要政府兜底解决住房保障的特困人群，采取农村保障房建设模式进行安置；对符合易地扶贫搬迁政策，且有搬迁意愿的，实施进园、进城搬迁安置；对“老人住危旧房”的，依法推进专项整治，解决老人住危房问题。通过采取拆旧建新、维修加固、保障房兜底安置、易地移民搬迁和“老人住危旧房”专项整治五大措施，全面解决住房安全问题。

坚持应投尽投，资金保障高标准

2017—2019年，县财政统筹计划安排农村住房安全保障资金13.33亿元，其中，住房安全保障扶贫资金7.23亿元，易地移民搬迁投入6.1亿元。在保障资金投入的同时，出台政策，加大奖补力度。符合条件的农户除可获得省级农村住房安全保障补助资金外，还可获得县级追加奖励。

坚持应补尽补，农户奖补分类别

为减轻农民建房负担，调动群众积极性，分唯一住宅、一户一宅以及贫困户、一般户，划定政策时限，制定分类详细、操作性强的奖补政策，并据此科学地落实奖补资金。如，通过拆旧建新方式达到住房安全保障的，享受县级奖励政策，其中“四类重点对象”奖励2万元/户，非“四类重点对象”外的农户奖励1.5万元/户。同时，符合省级补助条件的对象叠加享受省级政策，其中“四类重点对象”2万元/户、农村军队退役人员1.5万元/户、其余一般户0.5万元/户。再如，通过维修加固方式达到住房安全保障的，对符合唯一住宅的农户（含贫困户和非贫困户），按照应保尽保的原则，由县财政统筹省级补助资金（省级补助对象按0.5万元/户整合资金）和本级财政资金解决，由乡（镇）统一组织实施；对不符合唯一住宅的贫困户及符合一户一宅（指本村集体内仅有一处住房）的非贫困户，在限期内完成维修加固的，县财政给予每户房屋维修加固1万元、更换琉璃瓦每平方米40元的奖励。

坚持应鉴尽鉴，安全认定有依据

通过政府采购，聘请第三方有资质的住房安全鉴定机构，对全县19408户有人居住的土木、砖木结构房和其他材质疑似危房的房屋质量开展鉴定。鉴定属D级危房的进行拆除，属C级危房的进行维修加固，且在维修加固后及时进行再鉴定，直至做到“一房一安全报告”，为住房安全保障工作添上“双保险”。

推行“路长制”助推“四好农村路”建设
——交通基础设施扶贫特色做法

为深入贯彻落实中共中央总书记习近平对建设“四好农村路”作出的重要

指示精神，满足人民群众日益多元化的出行需求，充分发挥公路在乡村振兴、脱贫攻坚中的基础支撑作用，2018 年以来，寻乌县积极推行“路长制”，探索建立新型公路管理长效工作机制，并取得阶段性成效。

坚持高标准，明确“路长制”工作目标

1. 致力建设好。加快实施国省道升级改造计划，自 2015 年起，先后启动 G236、S458、G206、S317 等一批国省道改造项目，至 2020 年，国省道里程增至 197.778 千米；2016—2018 年，实施“农村公路三年行动计划”，建设县道 111.5 千米、乡村道 133.2 千米、通组公路 621 千米，实现乡村干道村村通，村组道路全覆盖。

2. 致力管理好。按照“属地管理、分段负责”的原则，构建了县、乡、村三级“路长”体系，确保公路管理责任落实到人，实现事财匹配、权责对等。完善路政管理体系，按照“县有路政员、乡（镇）有监管员、村有护路员”的标准，组建县、乡、村三级路政管理队伍，对全县农村公路进行常态化巡查，公路管理实现常态化、规范化。

3. 致力养护好。按照“县道县养、乡道乡养、村道村养”的公路养护原则，将县道、乡道和进村主干道全部纳入管养范围，加快构建现代化公路养护管理体系。县级财政每年统筹 537 万元作为农村公路管养资金，其中县道、乡道、村道分别按每年 7000 元 / 千米、3500 元 / 千米、2000 元 / 千米的标准进行养护，实现有路必养，公路列养率达 100%。

4. 致力运营好。积极探索农村公路运营新模式，按照“人畅其行、物畅其流”的要求，利用农村公路网络，实行“农村公路 +”战略，不断提升农村公路服务效率、质量效益和运营效能。比如，实行“农村公路 + 客运出行”，着力推进农村客运班线公交化（镇村公交）改造，2020 年实现具备通行条件的镇村全覆盖；又如，实行“农村公路 + 物流”，积极推进城乡物流一体化战略，综合物流园项目建成并投入使用，全县物流企业达 97 家，农村物流基础设施大幅改善，基本实现“乡乡有网点，村村有物流”。

5. 致力环境好。结合城乡环境整治工作，加大公路沿线路域环境整治力度，对所有公路视线范围内的违章建筑、铁皮棚、临时搭建、简易房、裸墙进行常

态化整治，打造畅安舒美的通行环境。

突出问题导向，提升“路长制”管理成效

1. 强力“拆”。针对公路两侧违章建筑、乱搭乱建、铁皮棚、简易房等“两违”建筑问题，坚持“露头”就打，依法强势拆除“两违”建筑和“空心房”48.3万平方米，推动实现公路两侧清爽。

2. 规范“整”。针对公路两侧架空线路乱、建筑垃圾多的问题，专门制定杆线架设、“空心房”整治标准，对杆线、建筑垃圾进行规范整治，累计清运建筑垃圾8.8万吨，补助杆线部门杆线迁移资金2300余万元，推动实现公路两侧整洁。

3. 全面“清”。针对公路路面和两侧乱堆乱放造成路障多、排水沟渠淤塞等现象，认真抓好路障、建材、杂物、乱挂乱吊和小型活动非公路广告牌等的清理工作，推动实现路面干净，确保公路畅通。

4. 致力“建”。完善道路排水沟渠、路肩标识标牌、护坡、挂网、护栏等道路安全防护设施及其他设施，对不符合标准的按照标准进行改建。“路长制”推行以来，累计投入道路生命安全防护工程5503万元，对全县600余处道路安全隐患点进行集中整治，完善了道路安全标识标牌。

5. 严格“管”。严格规范公路管理各类主体行为，重点对乡（镇）政府行为、村“两委”班子行为、养护作业行为、上路用路行为、沿线农户行为等5种关键主体行为进行明确规范，严格管控车辆超限超载、沿线建房、占路经营等上路用路行为，重点加强“源头治超”和“联合治超”，2018年累计查处超限超载车辆205辆次，有效规范上路用路行为。

严格监督考核，提升“路长制”治理实效

1. 建立常态监督机制。通过在每条公路、交界点设立“路长”公示牌等方式，对县、乡、村“路长”的职务、工作职责、监督电话进行公示，确保群众可以在第一时间反映、举报发生在身边的涉及公路管理方面的问题，真正实现全民监督，让“路长制”落到实处。

2. 建立年度考评机制。严格采取季度考核、日常抽查和社会监督等方式，实行每月一例会调度、双月一评比通报、半年一盘点评价、年终一总结考核，全力推进“路长制”的实施。

3. 建立结果运用机制。通过将“路长制”工作纳入年度目标管理考评，对工作成绩突出、成效明显的单位和个人进行表扬；对发现的问题督促相关单位限时整改，对整改不力的单位和个人进行通报批评。

三、文化、教育、健康扶贫

巧打“五张牌”精准发力“控辍保学”
——“双线排查”一个不落做好“控辍保学”工作特色做法

“控辍保学”是教育专项扶贫的一项重点、难点工作。2017 年以来，寻乌县通过巧打“行政控辍、依法控辍、扶贫控辍、质量控辍、情感控辍”5 张牌，全面落实“双线排查”机制，精准发力，一个不落，“控辍保学”取得较好成效。

打好“行政控辍”牌，全面落实双线排查责任

一是压实工作责任。建立“控辍保学”工作“双线”目标管理责任制，一方面，县、乡（镇）、村（居）层层签订控辍目标责任状；另一方面，县教育局和中小学校切实承担“控辍保学”职责，建立工作目标责任制。按照统一领导，分级管理的原则，把“控辍保学”纳入县、乡（镇）领导任期责任目标和年度考核目标，纳入教育部门领导、校长、教师年度考核和绩效考核范畴。二是做实“双线”摸排。一方面，由各学校对学生入学、转学、辍学等变化情况进行全面排查、及时统计，了解辍学原因和去向，将学生失学辍学信息报告县教育部门和乡（镇）政府；另一方面，由各乡（镇）依托本辖区 6 ~ 15 周岁适龄儿童少年户籍信息，组织乡、村两级力量对辖区内适龄儿童少年失学辍学情况进行复核摸查，特别对辖区内适龄儿童少年在外省、外县就读情况进行仔细摸排，做到不漏户、不漏人，并将失学辍学适龄儿童少年的数量、分布、资助需求等情况反馈给学校，由学校报县教育部门汇总，按“一生一案”的要求形成全县辍学学生台账，对辍学学生进行跟踪管理。三是进行动态监测。县教育部门建立疑似辍学学生信息比对、通报机制，及时向各乡（镇）通报疑似辍学学生情况，督促做好核查、劝返等工作。各学校利用学籍信息管理系统对在籍不在校

学生逐一核实，对确认已在外地上学的，督促学生家长尽快办理学籍转接手续，对确认辍学或者联系不上的，由学校梳理汇总后报告所在乡（镇），并在学籍系统中做好辍学学生标注登记工作。四是抓实动员复学。县教育部门和乡（镇）政府认真分析每一位辍学学生的未入学原因，结合家庭实际情况商讨劝学对策，做到精准施策，同时建立了“6对1”挂点联系制度，即安排1名乡（镇）党委（政府）领导、1名乡（镇）干部、1名村干部、1名教育局包片领导、1名学校行政干部、1名教师对口劝学和帮扶1名辍学学生，要求每月不少于2次走访劝学。通过多方努力，仅2018年下半年，寻乌县成功劝返学生56人。对无正当理由未送适龄儿童少年入学接受义务教育或造成辍学的，做好辍学学生的劝返复学工作，并留存劝返复学记录，同时向适龄儿童少年的父母或其他法定监护人发放《入学（复学）通知书》，给予批评教育，责令限期改正；对经多次说服教育仍不返校的学生，向辍学学生家长发出《限期复学通知书》，学校还通过家访、电话等形式与学生家长建立经常性联系，帮助家长树立正确的教育观念，克服其子女厌学心理。

打好“依法控辍”牌，严格执行教育法律法规

一是强化法规教育。由县教育部门和各乡（镇）政府制定法治教育宣传方案，成立控辍保学宣传工作领导小组，实行领导包片、干部包村、教师及村组干部包组的工作机制，营造良好的工作氛围，形成“全民动员、广泛参与、层层负责”的工作局面。通过《致家长一封信》、发放宣传单、悬挂宣传标语、微信平台等形式，开展义务教育法、未成年人保护法、劳动法和《禁止使用童工规定》等法律法规宣传，提高广大少年儿童“不依法接受义务教育是违法”、家长“不送孩子读书是违法”的思想认识和法治观念。二是加大执法力度。对多次动员仍不返校的学生，由乡（镇）政府联合县教育局依法向其法定监护人下达《限期复学通知书》，给予批评教育并责令限期改正；对法定监护人在接到通知书后一周内仍不送学生复学的，由各乡（镇）下达行政处罚决定书，并依照相关规定对其法定监护人在办理养老保险、医疗保险等方面采取制约措施；县教育、公安、人社、市场和质量监管等部门结合义务教育法、未成年人保护法和劳动法等完善本部门的执法机制，制定严格、详细、可操作的“控辍保学”

实施方案和细则，并对未按规定接受义务教育的适龄人员，乡（镇）不给予待业登记，人社部门不给予就业或提供就业条件，市场和质量监管部门不给予发放营业证照。同时，司法部门积极配合乡（镇）、学校工作，对不依法支持子女接受义务教育的家长，依法贯彻落实保障适龄儿童、青少年接受义务教育的相关规定，进行司法教育或训诫，情节严重的依法进行严肃处理，确保“控辍保学”工作顺利开展。

打好“扶贫控辍”牌，精准落实教育资助政策

一是全面落实惠民政策。全面落实“发展教育脱贫一批”政策，在全面落实“两免一补”和农村义务教育学生营养改善计划等普惠性政策的基础上，对符合条件的建档立卡贫困户等贫困家庭就读子女给予教育资助。2015 年以来，共发放各类教育资助资金 5605 万元，受益学生 6.66 万人次。成立寻乌教育基金会，2016 年以来，向社会各界筹集教育扶贫及教育发展资金近 700 万元，补齐寻乌县教育扶贫及教育发展资金短板。二是建立励志和激励机制。为鼓励贫困家庭学生努力学习，2015—2020 年，寻乌县建立贫困生奖学帮扶机制，每学年对全县七年级、八年级、九年级总成绩排在前 100 名的贫困家庭学生给予每人一次性 1000 元奖励，对全县高一、高二、高三各年级总成绩排在前 100 名的贫困家庭学生给予每人一次性 1500 元奖励，对贫困家庭学生考取二本以上的给予每人一次性 2000 元奖励。2015—2020 年，共奖励优秀贫困学生 99.55 万元。

打好“质量控辍”牌，全面提升教育教学水平

一是积极优化教育环境。加强校园文化建设和内涵发展，绿化、美化校园，大力创建书香校园，为学生营造安全、和谐的学习生活环境；时刻关注复学学生思想动态，帮助复学学生培育学习兴趣和树立学习信心。组织教师定期、不定期开展家访，形成结对帮扶机制，常态化开展结对帮扶活动。重点对生活上、学习有上困难的学生及时进行心理疏导和帮助，让学生体会到学校大家庭的温暖。针对复学学生的特长、爱好，开足开齐音、体、美等各项课程，积极开展丰富多彩的文体活动，激发复学学生的学习兴趣，让其体会到成功的快乐，确保复学学生“进得来、留得住、学得好”。二是全面落实素质教育。规范学校的办学行为和教师的教育行为，加快实施素质教育步伐。积极改进考试评价方

式方法，减轻学生过重的课业负担，创设轻松和谐的学习环境，关爱每一个学生的健康成长，让学生树立学习信心，从根本上转变厌学思想。

打好“情感控辍”牌，大力实施关爱引导教育

一是建立关爱体系。团县委、各学校联合建立学生关爱体系，将贫困、留守、流动、残疾、问题学生群体纳入重点关爱群体，帮助适龄儿童少年解决入学困难；在乡（镇）中心校以上学校配建34个心理咨询室，配有专（兼）职心理辅导老师174名，为学生快乐学习和健康成长提供有力支持。二是开展送教上门。对确因身体等特殊原因不能入学的残疾适龄少年儿童，学校专门成立组织领导机构，指定送教老师，实行因人施教，每周开展不少于1次的送教活动。为送教学生建立学籍，建立“一人一案”送教上门资料台账，为73名学生送教上门。学校还积极从各方面为送教服务提供便利条件，县财政确保用于为残疾儿童少年送教上门的公用经费，切实保障送教上门工作落到实处。

建设新时代文明实践中心　打造“志智双扶”寻乌新模式
——文化扶贫特色做法

2018年1月以来，根据中共中央宣传部寻乌扶贫调研报告中提出的工作要求，创新举措，积极建设新时代文明实践中心，以扶志和扶智为抓手，激发广大贫困群众内生动力，助力脱贫攻坚。2018年11月，寻乌县新时代文明实践中心被中共中央宣传部评为“全国基层理论宣讲先进集体”。

贯彻批示精神，率先创建新时代文明实践中心

2017年7月，中共中央宣传部派出调研组到寻乌蹲点调研，撰写出寻乌扶贫调研报告。同年12月，中共中央总书记习近平在该调研报告上作出重要批示。

为贯彻落实习近平总书记在该调研报告上的重要批示精神，根据中共中央宣传部“建设一批传承历史传统、体现时代风貌的新时代传习所”的指导要求，寻乌县在江西省率先试点示范新时代传习所建设工作，创建一批覆盖城乡的新时代传习所。根据中共中央办公厅印发的《关于建设新时代文明实践中心试点

工作的指导意见》的通知，以及中共江西省委办公厅关于印发《江西省建设新时代文明实践中心试点工作方案》要求，2018 年 8 月 24 日，新时代传习所统一更名为新时代文明实践中心（所、站）。

打造传习阵地，实现县、乡（镇）、村三级全覆盖

整合机关、学校、乡（镇）文化站、村（居）综合文化服务中心、祠堂、农家书屋、村史馆、党员活动室等现有阵地资源，按照“有场所、有机构、有队伍、有标识、有制度、有菜单、有平台、有效果”的“八有”标准，建立新时代文明实践中心（所、站）988 个，其中县级新时代文明实践中心 1 个、乡（镇）新时代文明实践所 16 个、村级新时代文明实践站 186 个、新时代文明实践点 785 个，形成“中心、所、站、点”四级阵地体系，实现县、乡（镇）、村（居）三级全覆盖。为进一步扩大传习覆盖面，通过群众“点菜”，采取“一对一”“一对多”等方式，建立流动新时代文明实践中心（所、站），组织传习队伍上户与贫困群众交流脱贫计划、致富心得，传授农业实用技术等，增强脱贫信心，提高脱贫技能。

创新传习形式，开展“志智双扶”传习活动

1. 围绕谁去讲，组建传习队伍。寻乌县因地制宜、因人而异，组织全县各行各业的行家里手，组建脱贫攻坚、农技、理论政策、乡风文明、普法、志愿服务、文艺、科普、教育、企业、健康医疗、巾帼、党员干部、新媒体等 14 支传习队伍，有县级宣讲员 1806 人，打造一批多元化、“带不走”的本土宣讲队伍。这些传习队伍成为脱贫攻坚征程中传播政策、传授技术、鼓舞士气的“扬声器”和“小喇叭”。

2. 围绕讲什么，丰富传习内容。围绕“志智双扶”，不断充实丰富内容。一是讲方针政策。围绕党的路线方针政策以及脱贫攻坚的重大决策部署，不断鼓舞广大贫困群众苦干实干。二是讲农业技术。积极开展特色种植业和养殖业、特色农副产品加工等技能技术传习培训活动，提高贫困群众实用技术能力，带动贫困群众脱贫致富。三是讲乡风文明。深入开展社会主义核心价值观宣传教育，广泛宣讲“脱贫示范户”“六星文明家庭”“清洁家庭”“身边好人”等典型事例，以身边事激励身边人。

3. 围绕怎么讲，创新传习活动。一是开设传习大讲堂。利用固定场所宣讲党的创新理论、扶贫政策，帮助贫困户克服“等、靠、要、慵、懒、散”的消极思想，激发贫困群众主动脱贫的意愿和对美好生活的向往。开展集中传习活动5300余次，受益人数16万余人次，其中贫困户4.3万人次。二是搭建传习大舞台。把脱贫攻坚政策、乡风文明、法律法规改编成“山歌”“汉剧”等，通过送戏下乡、“百姓大舞台”、乡村歌会等群众喜闻乐见的形式，使广大干部群众在潜移默化中得到感化教育。开展文艺传习活动190余次，受益人数2.8万人次。三是组织百姓大宣讲。让优秀第一书记、光荣脱贫户、文明示范户、致富带头人、农村老党员、“土秀才”等成为宣讲员，讲述脱贫攻坚“好故事”，述说家乡发生的巨大变化，讲述致富故事，传授先进经验。开展大宣讲活动700多次，参与群众2.6万人次，其中贫困户1.4万人次。四是开展“一对一”小传习。组织传习队伍深入农户、田间地头，与贫困户“一对一”地宣讲扶贫政策，传授产业就业技术，让贫困户掌握一技之长，实现就业创业脱贫。开展小传习活动5200余次，受益贫困群众3.5万人次。五是举办网络大传习。创新“互联网+”方式，运用“两微”“学习强国”网络平台等新媒体，刊发脱贫攻坚政策、脱贫小故事、脱贫典型人物等。“寻乌宣传”微信公众号刊播“为你诵读”111期。

凸显传习成效，提升群众自我发展能力

在开展“志智双扶”传习活动中，广大贫困群众脱贫致富信心得到增强，致富本领得到提升，新时代文明实践中心（所、站）成为激发贫困群众内生动力的“大平台”、掌握党的方针政策的“大课堂”、提升脱贫技能的“大学校”。

1. 激发自主脱贫意识。通过传习，有效解决部分贫困户“精神贫困”问题，转变贫困户的传统思维模式，破除“等靠要”的思想观念，推动贫困户由“要我脱贫”向“我要脱贫”转变，激发自身发展动力。比如，南桥镇南龙村贫困户谢应东，家里6口人，4个孩子都在上学，生活负担重，思想和经济压力大，自参加传习活动后，树立辛勤劳作、脱贫致富的决心和信心，并在县石排工业园区世纪陶瓷厂找到一份稳定的工作，月薪2000多元，实现稳定脱贫。

2. 提升脱贫致富技能。通过传习，增强农村贫困群众脱贫致富本领，提升自我发展能力，涌现一批脱贫致富先进典型，实现“户户有增收项目、人人有脱贫门路”目标。如桂竹帽镇高头村贫困户严俊奇，他通过发展养蛇实现脱贫致富，成立养蛇合作社，月收入8000元左右。他被吸纳为传习员后，经常用自己的事例激励身边人，为贫困户传授养蛇技术，带动本村3户贫困户脱贫。又如长宁镇太湖新村何平、谢观秀、黄于华等村民，以前都以耕田为生，自从搬进太湖新村后，通过参加就业技能传习掌握制衣技能，2018年2月，均在县城荣丽制衣厂找到就业岗位，月收入2500元以上，实现“务农到务工”的就业转变。

3. 培育文明乡风民风。通过传习，推动农村物质文明和精神文明协调发展，弘扬主旋律和社会正气，培育文明乡风、良好家风、淳朴民风，有效改善农民精神风貌，提高乡村社会文明程度，乡村文明焕发出新气象。比如，南桥镇古坑村文艺爱好者魏红清，其80多岁的公公原来一直居住在土坯房中，魏红清自参加传习活动后，了解到老人住危旧土坯房专项治理活动相关政策，深感自己脸上无光、孝敬不够，2018年3月，主动将老人接到自己的新房一起居住。

“暖心基金”筑起老区群众因病致贫防线
——健康扶贫特色做法

为深化落实健康扶贫工程，着力解决非贫困人口因病致贫问题，积极探索、先行先试，2017年10月，设立覆盖非贫困户的“暖心基金”。自基金设立以来，累计补偿716人次，补偿金额达413.65万元，非贫困户个人住院治疗自费平均比例由43.35%减少到31.68%，有效减轻非贫困户的大额医疗支出费用负担，取得良好的预防因病致贫返贫效果。主要是坚持“四个导向”。

坚持精准导向，回应民心所盼

紧扣精准扶贫要求，在设立基金之前，针对非贫困户尤其是边缘户的医疗保障短板问题开展深入细致调研，在综合考虑当地城乡非贫困人口现有经济条件、医疗保障水平的基础上，根据国家医保政策，以“既防止门槛过低，导致福利陷阱；又防止门槛过高，影响政策落实”为原则，经反复研究，精准制定基金补偿方案。一是合理划定起付线，即城乡居民（含关闭破产改制企业下岗职工）按22024元起付。二是合理制定补偿标准，即个人负担部分达到“暖心基金”起付线后，由“暖心基金”给予再次补偿，补偿比例为55%，补偿金额年度内10万元封顶。三是合理确定补偿范围，即一般疾病住院患者（不含生育及意外伤害）在基本医疗保险报销、大病保险（含二次补偿）理赔后，仅对医保目录内的医疗费用实施补偿；15种重大疾病患者在基本医疗保险报销、大病保险（含二次补偿）理赔后，对医保目录内和目录外的医疗费用均进行补偿。“暖心基金”既全面覆盖非贫困人口，又突出补齐贫困边缘户的医保短板。

坚持公益导向，传递暖心关怀

牢牢把握“暖心基金”的公益定位，以补齐健康扶贫短板为初衷，把解决非贫困人口因病致贫问题作为基金的使命、宗旨，通过整合红十字会、慈善会资金，发动民间慈善力量筹资，县财政统筹城乡医疗救助资金等方式组建“暖心基金”。2018年，筹资550万元，向医疗困难群体传递党和政府的暖心关怀，赢得广大群众的认可与好评。例如，桂竹帽镇华星村村民何添贵2017年因脑出血在广州市中山医院住院治疗，医疗总费用472719元，原本不宽裕的家庭面临巨大负担，在落实基本医保报销160727元及大病保险报销145547元的基础上，“暖心基金”给予补偿，补偿金额51980元，报销比例从66.88%提高到77.88%；又如，罗珊乡上津村村民曾汉生先后3次因食管癌住院，医疗费用151991.65元，基本医保报销48391.4元，大病保险报销16395.7元，“暖心基金”补偿42462.5元，报销比例由42.63%提高到70.57%。

坚持便民导向，优化办理服务

依托医保信息平台的强大数据功能，由县医保局指定专人对符合“暖心基金”补偿条件的患者定期进行筛查，并通过乡（镇）、村“暖心基金”联络员第一时间通知患者或其家属及时办理“暖心基金”补偿。在县医保业务窗口开设“暖心基金”专门窗口，受理群众“暖心基金”补偿事项或提供政策咨询，落实“只跑一次”的理念，让前来办理的患者或家属享受优质的服务；对居住偏远或行动不便的对象，由所在乡（村）联络员提供代办服务。

坚持阳光导向，规范基金运行

坚持公开透明运行“暖心基金”，建立健全定期公示制、账务公开制等“暖心基金”阳光管理制度，加强日常规范化管理，将基金运行中心设在县医保局，各乡（镇）医保所为乡（镇）“暖心基金”联络站建立“暖心基金”补偿台账，确保“暖心基金”补偿公开、公平、公正。

通过“暖心基金”，贫困人口与非贫困人口的医疗保障待遇差距进一步缩小。赣州市将这一做法在全市进行推广，不少县（市、区）立足本地实际设立“暖心基金”。

四、整村推进及生态扶贫

清洁家园自己动手　推动村庄环境由“点滴美”向“处处美”转变
——村庄环境整治建设专项扶贫工作特色做法

中共中央、国务院《关于打赢脱贫攻坚战三年行动的指导意见》明确指出，开展贫困地区农村人居环境整治三年行动，达到人居环境干净整洁的基本要求。为加快改善农村人居环境，打造“整洁美丽、和谐宜居”新农村，助力一次性、高质量脱贫退出，寻乌县注重发挥群众主体作用，引导群众参与清洁家园建设，落实农村生活垃圾治理、“五净一规范”庭院卫生治理等要求，推动人居环境全面改善，村庄环境由“点滴美”向“处处美”转变。

弘扬传统，“赣南妇女”人人上阵

“清早起床，铺床叠被，洗脸刷牙，打扫厅房，身体健康，内外清洁，整齐大方”历来是赣南客家妇女的优良传统。2018 年以来，寻乌县注重发挥妇女在环境整治中的主力军作用，全县妇女踊跃参与，大力推进“赣南新妇女”运动，营造整洁、优美、健康、和谐的生活环境。主要是开展“五个一”活动：一是宣传动员说一说。入户发放“赣南新妇女”运动倡议书和“清洁家庭·从我做起”倡议书，大力宣传动员广大妇女参与清洁家园行动。二是妇女动手扫一扫。动员广大妇女每日清扫家庭卫生，将屋内外打扫干净，达到“五净一规范”要求，并积极参与村庄环境整治。三是微信群里晒一晒。妇女小组长和巾帼志愿者上门查看清洁家园行动成果，妇女之间也相互串门，拍照发到微信群里，形成一种你评我比的浓厚气氛。四是清洁家庭评一评。采取村民小组周周评、乡级季季评、县级半年评的方式，由妇女组成评审团，按照评分标准给每个家庭评分。

五是红黑榜上亮一亮。将清洁家庭评选结果在红黑榜上亮出来，激励其他家庭向清洁家庭学习。

示范引领，“清洁家庭”户户参与

以影响家庭环境的突出问题为重点，着力推进两大创评活动，以点带面，示范引领广大农户广泛参与、集中整治，着力解决家庭“脏乱差”问题。一是组织“五净一规范”评比。通过选树典型、表彰先进、鞭策后进，引导广大农户养成良好卫生习惯。截至 2018 年 12 月底，寻乌县共评出清洁家庭 12999 户、较清洁家庭 16750 户、不清洁家庭 1225 户。二是开展“美丽庭院”创建。按照“六统·四联创”要求，围绕“五美”（布局美、设施美、卫生美、绿化美、家风美）标准，在农户庭院“五净一规范”达标的基础上再整治提升，打造一批美丽示范农户庭院，示范带动农户整治庭院环境。

常治长效，“人居环境”村村达标

按照“干干净净、整整齐齐、井然有序、特色明显”的要求，坚持常态抓、抓常态，充分调动群众参与农村环境整治的积极性，久久为功打造良好的农村人居环境。2018 年，寻乌县对村庄环境整治工作实行县、乡、村三级验收措施，逐村逐组过滤，以验收促整治，以整改提实效，确保村庄环境全达标，全县 173 个行政村全部通过县级验收。一是彻底整治“空心房”。争取群众最大支持，引导群众主动整治，对全县长期闲置、废弃、残垣断壁、破烂不堪、存在安全隐患的危旧祠堂、众厅、主房和附属房等进行全面拆除，累计拆除“空心房”328.19 万平方米，极大地改善乡村面貌。二是实现城乡环卫一体化。聚焦推进农村生活垃圾治理，建立“一把扫把扫到底”的城乡环卫一体化工作机制，明确由服务外包企业负责全县生活垃圾清理、环境整治工作，并通过向群众收取卫生清洁费、聘请保洁员等措施，让群众参与垃圾治理工作，共同建设清洁家园，实现农村垃圾清扫、收集、转运、处理的常态化、规范化和制度化，农村环境卫生得到前所未有的改变。三是全面实施秀美乡村建设。深入推进“整洁美丽、和谐宜居”新农村建设，按照“缺什么补什么、建一片成一片”的原则，坚持贫困村优先，兼顾连线连片，大力实施“七改三网”基础设施和“8+4”公共服务配套设施建设。2016—2018 年，建成 813 个新农村建设点，实现新农村建设“扫一遍”目标，农村基础设施和公共服务配套设施进一步完善，村庄风貌进一步美化，公共服务能力进一步提升。

生态扶贫促经济社会效益“双提升”
——推进生态扶贫特色做法

寻乌县是东南生态屏障的重要组成部分。牢固树立“绿水青山就是金山银山”的发展理念，依托生态资源优势，推进生态扶贫，以绿色共建共享提高贫困群众收入水平和获得感，闯出一条生态扶贫促经济社会效益“双提升”的路径。

推行“三结合”，生态建设与扶贫开发实现有机统一

寻乌是典型的山区县，全县林地面积290万亩，森林覆盖率达82.37%，素有“八山半水一分田，半分道路和庄园”之称。寻乌县在生态文明建设工作中，做到“三结合”。

1. 生态保护与扶贫开发相结合。充分发挥生态保护在精准扶贫中的作用，争取实施国家天然林保护工程，将贫困乡（镇）天然林优先纳入国家天然林保护工程范畴，全县天然林保护面积56.08万亩，其中贫困户天然林保护面积4.07万亩，涉及贫困户708户。补助资金73.05万元，贫困户户均获得天然林保护补助资金1032元。

2. 生态治理与扶贫开发相结合。把低质低效林改造作为治理生态环境、改善森林资源的主要手段，调整优化树种结构，提高森林质量，优先对贫困村、贫困户低质低效林进行改造，通过改造，帮助贫困户获得更多林木资源，增加资产性收入。完成低质低效林改造11.57万亩。同时，在实施低产林改造过程中，优先吸纳贫困户从事低质低效林改造整地、造林、抚育、护林等劳务，让贫困户通过投工投劳增加工资性收入。

3. 生态管护与扶贫开发相结合。坚持“精准、公开、公平、公正”的原则，2020年，在全县建档立卡贫困户中选聘1039名生态护林员，管护生态林面积276.9万亩（含天然林地和退耕还林地），落实管护资金1039万元，人均年管护工资10000元，直接辐射带动1039户贫困户就业。

落实“三行动”，生态效益与社会效益实现双赢

坚持以精准扶贫、精准脱贫为导向，实施好生态扶贫系列行动，不断挖掘生态扶贫的社会效益。

1. 推进生态补偿扶贫行动。积极探索生态公益林“以效益论补偿”机制，全县有国家和省级生态公益林补偿面积 90.4824 万亩，其中贫困户生态公益林补偿面积 7.38 万亩，覆盖贫困户 1154 户；适时提高生态公益林补偿标准，由 2015 年的 20 元 / 亩提高至 2020 年的 21 元 / 亩。2015—2020 年，共补偿贫困户生态补偿资金 808.58 万元，受补偿贫困户户均补偿资金 1208 元。

2. 推进生态项目扶贫行动。稳步推进林业项目建设，着力实施新一轮退耕还林、国家重点防护林珠防林等项目，优先将经营主体为建档立卡贫困户的山林纳入防护林工程建设范围，优先吸纳有劳动力的贫困户参与林业项目施工。有 209 户次贫困户得到生态扶贫项目奖补，贫困户户均获得劳务和补贴收入 4190 元。

3. 推进生态搬迁扶贫行动。按照先东江源头，后流域区，再边沿山区，相对集中、分步实施的办法，积极实施生态移民。特别是投入约 6 亿元推进东江源头水源区“两个半村”及太湖村整体搬迁工作，共搬迁 805 户 3397 人，既为保障县城及沿线 20 万居民喝上干净的太湖水奠定坚实基础，又使当地群众生产生活条件得到改善，通过落实后续帮扶措施，解决当地贫困群众脱贫问题。

发展“三产业”，生态效益与经济效益实现双收

依托生态资源禀赋优势，发展生态产业，将资源优势转化为产业优势、经济优势，用绿水青山培育金山银山，实现经济效益的提升。

1. 发展生态旅游扶贫产业。整合贫困地区生态资源，利用好自然生态景观，加大生态旅游扶贫扶持力度，完善贫困村旅游基础设施，支持贫困地区发展乡村旅游。建设乡村旅游点 7 个，旅游要素不断完善，从就业、入股等方面完善利益联结机制，吸纳贫困户 190 户，带动贫困人口 825 人。

2. 发展特色林业扶贫产业。挖掘林业资源和产业潜力，发展林下经济，鼓励贫困户发展油茶、竹、龙脑樟等产业。其中，新种植油茶 26500 亩，有 256 户贫困户参与，发放补助资金 41.45 万元；完成低产油茶林改造 18500 亩，有

111 户贫困户参与，发放补助资金 16.31 万元；完成低产竹林改造 32529.3 亩，建设竹林经营道路 130.95 千米，项目带动贫困户 53 户；发展龙脑樟 18500 亩，辐射带动贫困户实现脱贫。

3. 发展特色种植扶贫产业。按照“一乡一业、一村一品”要求，以一个个沟域为基本单元，大力发展沟域经济，鼓励各村利用本村自然资源禀赋，引导贫困群众发展地方特色产业，重点推进蔬菜、猕猴桃、甜柿、百香果、蓝莓等种植，全县呈现出“柑橘为主、多元发展”的产业发展格局，实现有劳动能力和发展意愿的贫困户产业发展全覆盖。

挪穷窝，斩穷根，让山沟里的农户真脱贫
——易地搬迁扶贫工作纪实

2013—2019 年，以“尊意愿、优环境、稳人心、谋富路”的工作思路确保搬迁贫困户“搬得出、稳得住、能致富”，共建立集中安置点 6 处，搬迁安置建档立卡贫困户 745 户 3286 人，让穷山沟里的农户实现真脱贫。

尊意愿：政策 + 自选

易地搬迁扶贫是脱贫攻坚的重中之重，是解决“一方水土养不好一方人”的根本举措，是帮助贫困群众挪穷窝、斩穷根的关键举措。2016 年，印发《寻乌县易地搬迁脱贫工作实施方案》，明确易地搬迁区域，涉及 14 个乡（镇）93 个村。加强统筹谋划和资源整合，充分尊重搬迁群众意愿，不搞强迫命令，防止以易地扶贫搬迁之名搞“运动式”搬迁。

优环境：质量 + 设施

狠抓安置工程质量，严格项目管理，对易地扶贫搬迁实行事中事后监管，高质量推进易地扶贫搬迁工程建设，5 处集中安置点均严格按照《江西省易地扶贫搬迁项目实施管理办法》要求，落实先勘察、后设计、再施工的管理程序，严格执行项目法人制、工程招标制、工程监理制、合同管理制等“四制”要求。对已开工和建成项目全面梳理排查工程质量，加强工程质量安全监管，严格执行建设程序和建设标准，确保群众住上安全房、放心房。同时，加强社区软硬

件设施建设，配套建设水电路、绿化亮化、科教文卫、学校、医院、菜市场、商业店铺、安保等基础设施和社区服务设施，设施完善，环境优美。

稳人心：文化 + 管理

为促进搬迁群众稳定脱贫、和谐安居，增强他们融入新生活的归属感、获得感和幸福感，在完善设施的基础上，增加文化元素，提升文化品位，引入社区建设和管理，组建社区党组织，帮助搬迁移民党员转入社区党组织；成立两个居委会及物业、文化、计生养老等服务中心，对符合条件的安置点安排公安、民政、社保、教育等单位进点帮扶，让搬迁农户住得舒心。

谋富路：两业 + 保障

搬迁群众的生计问题事关群众搬出来后能否稳得住，事关社会和谐稳定。寻乌县积极拓宽搬迁对象稳定增收渠道，让搬迁农户住得安心。首先，盘活承包地、山林地和宅基地 3 类资源，保护好搬迁群众的既有财产，使他们能够获得持续稳定的财产性收益；其次，结合搬迁户的家庭情况、致贫原因制定帮扶措施，结合区域优势，充分发挥电商园、工业园、物流园的优势，就近吸纳贫困劳动人口就业，不定期开展园区招聘会，发布招聘信息，通过园区企业的强强联合，解决部分贫困人口的就业难题；统筹好就业、就学、就医三项民生问题，安排好搬迁群众的日常生活，解决好他们的现实问题，衔接好低保、医保和养老保险 3 类保障，托起搬迁群众生活底线，化解其生活之忧。

五、扶贫领域作风治理

坚持扶贫政策项目资金全要素公开，打造阳光扶贫工程
——深化扶贫领域作风治理的主要做法

2018 年以来，寻乌县针对扶贫政策项目资金公告公示不全面、不透明、不彻底的问题，创新监督方式，县精准扶贫工作领导小组把群众关注度高、与群众利益密切相关的扶贫政策、项目、资金，连续两年以村为单位制作成《扶贫政策项目资金公开手册》（以下简称《公开手册》），发放至每家每户，把监督权交给群众，点亮扶贫监督的“万家灯火”，打造阳光扶贫工程，构建扶贫

领域不能腐机制，倒逼扶贫责任、政策、工作落地生根，有效避免贪污挪用、截留私分、优亲厚友、虚报冒领、雁过拔毛、强占掠夺等问题，保证扶持对象精准、项目安排精准、资金使用精准、措施到户精准、脱贫成效精准，为寻乌县顺利实现高质量脱贫摘帽（在第三方评估中取得零漏评、零错退、群众满意度 99.2% 的成绩）发挥了重要作用。2019 年 10 月，寻乌县《发放〈公开手册〉推动扶贫领域问题专项治理》的经验做法，在中央纪委网站刊登；在 2020 年 1 月 20 日赣州市“不忘初心、牢记使命”主题教育总结会议上，“寻乌县针对扶贫项目资金公告公示不透明问题，发放《公开手册》接受群众监督”的做法，得到市委领导的肯定；2020 年 2 月，《延伸“监督触角”点亮“万家灯火”——寻乌县运用〈公开手册〉开展扶贫领域监督工作纪实》在《赣南日报》刊发。

坚持应公开尽公开，全方位畅通监督渠道

针对基层扶贫资金项目公告公示制度操作层面一度存在的打折扣、做选择、搞变通，群众对扶贫政策掌握不全面，难以开展有效监督的问题，寻乌县在前期充分调研的基础上，在全县推行《公开手册》，坚持全要素公开扶贫政策、项目、资金，切实保障群众的知情权、监督权，让形式主义、官僚主义在扶贫领域无处遁形，以结果公开倒逼扶贫资金项目事前公告公示制度、扶贫责任、政策、工作落细落实。一是全要素公开。按年度梳理，明确各村《公开手册》公开内容为：精准扶贫政策（含行业扶贫政策、贫困户精准识别“七步法”程序、贫困户动态调整“七清四严”、贫困户退出“八步法”程序、全部行业扶贫部门咨询电话）、村级扶贫工程项目概况、村贫困户信息（含贫困人口全部名单、贫困户属性、主要致贫原因）、村低保救助对象名单（含救助对象类型、救助金额）、临时救助名单、产业奖补、生态补偿资金、“雨露计划”补助、扶贫车间贫困人员补贴、公益性岗位情况、柑橘扶贫补助、交通补贴、光伏扶贫收益、易地扶贫搬迁对象名单、义务教育对象寄宿生补助等内容，把扶贫政策完完全全告知群众，全要素公开扶贫“原始账本”，方便群众监督。二是严格审核把关。由各行业扶贫主管部门认真梳理扶贫领域项目资金，经县财政局、县扶贫办汇总审核后反馈各乡（镇），由乡（镇）组织复核所属各行政村公开内容，确保数据真实、准确、权威。三是拓宽监督举报途径。在《公开手册》封面醒目位置公开县纪委监委举报电话、举报网站、举报邮箱、举报地点等，让广大群众成为监督员，给纪检监察机关安上“千里眼”“顺风耳”。自推行《公开手册》以来，全县纪检监察机关收到群众对照《公开手册》发现的问题线索占全部扶贫领域信访举报件的58.3%，查处一批有较大社会影响的典型案件，形成强大震慑力。如，2018年3月，该县留车镇庄干村一村民阅读《公开手册》后，举报该村原村委会主任陈某明插手扶贫项目资金、擅自更改扶贫项目等问题，该县纪委监委迅速查处陈某明骗取国家资金38万余元等严重违纪违法行为，移送司法机关处理。

精准运用“四种形态”，做实做细监督第一职责

充分利用《公开手册》这个监督利器，精准运用党内监督执纪的“四种形态”（经常开展批评和自我批评、约谈函询，让“红红脸、出出汗”成为常态；党纪轻处分、组织调整成为违纪处理的大多数；党纪重处分、重大职务调整的成为少数；严重违纪涉嫌违法立案审查的成为极少数）处置扶贫领域问题线索。2017—2019年，全县纪检监察机关共查处扶贫领域腐败和作风问题175起457人次，推动扶贫政策、项目、资金廉洁高效落地。一是坚持自查从轻。坚持惩前毖后、治病救人的方针，在乡、村两级复核《公开手册》时，组织县、乡纪委开展扶贫领域自查自纠，对在规定时间内主动交代违纪问题、认错态度好的，从轻、减轻或者免予处分。在全县自查自纠中，相关人员主动交代问题64个，主动退回或追缴违规违纪资金85.71万元。二是坚持被查从严。对在《公开手册》公开后，不主动交代问题、不主动整改的，依法依规从严处理。在精准识别、项目资金、工程质量、项目精准、干部作风问题等5个方面实行“零容忍”，对乡村主体责任、纪委监督责任、行业扶贫责任、“大村长”“六包”责任、帮扶责任实行倒查，在全县扶贫领域形成“不敢腐”震慑，保证脱贫攻坚政治责任落地。寻乌县纪委监委扶贫领域监督执纪问责的做法连续两年在赣州市扶贫领域监督执纪问责工作会议上作典型经验介绍，并在《党风廉政建设》杂志上刊发。

坚持把监督挺在前面，持续深化标本兼治

寻乌县纪委监委定期分析《公开手册》公开后的扶贫领域监督执纪问责情

况，及时梳理倾向性问题，深化标本兼治，着力增强不想腐的自觉，构建不能腐的机制。一是扎紧制度的“篱笆”。通过发放《履责提示》《纪律检查建议书》等方式，督促分管县领导、职能部门强化监管，从源头防治。如，针对群众信访反映村组交通扶贫项目、水利扶贫项目质量差等问题较为集中的情况，由县纪委主要领导带领行业主管部门10余次翻山越岭，深入水陂、水圳和村组道路项目现场开展监督检查，责成9个中标单位对总投资达483万元的13个村组交通扶贫项目，2个中标单位对投资分别为437万元、608万元的农田水利项目全部返工重修，并在电视台、微信公众号公开通报曝光，督促主管部门对监理单位将不合格工程认定为合格工程的问题开出首张罚单，匡正扶贫领域不正之风。县纪委监委及时提出采取指标量化检测、规范项目质保期、加强项目监理、加强主材料进场检验等建议，推动县政府出台《进一步加强扶贫领域工程质量监管的21条意见》，扎紧制度“篱笆”，促使全县扶贫工程质量提升，为2019年寻乌县被评为全省“四好农村路”示范县提供纪律保证。二是坚持警示教育为先。县纪委主要领导到15个乡（镇），为乡、村两级干部就扶贫领域作风治理讲廉政党课，汇编全县扶贫领域典型案例，以案释纪、以案释法，发挥典型案例的震慑教育治本作用。对扶贫领域受到第二种形态问责的18名科级干部，县纪委书记、县委组织部部长逐一开展谈心谈话，开展回访活动和关爱教育，只要表现良好，该肯定的肯定，影响期限结束后该使用的继续使用，形成“改了就是好同志”的氛围。公生明、廉生威，阳光就是最好的防腐剂。2018年发放《公开手册》后半年内，县纪委监委收到群众对照《公开手册》发现的问题线索110件；2019年，同期收到问题线索25件，扶贫领域信访量大幅下降。2018年，县纪检监察机关共处置扶贫领域问题115个，处理202人次，其中纪律处分54人。2019年，共处置扶贫领域问题28个，处理65人次，其中纪律处分23人，处理、处分人数均大幅下降。扶贫政策、项目、资金全要素公开，贫困户满意度高，非贫困户认可度高，成为县扶贫领域作风治理的“监督利器”。

后　记

2017年8月18—19日，时任中共中央宣传部常务副部长、中央文明办主任黄坤明到寻乌县调研脱贫攻坚、对口支援、精神文明建设等工作。调研期间，黄坤明对续修《寻乌县志（2001—2020）》及编修《寻乌县脱贫攻坚志》作出专门指示并提出指导意见。县委、县政府高度重视本轮方志的编纂工作，同时，省地方志编纂委员会办公室、市地方志办公室也非常关心和支持寻乌县的修志工作。为尽快启动修志工作，2018年4月9日，县委办公室、县政府办公室印发《关于编修〈寻乌县志（2001—2020）〉和〈寻乌县脱贫攻坚志〉〈苏区振兴发展寻乌专志〉的实施方案》（寻办发电〔2018〕29号）。同年6月26日，召开全县编修《寻乌县志（2001—2020）》动员大会。各乡（镇）、县直单位主要负责人及分管领导、联络员参加大会。省地方志编纂委员会办公室主任梅宏、市地方志办公室主任陈昌保到会并讲话，县委副书记、县长杨永飞作动员部署。

县地方志办公室（后改为县史志研究室）迅速抓好工作落实，及时组建编辑队伍，开展业务培训，下发方志写作知识，指导基层开展修志工作。在编修《寻乌县脱贫攻坚志》的过程中，县委、县政府多次召开工作调度会，督促和推进全县修志的进度，并把《寻乌县志（2001—2020）》及“两部专志”的编修作为全县重点工作来抓，要求县地方志办公室每月上报一次工作进展情况，及时调整推进工作进度，解决修志存在的困难和问题。

2019年12月，县地方志编纂委员会下发《〈寻乌县脱贫攻坚志〉〈苏区振兴发展寻乌专志〉编纂工作方案》，对编纂“两部专志”的组织领导、编纂内容、编纂步骤提出详细要求。经过编辑部及县扶贫办等31个部门（单位）供稿人的共同努力，于2020年8月形成《寻乌县脱贫攻坚志》初稿，并将初稿发送给各乡（镇）、部门、单位审核。根据各单位提出的意见，编纂人员对稿件进行修改，于2020年10月将稿件第二次发给各乡（镇）、部门、单位审核。在此基础上，于2020年11月形成评审稿，并第三次发给各乡（镇）、部门、单位审核。2021年3月9—10日召开“两部专志”评审会，邀请市地方志办公室和宁都、石城、会昌3个兄弟县地方志办公室领导和专家进行评审。根据领导、专家提出的意见，编辑部再次对稿件进行修改完善最终完稿。完稿收录内容下限为 2021 年 2 月底。

本志的编纂工作，得到各承编单位的鼎力支持，特别是得到领导、专家的精心指导和帮助，在此，表示诚挚谢意！

由于编纂时间紧、编纂工作浩繁，加之水平有限，本志难免有遗漏和不足之处，敬请读者批评指正。

寻乌县史志研究室

2023 年 8 月